Hermann Giesecke
Die pädagogische Beziehung

Hermann Giesecke

Die pädagogische Beziehung

Pädagogische Professionalität und die Emanzipation des Kindes

Juventa Verlag Weinheim und München 1997

Der Autor
Hermann Giesecke, Jg. 1932, Dr. phil., ist Professor für Pädagogik und Sozialpädagogik an der Universität Göttingen.

Die Deutsche Bibliothek - CIP-Einheitsaufnahme

Giesecke, Hermann:
Die pädagogische Beziehung : pädagogische Professionalität und die Emanzipation des Kindes / Hermann Giesecke. - Weinheim ; München : Juventa Verl., 1997
ISBN 3-7799-1041-1

Umschlaggestaltung: Atelier Warminski, 63654 Büdingen
Umschlagabbildung: La perspective amoureuse, 1935,
René Magritte
Printed in Germany

ISBN 3-7799-1041-1

Vorwort

Dieses Buch befaßt sich mit einem Thema, das keineswegs nur für aktive und künftige Berufspädagogen von Interesse ist, sondern auch für diejenigen, die als Kinder, Jugendliche oder deren Eltern von pädagogischen Handlungen betroffen sind: Wie gehen Pädagogen mit ihren Partnern um und wie sollten sie mit ihnen umgehen? „Pädagogische Beziehungen“ finden täglich überall in unserer unmittelbaren Umgebung statt, aber wie und nach welchen Maßstäben sie zu gestalten seien, ist heute mehr denn je zum Problem geworden. Soll der Lehrer z.B. nach wie vor eine Autoritätsperson, oder eher der Freund oder Kumpel der Schüler sein? Jedenfalls ist diese Beziehungsfrage ein Kernstück des beruflichen Selbstverständnisses, weil alles, was pädagogisch veranstaltet wird, über diese Beziehung transportiert werden muß. Darüber Klarheit zu stiften, ist das eine Anliegen des Buches.

Damit verbinde ich das weitere, ein neues Interesse zu wecken für diejenigen Klassiker, die dem Thema des richtigen Umgangs mit Kindern in ihren berühmt gewordenen sozialpädagogischen Projekten nachgegangen sind und bei allen zeitgebundenen Mängeln und Irrtümern doch den Grundstein für unser gegenwärtiges pädagogisches Verständnis gelegt haben. Eine Rückbesinnung auf ihre Gedanken und Taten kann uns heute vielleicht eine Distanz zu unseren aktuellen Schwierigkeiten verschaffen, um diese neu zu verstehen. Rousseau, Pestalozzi, Bosco, Wichern, Makarenko, Korczak und Neill, deren Arbeiten sonst nur getrennt voneinander zugänglich sind, werden hier unter dem Leitgesichtspunkt unseres Themas in einem inneren Zusammenhang vorgestellt. Weil schon wegen der dabei zu bewältigenden Stoffülle der Zugang zunächst nur begrenzt sein kann, entsteht vielleicht das Bedürfnis, auch gelegentlich zu den Originaltexten zu greifen.

Wie schon die früheren Arbeiten *Einführung in die Pädagogik* und *Pädagogik als Beruf* verstehe ich auch diesen Text als eine Einführung, nicht als umfassende und hinreichende Gesamtdarstellung. Für vertiefende Studien muß der Leser auf speziellere Arbeiten zurückgreifen, auf die das Literaturverzeichnis Hinweise gibt. Meine Absicht ist, den sehr komplexen und zudem historisch noch weitgehend unerforschten Stoff für einen ersten Zugang zu erschließen und damit vielleicht auch Lehrveranstaltungen über dieses Thema zu erleichtern.

Göttingen, Herbst 1996
Hermann Giesecke

Inhalt

Einleitung: Analyse eines Mißverständnisses

In ihrem Buch *In der Schule tobt das Leben* beschreibt Hildburg Kagerer folgende Szene in einer 10. Hauptschulklasse: Sie hatte in dieser Klasse eine Unterrichtsstunde zum Thema „Verhalten von Jungen und Mädchen" gehalten und dazu sollten sich die Schülerinnen und Schüler anschließend schriftlich äußern, was den Schüler Wolfgang zu folgendem Text veranlaßte:

„Meine Meinung und wie ich über Partnerschaft denke, gehen niemand etwas an. Daß man gezwungen wird, über das Thema „Emanzipation" zu sprechen und auch noch zu schreiben, halte ich für höchst schäbig.

Unser Lehrer machte uns darauf aufmerksam, daß es ihm nicht genügt, wenn wir eine halbe Seite mit ein paar flotten Wörtern darin schreiben. Am liebsten hätte er alles, wie wir denken und handeln. Daß es den Lehrer überhaupt nichts angeht, daran denken sie nicht, wie die von uns verlangen, unsere Gefühle und Gedanken breittreten zu lassen.

Ich erlebte die Unterrichtsstunde so, daß die Handlung eigentlich keinen groß interessierte, außer unseren Lehrer, der mit heller Begeisterung dabei war. Daher war es nicht verwunderlich, daß wir, die Jungs, anfingen, durch Sätze wie 'Die Mädchen muß man sich erziehen!' oder 'Wenn man sie nicht knechtet, fühlen sie sich nicht gesund!' Leben in die Bude zu bringen. Man versuchte uns klar zu machen, daß man Mädchen nicht unterdrücken darf. Daß das Leuten schon selbstverständlich ist, daß das jeder schon längst weiß und man seine eigene Meinung darüber hat, daran dachte unser Lehrer nicht. Und der Versuch, es ihm beizubringen, war sinnlos.

Außerdem glaube ich, daß die meisten Frauen gegen die Emanzipation sind. In Wirklichkeit haben die meisten Mädchen Angst davor, später einmal auf eigenen Füßen zu stehen, denn nach dem Vergleich an der Tafel erwarten Mädchen von Jungen mehr Liebe und Interesse für sie. Sie möchten im Grunde nur gut behütet sein. Das aber würde die Emanzipation zerstören, denn dann hätten sie niemanden, der ihnen schwere oder auch nur beilaüfige Entscheidungen abnehmen könnte" (S. 54).

Entgegen seiner sonstigen Gewohnheit, erzählt die Autorin weiter, sei Wolfgang diesmal damit einverstanden gewesen, seinen Text der Klasse bekannt zu machen. Sonst habe er immer gesagt:

„Das geht niemand etwas an, was da drin steht. Das ist meine Meinung. Sie können das lesen und eine Zensur drunterschreiben, und damit hat sich die Sache.- Schließlich ist hier Schule".

Von einer Mitschülerin darauf aufmerksam gemacht, daß er von „Lehrer" spreche, obwohl er doch Frau K. meine, antwortet er:

„Na ja, so heißt das doch, eigentlich. Sie sind doch ein Lehrer, oder?"

Interessant ist nun, wie die Autorin und betroffene Lehrerin diese Szene interpretiert. Sie versteht das Verhalten des Schülers als einen Angriff auf ihre weibliche Lehrerrolle: *„Er muß mich erst zum Lehrer umfunktionieren, bevor er mich kritisieren kann. Er kritisiert mich auf der männlichen Ebene und verweist mich damit in die Schranken der Institution"* (S. 55). Das Unterrichtsthema halte er für typisch weiblich, weil es Persönliches nicht ausklammere.

Die Autorin nimmt diese Szene zum Anlaß, sich ausführlich zur Rolle der Frau und zu ihren typischen Schwierigkeiten im Lehrberuf zu äußern; das soll hier nicht weiter referiert werden. Vielmehr soll ein Mißverständnis aufgedeckt werden, das zwischen Lehrerin und Schüler in dieser Szene auftritt. Offensichtlich deutet die Lehrerin die Situation anders als Wolfgang, und das hängt natürlich mit der bildungspolitischen Diskussion in den 70er Jahren zusammen, als der Text entstand. Wolfgang versteht unter Schule nicht dasselbe wie seine Lehrerin; sie habe sich mit Stoffen zu befassen, die des bloßen Meinens enthoben seien, die nicht in erster Linie Betroffenheit erzeugen und Gesinnungen zum Vorschein bringen, sondern Themen enthalten sollten, wie sie nach seiner Meinung eben charakteristisch für die Schule sind. Dabei werden eben auch Lernleistungen von den Schülern verlangt, die benotet werden müssen. Insofern vertritt er eigentlich nicht eine männliche, sondern eher eine traditionelle Position, die früher auch von weiblichen Lehrern geteilt wurde. In der Tat wirft der Schüler auf seine Weise die Frage nach der Institution auf, was eigentlich Sache der Schule als Institution sei und was nicht. Die Lehrerin dagegen will mit ihrem neuen Verständnis von Schule gerade diese traditionelle Vorstellung überwinden, dazu muß sie jedoch außer Kraft setzen, was - jedenfalls nach ihrer Auffassung - die Institution ausgemacht hat: eine Sachlichkeit, die eher auf emotionaler Distanz als auf Nähe beruht. Sie möchte diese Distanz auflösen, um Reflexionen über das Alltagsverhalten der Schüler in Gang zu bringen, wobei naturgemäß - wie bei Wolfgang - in der Tat leicht der Eindruck entstehen kann, es ginge ihr dabei um einen spezifischen erzieherischen Zugriff auf die Persönlichkeit der Schüler. In Konflikt geraten hier nicht in erster Linie männliche und weibliche pädagogische Leitbilder, sondern alte und neue, wobei Wolfgang durch die „neue“ Auffassung der Lehrerin von der Sache in der Tat verunsichert wird.

An dieser Stelle geht es mir nicht darum, diesen Konflikt weiter zu erörtern oder gar zu bewerten. Vielmehr soll die Szene uns einen ersten Einblick in unser Thema verschaffen. Es geht um jene eigentümliche menschliche Beziehung, in der sich der Beruf des Pädagogen zum Ausdruck bringt. Alle Berufe, deren „Gegenstand“ Menschen sind, definieren sich ja nicht zuletzt dadurch, daß sie zu diesen Menschen eine spezifische Beziehung schaffen müssen. Für den Arzt ist dies ebenso selbstverständlich wie für den Rechtsanwalt, und auch der pädagogische Beruf läßt sich dadurch charakterisieren, daß er, was immer im einzelnen seine Aufgabe sein mag, sich durch eine spezifische Art und Weise des menschlichen Umgangs mit den Partnern definieren läßt. Wie diese eigentümliche menschliche Beziehung zu gestalten sei, ist gegenwärtig umstritten, wie nicht nur unser Beispiel zeigt, das in einer durch die 68er-Bewegung forcierten kulturellen Umbruchsituation entstand und inzwischen nichts von seiner Aktualität eingebüßt hat. Im Gegenteil häufen sich die Klagen darüber, daß die Beziehungen zwischen Lehrern und Schülern zutiefst verunsichert seien, was sich nicht zuletzt in zunehmenden Disziplinschwierigkeiten äußere. Wie sollen Lehrer heute mit ihren Schülern umgehen, und warum so und nicht anders? Sind sie so etwas wie Freunde oder Ersatzväter bzw. -mütter, oder eher Funktionäre des Staates? Das Mißverständnis zwischen Wolfgang und seiner Lehrerin erlaubt uns eine erste Problemskizze.

1. Wolfgang und seine Lehrerin *definieren* offensichtlich ihre Beziehung unterschiedlich. Das ist nicht weiter ungewöhnlich, bemerkenswert ist jedoch, daß die traditionelle Definitions*macht* des Lehrers bzw. der Lehrerin unverkennbar wenn nicht gebrochen, so doch erheblich geschwächt ist. Frau K. kann ihre Vorstellung von Art und Zweck der Beziehung nicht einfach mehr durchsetzen und den Schüler somit zwingen, sich daran zu orientieren. Offensichtlich will sie dies auch gar nicht, vielmehr versucht sie mit ihren Schülern zu einer *Verständigung* darüber per Dialog zu gelangen. Die pädagogische Beziehung steht in diesem Falle also für *Verhandlungen* zur Disposition.

2. Dieses Verfahren zeigt, daß die Definition der Lehrer-Schüler-Beziehung *veränderbar*, und insofern ein *historisches* Phänomen ist. Das gilt nicht nur im allgemeinen, weil eben alles sich im Fluß befindet, sondern auch in dem Sinne, daß sich in einer bestimmten pädagogischen Situation historische *Ungleichzeitigkeiten* präsentieren können, die den Beteiligten keineswegs bewußt sein müssen. In unserem Beispiel vertritt Wolfgang eine „alte" Vorstellung, seine Lehrerin jedoch eine „neue". Dieser Hintergrund ist indes zumindest dem Schüler Wolfgang nicht klar, in seinen Augen transportiert seine Lehrerin etwas in die Beziehung hinein, was dort nicht hingehört (*„Schließlich ist hier Schule..."*).

3. Das Zusammentreffen historisch unterschiedlicher Phasen der pädagogischen Beziehung überlagert sich zudem mit *schichtspezifischen* Erwartungen. Offensichtlich ist Wolfgangs Lehrerin der Mittelschicht zuzurechnen, in der das „Neue" schon weitgehend selbstverständlich geworden ist, während Wolfgang vermutlich aus einem anderen sozialen Milieu stammt, das an die überlieferte Definition von Schule und ihren Aufgaben noch stärker gebunden ist. Beide können für ihre Standpunkte in ihrem sozialen Umfeld auf soziale Resonanz, auf Unterstützung rechnen, - Frau K. etwa im Kollegenkreis, Wolfgang bei seinen Mitschülern und möglicherweise auch bei seinen Eltern. Aber die Fronten weichen schon auf, denn die Mädchen neigen bereits zur Position ihrer Lehrerin hin. Jedenfalls vertreten beide Seiten ihre Auffassung nicht nur persönlich, sondern können sich damit jeweils auch auf kollektive Übereinstimmung beziehen.

4. Wolfgang beruft sich darauf, daß seine Vorstellung übereinstimme mit den Grundsätzen der *Institution* Schule. Er bemüht auf diese Weise einen der unmittelbaren Beziehungsstruktur übergeordneten Gesichtspunkt, der ihm Verhaltenssicherheit geben soll. *„Schließlich ist hier Schule"* soll darauf hinweisen, daß die Beziehung zwischen ihm und seiner Lehrerin einer höheren Ordnung, einem darin begründeten *Zweck* unterworfen sein müsse, damit sie nicht beliebig werden kann; denn dann wäre er der Überlegenheit der Lehrerin in weit höherem Maße ausgeliefert. Der institutionelle Zweck begrenzt in seinen Augen diese Macht darauf, von ihm bestimmte Leistungen zu verlangen (*„Sie können eine Zensur darunter schreiben..."*). Aber wie er über persönliche Fragen, etwa über sein Verhältnis zu Mädchen, denkt, gehe sie nichts an; er habe ein Recht darauf, emotional distanziert zu bleiben.

5. Ob man diese Position nun akzeptiert oder nicht: Jedenfalls ist die pädagogische Beziehung offensichtlich nicht an und für sich gegeben, sie bedarf vielmehr einer inhaltlichen Ausfüllung. Wozu ist sie da, worin liegt ihr Zweck, welches Erfolgskriterium kann sie geltend machen? In der Beantwortung dieser Fragen sind sich Wolfgang und seine Lehrerin uneins. Das Unterrichtsthema „Jungen und Mädchen" hält Wolfgang für nicht schulgerecht, nicht für eine Sache, derentwegen er in die Schule kommt. Seine Lehrerin dagegen macht *erzieherische* Gründe für ihre Themenwahl geltend: die männlichen Schüler sollen über ihr Verhalten Mädchen gegenüber nachdenken und es im Sinne der Lehrerin ändern.

6. Die jeweils tatsächlich vorfindbare pädagogische Beziehung, so läßt sich fürs erste verallgemeinern, ist also durch eine Reihe von außersubjektiven Faktoren mitbestimmt, vor allem vom Zweck der Institution und vom sozio-kulturellen Milieu, dem die Partner angehören. Sie ist insofern eine *kollektive* Gegebenheit. Aber sie hat auch eine *individuelle* Komponente, die sich im Rahmen dieser Vorgaben artikulieren kann und muß. In dieser persönlichen Version wird sie von den Schülern erlebt, die in der Regel die kollektiven Hintergründe von sich aus nicht kennen. Das Lehrer-Schüler-Verhältnis ist ebenso individuell wie das Arzt-Patienten-Verhältnis, mögen sie beide auch noch so starke außersubjektive Komponenten enthalten. Die beteiligten Men-

schen sind nie nur Repräsentanten von irgend etwas, vielmehr füllen sie ihre Aufgabe bzw. Rolle auf je subjektive Weise aus. Das wird auch in unserem Beispiel evident: Die Art und Weise, wie Hildburg Kagerer als Autorin ihre Erfahrungen beschreibt, würde nicht übereinstimmen mit den Formulierungen denkbarer anderer Autoren, die die gleiche Position vertreten. Und Wolfgang wird von der Autorin ebenfalls nicht als Typus, sondern als individuelle Person geschildert.

7. Zu dieser individuellen Version gehört gewiß auch die *geschlechtliche* Identität. Selbst wenn man die Erklärung Kagerers, die den Konflikt auf ein gegensätzliches männlich-weibliches Verständnis der Sache zuspitzt, für übertrieben hält, macht es nach aller Erfahrung einen Unterschied, ob die Beteiligten nun Männer oder Frauen bzw. Jungen oder Mädchen sind. Allerdings ist das geschlechtliche Selbstverständnis keineswegs nur ein individuelles, sondern beruht ebenfalls auf kollektiven und somit auch auf historischen Dimensionen. Die Autorin macht dies auch geltend, indem sie eine der historischen Frauenbewegung verbundene Position von weiblicher Identität vertritt, die sie im Lehrberuf allerdings unterdrückt sieht.

Die bisherigen Überlegungen haben deutlich gemacht, daß die berufliche pädagogische Beziehung ein kompliziertes Gefüge ist, das von einer Reihe subjektiver wie objektiver Faktoren bestimmt wird: von der Schichtzugehörigkeit der Beteiligten, von den institutionellen Vorgaben, von der individuellen Ausfüllung der Rollen und von der Geschlechtszugehörigkeit. Alle diese Faktoren sind wiederum einer historischen Veränderung unterworfen, und alles zusammen spielt eine Rolle, wenn dann - wie in unserem Beispiel - die Art und Weise der Beziehung im konkreten Falle definiert wird. Noch komplizierter wird die tatsächliche Beziehung dadurch, daß sie auf zwei verschiedenen Ebenen diskutiert werden muß: auf der empirischen und auf der normativen. Wenn uns z.B. die Sozialwissenschaftler aufgrund ihrer Untersuchungen mitteilen, daß im allgemeinen diese Beziehung z.B. in den Schulen so oder so beschaffen sei, so nützt diese Information denen noch wenig, die wissen wollen, wie sie ihre berufliche Beziehung als Lehrer oder Sozialpädagogen denn nun gestalten *sollen*. Diese letztere Frage müssen sie für sich klären, wenn sie in ihrem Beruf erfolgreich und mit subjektiver Zufriedenheit tätig sein wollen.

Pädagogisches Wissen dient letzten Endes immer dazu, das eigene Handeln und damit auch die Vorstellungen darüber zu verbessern, drängt also in diesem Sinne immer auf Anwendung.

In unserem Alltag gehen wir eine ganze Reihe verschiedener Beziehungen zu anderen Menschen ein, in der Familie, unter Freunden, im Kaufhaus, im Beruf, gegenüber Behörden, und wir haben gelernt, sie unterschiedlich zu bestimmen. Die einen Partner stehen uns näher als die anderen, bei den einen fühlen wir uns in unserer Gesamtpersönlichkeit akzeptiert und gewürdigt, bei anderen gehen wir auf emotionale Distanz, erwarten nicht, daß wir mit allen unseren Fähigkeiten und Problemen von ihnen wahrgenommen werden. Wir haben gelernt, unsere menschlichen Beziehungen auf einer Skala von sehr nahe bis sehr distanziert, von privat bis öffentlich einzuordnen. Wo auf dieser Skala ist die berufliche pädagogische Beziehung anzusetzen? Zu allen Zeiten hat es Regelungen gegeben, die im Umgang miteinander zu berücksichtigen waren, aber sie haben sich auch immer wieder verändert. Die Gestaltung der öffentlichen Beziehungen zwischen den Menschen ist ein wichtiger Teil der Kultur- und Gesellschaftsgeschichte. Höfische Formen, wie wir sie etwa aus Fernsehberichten über Königshäuser gelegentlich noch wahrnehmen, sind weitgehend durch bürgerliche Formen abgelöst worden. Die Rituale der öffentlichen Beziehungen werden zu bestimmten Zeiten als Fessel erlebt und deshalb kritisiert und durch andere ersetzt; aber sie geben auch Sicherheit, wie man sich in bestimmten Situationen bestimmten Menschen gegenüber zu verhalten hat. Ein wenig von dieser Spannung drückt im deutschen Sprachgebrauch noch die unterschiedliche Anrede „Du“ bzw. „Sie“ aus. Die Arbeiterbewegung führte im Gegensatz zum bürgerlichen Sie das Du ein, - durchaus mit einem antibürgerlichen Affekt und um auf die besondere Solidarität der unter ihrem Klassenschicksal leidenden „Genossen“ hinzuweisen. Noch in den 60er Jahren sprachen sich Studenten selbstverständlich generell mit „Sie“ an, solange sie sich nicht ausdrücklich das „Du“ angeboten hatten. Inzwischen ist es üblich geworden, einander zu duzen, auch wenn man sich gerade erst in einem Seminar kennengelernt hat. Vielfach ist diese Anrede auch zwischen Lehrern und Schülern üblich geworden. Gesellschaftlicher Wandel drückt sich offenbar auch darin aus, daß die überlieferten Kommunikationsformen verunsichert werden. Nicht anders ergeht es gegenwärtig der pädagogischen Beziehung, wie nicht nur die eingangs beschriebene Szene zeigt. Vielmehr ist sie in allen pädagogischen Berufsfeldern in eine Krise geraten, weil auch sie dem kulturellen Wandel unterliegt.

Andererseits ist die pädagogische Beziehung in der modernen Pädagogik seit der Aufklärung zu einem Kernstück des beruflichen pädagogischen Selbstverständnisses geworden. Was immer an Zielen der Erziehung und Unterrichtung und an dafür geeignetem methodischen Repertoire erdacht werden mag, - alles muß schließlich über diese Beziehung, also durch persönliche Vermittlung transportiert werden. Immer geht es darum, daß Menschen unmittelbar auf andere Menschen einwirken, um zu erreichen, was sie sich vorgenommen haben. Dadurch unterscheidet sich die geplante Erziehung von der bloßen Sozialisation, die nicht primär über persönliche Vermittlung wirkt - obwohl das auch der Fall sein kann - sondern in erster Linie durch abstrakte, unpersönliche Einwirkungen, wie wir das etwa beim Fernsehen beobachten können. Das Nachdenken über die Art und Weise dieser eigentümlichen Beziehung zwischen Menschen ist also kein Randthema, sondern führt mitten in die Substanz des Pädagogischen. Wer diese Frage nicht überzeugend für sich klären kann, kann auch seinen Beruf nicht erfolgreich ausüben.

Unser Beispiel hat aber auch gezeigt, daß diese Beziehung nicht aus sich selbst heraus verständlich ist. Die Tatsache, daß etwa in einer Schulklasse Lehrer und Schüler miteinander umgehen, kann von sich aus nicht erklären, was da eigentlich vorgeht und zu welchem Ziele dies geschieht. Darin liegt eine besondere Schwierigkeit unseres Themas, weil diese Beziehung nur aufgeklärt werden kann unter Berücksichtigung eines größeren Rahmens, in dem sie steht. Im Grunde focussiert sich in dieser Beziehung der gesamte Komplex der pädagogischen Theorie: über Erziehung, Bildung, Kindheit, Jugend, Bildungspolitik usw. Eigentlich müßten zunächst alle diese Aspekte entfaltet werden, um anschließend zu prüfen, was sie im einzelnen für die pädagogische Beziehung bedeuten. Das ist natürlich nicht darstellbar. Deshalb wähle ich den umgekehrten Weg: Ich betrachte vom Standpunkt der pädagogischen Beziehung aus diejenigen Aspekte der Pädagogik, die dabei notwendig in den Blick treten. Was davon wirkt sich in der pädagogischen Beziehung aus und wie muß diese deshalb gestaltet werden, wenn sie aufgeklärt vollzogen werden und sich nicht in ihrer Unmittelbarkeit isolieren soll?

Dieser Frage will das Buch nachgehen. Sein Thema ist also eine überall in der Gesellschaft vorfindbare Realität, die gleichsam naturwüchsig dadurch gegeben ist, daß Kinder geboren werden und privat wie öffentlich unter der Fürsorge und Leitung von Erwachsenen aufwachsen müssen. Überall, wo Pädagogen tätig sind, gehen sie eine solche Beziehung ein - gleichgültig, nach welchen Zielen, Ideen und Vorstellungen und mit welchen Praktiken sie im einzelnen eingegangen und wie sie im Bewußtsein der Beteiligten im einzelnen verankert werden.

Wir nähern uns unserem Thema, indem wir zunächst *Modelle* der pädagogischen Beziehung in den Blick nehmen, die seit der Zeit der Aufklärung formuliert wurden. Dies kann natürlich nur an ausgewählten Beispielen geschehen, die u.a. darauf zu überprüfen sind, welche Wirkungen sie möglicherweise bis heute für unser Bewußtsein gehabt haben. Dabei geht es um Autoren, die nicht nur theoretisch darüber nachgedacht, sondern auch eine ihren Vorstellungen entsprechende Erziehungswirklichkeit geschaffen haben: Pestalozzi in seinem Waisenhaus in Stans, Wichern im Rauhen Haus, Bosco im Turiner Oratorium, Makarenko in der Gorkij-Kolonie, Korczak im Warschauer Waisenhaus Dom Sierot. In allen diesen Fällen handelt es sich um sozialpädagogische Einrichtungen, in denen die Zöglinge rund um die Uhr betreut und pädagogisch geführt werden mußten. Abgesehen davon, daß diese Einrichtungen auf diese Weise einmal in einem inneren Zusammenhang dargestellt werden können - was allein schon einer Abhandlung würdig ist - , bieten sie uns als weitgehend geschlossene Erziehungsräume auch die Möglichkeit, die pädagogische Beziehung genauer zu studieren, als dies in einer Einrichtung wie der Schule möglich wäre, die die Zeit der Schüler ja nur teilweise beansprucht und deren Bedeutung von daher immer auch begrenzt ist.

Das letzte Projekt in dieser Reihe, Korczaks Waisenhaus Dom Sierot, leitet zum II. Teil über, der sich mit der reformpädagogischen Wende zu Beginn unseres Jahrhunderts befaßt. Diese pädagogische Phase ist neben manchem anderen auch gekennzeichnet durch eine nachhaltige Veränderung der pädagogischen Beziehung, weil das Kind in diesem Verhältnis einen neuen Stellenwert als Subjekt erhielt. Am radikalsten hat A. S. Neill in seiner Schule *Summerhill* diese Wende vollzogen, indem er jede von außen an das Kind herangetragene Erziehungseinwirkung ablehnte. In dieser Zeit entstand Herman Nohls Konzept des „pädagogischen Bezugs", das die traditionelle Phase mit der neuen reformpädagogischen zu verbinden trachtet und das zum ersten Mal eine Theorie dieses eigentümlichen menschlichen Verhältnisses zum Ausdruck bringt, die uns auch genauer interessieren wird.

Im dritten und letzten Teil schließlich geht es um die Frage, nach welchen Grundsätzen die pädagogische Beziehung *heute* gestaltet werden kann, wenn man einerseits die historischen Erfahrungen kritisch aufnimmt, andererseits aber auch den modernen gesellschaftlichen Bedingungen der Demokratisierung, Individualisierung und Pluralisierung und den daraus zu ziehenden Konsequenzen für ein professionelles pädagogisches Selbstverständnis Rechnung tragen will.

I. Definitionen des Kindes in der pädagogischen Beziehung

Eine menschliche Beziehung ist immer von beiden Seiten aus zu betrachten, in unserem Falle also aus der Sicht des Kindes und aus der des Erwachsenen. Die Perspektive des Kindes ist uns jedoch für die Vergangenheit kaum zugänglich, weil Kinder im allgemeinen keine Quellen hinterlassen, auf die wir uns berufen könnten. Lediglich die Ansichten *heutiger* Kinder könnten wir mit den Methoden der empirischen Forschung erfassen. So bleiben wir beschränkt auf die Kindheitsdeutungen, welche die mit den Kindern befaßten Erwachsenen uns überliefert haben. Sie sollen den Kern der folgenden Analysen bilden. Allerdings wird auf diese Weise nur ein wenn auch wichtiger Aspekt der Sache zugänglich, nämlich derjenige, der sich aus der Literatur einigermaßen mühelos erschließen läßt. Andere Dimensionen der Beziehung, z.B. die emotionale, können auf diese Weise nicht oder nur andeutungsweise rekonstruiert werden. Aber wir dürfen davon ausgehen, daß die Väter der modernen sozialpädagogischen Projekte sich schon deshalb eine Vorstellung darüber bilden mußten, als was sie das Kind eigentlich ansehen sollten, weil sie ihre pädagogische Praxis gegenüber den zu ihrer Zeit gültigen Traditionen absetzen und rechtfertigen mußten. Alle im folgenden vorgestellten Projekte waren Innovationen, brachen an entscheidenden Punkten mit den jeweils gültigen pädagogischen Traditionen und Selbstverständlichkeiten, und diese Veränderungen lassen sich im Kern an der gewandelten Definition des Kindes festmachen. Dabei zeigt sich, daß diese Definitionen unterschiedlich ausgefallen sind. Pestalozzi sieht das Kind als Geschwisterkind, Wichern und Bosco sehen es als Gottes Kind, Makarenko als Kollektivmitglied und Korczak als unterdrückten (kleinen) Menschen. An diesen unterschiedlichen Akzentuierungen wird deutlich, daß seit dem Ende des 18. Jahrhunderts mit der Entstehung des modernen pädagogischen Denkens das Kind in den Mittelpunkt der Betrachtung rückt: nur wenn man seine von den Erwachsenen unterschiedene Konstitution und Bedürftigkeit verstehe, so die neue Einsicht, könne man es auch in der erwünschten Weise erziehen.

Auf den ersten Blick scheint Rousseau in diese Reihe nicht recht hineinzupassen; seine praktische pädagogische Tätigkeit war relativ bedeutungslos. Aber er hat zum ersten Mal in der Moderne Grundzüge einer pädagogischen Professionalität angedeutet, die dann über lange Zeit wieder vergessen wurden; deshalb muß die historische Darstellung mit ihm beginnen.

Die sozialpädagogischen Projekte, von denen im folgenden die Rede ist, werden in einem einheitlichen Grundschema vorgestellt. Zunächst werden Leben und Werk der betreffenden Autoren und Akteure knapp skizziert, weil sonst unser Thema - die pädagogische Beziehung - angesichts der verschiedenen Zeitumstände keine Konturen gewinnen könnte. Die Projekte selbst werden danach möglichst dokumentarisch dargestellt, also nicht in knappen Zusammenfassungen und bereits interpretiert, sondern so, daß die Autoren selbst ausgiebig zu Wort kommen. Daran schließt sich ein kritisches Resümee zum jeweiligen Projekt und seinen Hintergründen an, um schließlich dessen Quintessenz für die pädagogische Beziehung zu skizzieren. Auf diese Weise werden unterschiedliche Ebenen der Betrachtung gewählt, die hoffentlich auch die Lektüre erleichtern.

1. Jean Jacques Rousseau: Das Kind als pädagogisches Konstrukt

Leben und Werk

Unser historischer Streifzug beginnt mit Jean Jacques Rousseau. Er wurde am 28 Juni 1712 in Genf als Sohn eines Uhrmachers geboren. Obwohl die Mutter kurz nach seiner Geburt starb, hatte er eine glückliche Kindheit und wurde insbesondere von seinem Vater verwöhnt, der sich viel mit ihm beschäftigte und ihm vor allem die Freuden des Bücherlesens vermittelte. Als Jean-Jaques 10 Jahre alt war, mußte der Vater jedoch nach einem Streit mit einem Patrizier aus Genf fliehen, ließ sich in der Nähe nieder, heiratete wieder und kümmerte sich nicht mehr um den Sohn. Der wurde einem Pfarrer zur Erziehung übergeben und kam zunächst zu einem Gerichtsschreiber und dann zu einem Kupferstecher in die Lehre. Mit diesem neuen Leben kam er nicht zurecht. Aus Furcht vor der Strafe seines Lehrmeisters floh er 1728 aus Genf, nachdem er sich zum wiederholten Male abends verspätet hatte und die Stadttore bereits geschlossen vorfand. Nun begann für ihn ein unstetes und unruhiges Leben, das ihn zunächst in das benachbarte katholische Savoyen nach Annecy zu Frau von Warens führte, die flüchtige Schweizer betreute, welche den katholischen Glauben annehmen wollten. Auch Rousseau wurde von ihr dazu überredet, weshalb er im selben Jahr nach Turin in ein Hospiz für Konvertiten wanderte, wo er im wesentlichen aus Nützlichkeitserwägungen zum Katholizismus übertrat.

Die Begegnung mit Frau von Warens, die ihm Mutter und Geliebte war, prägte sein weiteres Leben. In ihrem Haus hat Rousseau von 1729 bis 1740 mit Unterbrechungen gelebt. Er arbeitete für sie und nahm dabei auch an ihren chemischen und pharmazeutischen Interessen teil. Bei einem Experiment erlitt er 1737 einen

Unfall, als eine mit Kalk, Arsen und Wasser gefüllte Flasche explodierte, von dessen Folgen er sich nie wieder ganz erholte.

Im Jahre 1740 ging er nach Lyon, um dort als Hauslehrer tätig zu sein. Aus dieser Erfahrung entstand seine erste Erziehungsschrift (*Plan zur Erziehung des Herrn Sainte-Marie*, nach dem Namen des ältesten Sohnes). Aber schon im nächsten Jahr gab er diese Stelle wieder auf und zog 1742 nach Paris, wo er als Musiklehrer, Musikschriftsteller und Komponist Karriere zu machen versuchte, ein Jahr später ging er als Sekretär des französischen Botschafters nach Venedig, kehrte jedoch nach einem Streit mit diesem 1743 wieder nach Paris zurück. Er faßte dort zwar Fuß, freundete sich mit Philosophen wie Diderot an und verdiente sich als Privatsekretär und Notenkopierer seinen Lebensunterhalt, aber das gekünstelte und unehrliche Milieu der Metropole blieb ihm fremd und er suchte immer noch nach seinem eigentlichen Talent; denn als Musiker konnte er nicht reüssieren. Eher durch einen Zufall kam er 1750 zur Schriftstellerei. Er antwortete auf ein Preisausschreiben der Akademie von Dijon mit seinem *Discours sur les sciences et les arts* und erhielt dafür den Preis. Diese Arbeit machte ihn berühmt. Die Künste und Wissenschaften, auf die das aufgeklärte Zeitalter so stolz war, hätten, so schreibt er, mehr Schaden als Nutzen verursacht; sie seien aus dem Müßiggang entstanden und beförderten diesen. Sie vernichteten die Grundlagen des Glaubens und der Tugend. Zurückwünschen müsse man Unwissenheit, Unschuld und Armut. Der Totalverriß des damaligen Zeitgeistes rief verständlicherweise zahlreiche Kritiker auf den Plan, mit denen sich Rousseau in zermürbenden Streit einließ. Drei Jahre später - 1753 - machte er erneut Furore mit seiner Schrift *Lettre sur la musique française*. Die italienische Musik, vor allem die Vokalmusik in Opern und Liedern, sei der französischen weit überlegen; die französische Sprache dagegen sei beim Singen eher wie ein Bellen zu vernehmen. Mit dieser Schrift beginnt sich Rousseau immer mehr in der Pariser Gesellschaft zu isolieren, er überwirft sich nun auch mit denen, die ihm eigentlich wohlgesinnt sind. Ein Jahr später reist er mit Thérèse Levasseur, mit der er seit 1745 zusammenlebte und die er erst 23 Jahre später heiraten wird, nach Genf, um sich dort niederzulassen, und kehrt deshalb zur kalvinistischen Kirche zurück. Aber nach einigen Monaten zieht es ihn wieder nach Paris zurück und er läßt sich 1759 in dem von seiner Gönnerin Madame D'Épinay überlassenen Gartenhaus „Ermitage“ in Montmorency nieder. Vorher jedoch erregte er wieder einmal Aufsehen. Im Jahre 1754 hatte die Akademie von Dijon erneut eine Preisaufgabe ausgeschrieben, diesmal über das Thema: *Welches ist der Ursprung der Ungleichheit unter den Menschen und ist sie durch das Naturrecht gerechtfertigt?* Rousseaus Antwort darauf, der berühmte 2. Diskurs, erhält diesmal keinen Preis, weil er zu sehr die etablierten Eliten angreift. Ursprünglich, nämlich von Natur aus - so die These - sei der Mensch ein Einzelwesen, das sich selbst genüge. Das Eigentum, nämlich der Besitz von Grund und Boden, habe diesen ursprünglichen Zustand beendet und zu Besitzgier, Ehrgeiz, Wetteifer, kurz: zu den als unbefriedigend empfundenen Zuständen in der Gesellschaft geführt. Statt dessen solle jeder nur soviel Grund und Boden besitzen, wie er bearbeiten kann und zu seiner Ernährung braucht; es verstoße gegen das Gesetz der Natur, wenn wenige Menschen im Überfluß erstickten, während es den meisten am Nötigsten fehle.

Nicht in Paris, sondern in der ländlichen Idylle von Montmorency entstanden nun jene drei Arbeiten, die Rousseau zu einem bedeutenden Schriftsteller machten. Ein Liebesroman in Briefen, *Die neue Heloise*, erschien 1761 in Paris und wurde ein großer Erfolg. Er handelt von einer Aristokratin namens Julie, die sich gegen alle Konventionen in einen Bürgerlichen verliebt, allen Versuchungen jedoch widersteht und eine vorbildliche Mutter und Ehefrau bleibt; sie stirbt an einem Fieber, das sie sich bei der Rettung ihres Sohnes vor dem Ertrinken zugezogen hatte.

Ein Jahr später, 1762, erscheinen die beiden Hauptwerke *Émile ou de l'éducation* und *Contrat social*.

An beiden Texten hatte Rousseau gleichzeitig gearbeitet. Im „Gesellschaftsvertrag“ geht es um die Frage, wie Staaten bzw. menschliche Ordnungen überhaupt zustande kommen. Die ursprünglich gleichen und freien Menschen haben sich, so Rousseau, durch Verträge zu einer Ordnung verpflichtet. Der Souverän ist deshalb nicht ein durch göttlichen Willen mit Vollmachten ausgestatteter Monarch, sondern das Volk, das sich Gesetze gibt. Auf diese Weise wird die natürliche Freiheit des Einzelnen, sein Einzelwille, dem allgemeinen Wohl untergeordnet, das sich in der volonté générale präsentiert. Dieses in sich widersprüchliche

Werk ist bis heute umstritten, und hier ist nicht der Ort, darauf im einzelnen einzugehen.

Für unseren Zusammenhang bedeutsamer ist der *Emile*. Dieses Werk ist in 5 Bücher aufgeteilt, von denen die ersten drei die Phase der Kindheit beschreiben, das vierte und fünfte das Jugendalter. Das erste beginnt mit dem berühmten Satz: *„Alles ist gut, wie es aus den Händen des Schöpfers der Dinge hervorgeht; alles entartet unter den Händen des Menschen“*. Der fiktive Zögling Emile wird nach dem Tod seines Vaters von dessen Freund 15 Jahre lang aufzogen. Er lebt auf dem Lande, um den verdorbenen, weil unnatürlichen Bedingungen des städtischen Lebens zu entgehen, und kommt mit Altersgenossen kaum in Berührung. Das Erziehungskonzept gründet sich nicht auf Stände und Traditionen, sondern auf den Menschen als Individuum, auf seine innere Natur, seine individuelle Erfahrungs- und Erlebnisfähigkeit, seine persönlichen Gefühle. Die biographische Entwicklung gerät in den Vordergrund, Kindheit und Jugend werden als eigentümliche Existenzweisen gedeutet, die nicht nach den Maßstäben des Erwachsenenstatus beurteilt werden dürfen. Emile wird von Anfang an dazu erzogen, nur einfache Nahrung zu sich zu nehmen und sich einfach zu kleiden. Er soll sich so verhalten, wie es die Naturmenschen in der Sicht Rousseaus auch getan haben. Die Dinge beurteilt Emile nach ihrem realen Nutzen, Robinson Crusoe ist das erste Buch, das er zu lesen bekommt. Im übrigen wird jede Buchgelehrsamkeit abgelehnt; das Lesen sei eine Geißel für Kinder. Er erlernt die Arbeit des Schreiners, weil der Handwerker ein freierer Mann sei als der Bauer; denn dieser sei an sein Land gefesselt, das man ihm auch wieder gewaltsam abnehmen könne, während der Handwerker nicht an einen bestimmten Ort gebunden sei. Besonderes Ärgernis erregte vor allem in klerikalen Kreisen, daß Emile nicht von vornherein einen konfessionellen Religionsunterricht erhält, sondern erst nach dem 15. Lebensjahr mit religiösen Fragen bekannt gemacht wird.

Der *Emile* und der *Contrat social* wurden noch im Jahr des Erscheinens vom Pariser Parlament und vom Erzbischof von Paris verurteilt. Rousseau mußte wegen eines Haftbefehls fliehen, ging in die Schweiz, aber nicht nach Genf, wo die beiden Schriften ebenfalls verurteilt worden waren, sondern ins preußische Neuchâtel. Aber auch dort kann er nicht lange bleiben. Von nun an ist er ständig auf der Flucht und verfaßt Streitschriften gegen alle, die nicht seiner Meinung sind, die wiederum entsprechende Reaktionen der Angegriffenen verursachen, zu denen auch Voltaire gehört. Dieser offenbart u.a. auf diesem Wege, daß Rousseau seine 6 Kinder in ein Findelhaus gegeben hat. Seine Gesundheit verschlechtert sich ständig; schon seit Jahren leidet er an einer Blasenerkrankung, die ihn zur Benutzung eines Katheters zwingt. Hinzu kommen Depressionen und Verfolgungswahn, er wird mißtrauisch auch gegen diejenigen, die ihm noch gewogen sind. So reiste er 1766 mit David Hume als dessen Gast nach England, überwarf sich aber bald mit ihm und kehrte 1767 wieder nach Frankreich zurück - immer in der Furcht vor Verfolgung. In seinen späteren Lebensjahren widmete er sich vor allem autobiographischen Arbeiten. Das Hauptwerk dieser Periode, die *Bekenntnisse*, wurden 1782 aus dem Nachlaß herausgegeben und erregten Aufsehen nicht zuletzt wegen der neuartigen Intimität und Selbstkritik, die darin zum Ausdruck kamen. Rousseau starb am 2. Juli 1778 heimatlos als Gast eines Marquis.

Zwei Szenen

In seinem fiktiven, also nicht auf tatsächlichen Erfahrungen beruhenden Erziehungsroman Emile finden sich einige Szenen, in denen Rousseau den ihm richtig erscheinenden Umgang zwischen Erzieher und Zögling beschreibt. Ich benutze sie in einer Textfassung, die Kron (1970, S. 13 ff.) nach einer Edition von 1833 in seine Quellensammlung aufgenommen hat. Ihr realer Hintergrund ist, daß Rousseau für acht bis zehn Tage als Hauslehrer den Sohn der Frau Dupin erzog, den „Jungen Herrn von Chenonceaux“. Frau Dupin, verheiratet mit einem weitaus älteren Mann, bewohnte mit ihrer Familie das Schloß Chenonceaux und hatte Rousseau 1742 in ihre glanzvollen Gesellschaften eingeführt. Der „junge Herr“, von dem hier die Rede ist, kommt bei Rousseau später in seinen *Bekenntnissen* nicht gut weg: Er - Rousseau - habe das Kind vor allem daran gehindert, *„sich selbst oder anderen Böses zu tun, das war aber auch alles, und auch das kostete keine geringe Mühe“* (zit. n. Kron 1970, S. 107).

Im Emile erzählt Rousseau über dieses Kind folgende Geschichte:

„Gleich von ersten Tage an wollte es meine Gefälligkeit auf die Probe stellen und wollte um Mitternacht aufstehen. Als ich im besten Schlafe liege, springt es aus seinem Bette, nimmt sein Nachtkleid und weckt mich. Ich stehe auf, ich zünde Licht an. Dies war es nur, was es wünschte. Nach einer Viertelstunde wird es wieder schläfrig, und es legt sich zufrieden mit seinem Versuche wieder ins Bett.

Zwei Tage darauf wiederholt es ihn, und zwar mit demselben Erfolg und von meiner Seite ohne alle Zeichen von Ungeduld. Es küßt mich, da es wieder ins Bett geht, und dabei sage ich ihm ganz ruhig: Mein kleiner Freund, das ist zwar sehr gut, aber komme mir so nicht wieder. Dieses Wort war ihm unerwartet, und von dem folgenden Tage an schien es neugierig darauf, wie ich wagen würde, ihm nicht zu gehorchen. Es unterließ nicht, um dieselbe Stunde abermals aufzustehen und mich zu wecken. Ich frage nun, was es wolle. Es antwortete, daß es nicht schlafen könne. Das ist schlimm, erwiderte ich, und hielt mich ganz ruhig. Nun bat es mich, das Licht anzuzünden. Wozu? fragte ich, und war wieder still. Dieser lakonische Ton brachte es in Verwirrung. Es tappte herum, suchte das Feuerzeug und tat, als wenn es anschlagen wollte. Ich konnte kaum das Lachen anhalten, wenn ich hörte, wie es sich auf die Finger schlug. Überzeugt endlich, daß es nicht zum Ziel kommen würde, brachte es das Feuerzeug an mein Bett. Ich sagte ihm aber, daß mich dieses nichts anginge, und legte mich auf die andere Seite. Jetzt fing es an, toll in der Stube herumzulaufen, schrie, sang, machte Lärm, stieß sich an Tischen und Stühlen, verbiß aber sorgfältig die Schmerzen von den Stößen, nur schrie es laut auf, in der Hoffnung mich unruhig zu machen. Alles aber half nichts. Ich sah, daß es auf schöne Ermahnungen oder auf Hitze gerechnet hatte, auf kaltes Blut aber war es nicht vorbereitet. Dennoch entschlossen, meine Geduld durch Halsstarrigkeit zu besiegen, setzt es sein Getöse fort, und zwar mit solchem Erfolg, daß ich mich endlich wirklich erhitzte. Ich überlegte aber, daß ich durch unzeitige Entrüstung alles verderben würde, und nahm meine Partie auf eine andere Art. Ich stehe auf, ohne ein Wort zu sagen; ich suche das Feuerzeug und finde es nicht. Ich frage nach demselben; das Kind gibt mir es, zitternd vor Freude, doch endlich über mich triumphiert zu haben. Ich schlage Feuer, zünde das Licht an, nehme meinen kleinen Mann bei der Hand, führe ihn ganz ruhig in ein Nebenzim-

mer, dessen Fensterläden gut zugemacht waren und in welchem sich nichts Zerbrechliches befand. Hier lasse ich ihn im Dunkeln, schließe die Tür ab und gehe wieder in mein Bett, ohne eine Silbe gesprochen zuhaben. Es läßt sich erwarten, daß er einen entsetzlichen Lärm machte; dieser befremdete mich nicht, ich bekümmerte mich gar nicht darum. Nach und nach hört der Lärm auf; ich horche, ich höre, daß der Kleine ruhig wird, und bleibe also auch in Ruhe. Als es Tag wird, gehe ich in das Zimmer. Ich sehe meinen kleinen Trotzkopf auf einem Sessel in tiefem Schlafe liegen, dessen er nach so viel Anstrengung wohl benötigt sein konnte".

Die Geschichte ist damit aber noch nicht zu Ende. Natürlich erfährt die Mutter davon, die ihr Kind gesundheitlich gefährdet sieht durch solche Maßnahmen und sich gegen den Erzieher wendet. Das Kind wiederum ist dankbar für dieses Bündnis und stellt sich krank. Der herbeigerufene Arzt durchschaut die Taktik und erteilt Maßregeln, wie sie in solchen Krankheitsfällen üblich sind:

„Es wurde nun Krankenkost und Hüten des Zimmers vorgeschrieben und die Apotheke aufgeboten."

Die Mutter ist empört und betont, *„daß ihr Sohn ein zärtliches Kind sei; er sei der einzige Erbe seiner Familie; er müsse um jeden Preis am Leben erhalten werden, und sie wolle nicht, daß man ihm entgegen sein solle.*"

Das wolle er ebenfalls nicht, betonte der Erzieher, aber:

„Madame, ich weiß nicht, wie man einen Erben zu erziehen hat, und, was noch schlimmer ist, ich will dieses auch nicht lernen."

Das Kind gab jedoch so schnell nicht auf, - unterstützt von der Mutter, die nicht dulden wollte, *„daß man dem Erben in irgendetwas ungehorsam sein durfte"*. Wollte das Kind z.B. ausgehen, erwartete es Begleitung vom Erzieher, umgekehrt war es nicht bereit, den Erzieher zu begleiten, wenn dieser das Haus mit ihm für einen Spaziergang verlassen wollte. Auf diese Weise führte das Kind seinen Machtkampf weiter.

„Es mußte nun etwas veranstaltet werden, daß er sein Unrecht empfinden konnte". Eines Tages verweigerte der Erzieher sich den Wünschen des Knaben mit der Begründung, er habe anderes

zu tun, worauf das Kind beschloß, allein außer Haus zu gehen. Da der Erzieher dies vorausgesehen hatte, hatte er die anderen Bediensteten sowie den Vater vorsorglich instruiert; zur Sicherheit folgte dem Knaben ein Freund des Erziehers. In dieser Situation erlebt das Kind nun seine Schwäche, weil es die Welt außerhalb des Hauses nicht kennt und noch nicht weiß, wie es sich in ihr verhalten soll. Der Freund bringt es nach einer halben Stunde zurück, und der Vater maßregelt seinen Sohn für seine Eigenmächtigkeit.

Die in diesen Szenen geschilderte pädagogische Strategie faßt Rousseau nun folgendermaßen zusammen:

„Durch diese und ähnliche Mittel brachte ich es in kurzer Zeit, als ich bei ihm war, dahin, daß es tat, was ich wollte, ohne ihm etwas vorzuschreiben, ohne ihm etwas zu verbieten, ohne Reden, ohne Ermahnungen, ohne es zu langweilen mit unnützen Vorstellungen. So war das Kind immer ruhig, solange ich sprach; aber mein Stillschweigen setzte es in Furcht; es ahnte gleich, daß irgendetwas nicht war, wie es sein sollte, und immer erstand ihm der Unterricht aus der Sache selbst."

Resümee

Auch diese Szenen ließen sich wie der Text in der Einleitung unter dem Gesichtspunkt des Beziehungs-Mißverständnisses deuten. Zumindest von heute aus gesehen wäre zu fragen, ob das Verhalten des Kindes nicht auch so zu verstehen sei, daß es versucht, sich der Fürsorglichkeit seines neuen Erziehers zu vergewissern, und daß es dessen Schlaf nach einigen Tagen vielleicht nicht mehr gestört hätte. Aber interessanter ist ein anderer Aspekt: Was Rousseau hier beschreibt, ist im Kern die Begründung und das Geltendmachen pädagogischer Professionalität. Das ganze spielt sich ja ab im Milieu des Adels, der sich Hauslehrer zur Unterrichtung seiner Söhne hielt, die den Status eines Bediensteten, eines Lakaien hatten, im übrigen aber als Erzieher nach Weisung der Eltern fungierten. So nimmt es nicht Wunder, daß das Kind, um das es hier geht, gewohnt war, seinen Lehrer bzw. Erzieher als seinen Dienstboten zu behandeln, wie es dies in seiner häuslichen Umgebung seitens der Eltern täglich erlebte. Unterstützt wurde es in dieser Einstellung von seiner Mutter, während der Vater den

Ambitionen des Erziehers Rousseau offener gegenübersteht, - jedenfalls wird es hier so geschildert. Für unseren Zusammenhang sind an dieser Geschichte folgende Aspekte von Interesse:

1. Rousseau emanzipiert sich insofern vom Status des Bediensteten, als er eine spezifische, auf das Kind bezogene Kompetenz geltend macht, die die Eltern des Kindes als solche nicht haben und die zudem nicht an einen bestimmten Stand wie den des Adels gebunden ist. Er weiß qua professione etwas, was die Eltern per se nicht wissen, nämlich was die Natur des Kindes ist und wessen es deshalb zu seiner bestmöglichen Entwicklung bedarf. Die Mutter mag an die gesellschaftliche Rolle und Funktion des Kindes denken, daß es z.B. einmal der Erbe der Familie sein wird, aber die Perspektive des Erziehers ist eine andere. Er sieht das Kind losgelöst aus diesen sozialen Kontexten, als Individuum, das zwar in der Gesellschaft wird leben müssen, das aber zunächst in seiner persönlichen, unverwechselbaren Qualität und Besonderheit gesehen werden muß. Darin steckt der Gedanke von der pädagogischen Defizienz der gesellschaftlichen Verhältnisse, daß nämlich der Mensch mehr und andere Fähigkeiten in sich trage, als das tatsächliche gesellschaftliche Leben bei ihm abruft, und das gilt unabhängig vom sozialen Status; auch das adlige Kind bleibt unter seinen Möglichkeiten, wenn es nicht eine Erziehung erhält, die diesen Status transzendiert. Dieser Gedanke verweist bereits auf die späteren Überlegungen einer Allgemeinbildung, die jeder besonderen (z.B. beruflichen) Bildung voranzugehen habe. Diese spezifische Kompetenz gibt dem Erzieher Rousseau den Mut, der Mutter zu widersprechen und seine eigenen pädagogischen Vorstellungen dagegen ins Feld zu führen.

2. Sie gründen auf einer spezifischen Definition des Kindes, die, anders als die Eltern, die nur partikulare, gesellschaftlich vermittelte Interessen („Erbe“) mit ihm im Auge haben, den ganzen Sinn seiner Menschwerdung in den Blick nimmt. Diese Sicht übersteigt die bloß partikulare pädagogische Kompetenz der Eltern und gilt der Individualität des Kindes, dem Reichtum seiner persönlichen Möglichkeiten. So, nämlich als Entdecker der kindlichen Individualität, wird Rousseau auch meist gewürdigt, und das ist nicht falsch. Aber damit ist nur die eine Hälfte des Sachverhaltes angesprochen. Die Kehrseite ist die dadurch ermöglichte Instrumentalisierung des Kindes. Das Kind als radikal gedach-

tes Individuum könnte ja nur in sehr begrenztem Maße eine pädagogische Profession fundieren. In diesem Falle müßte sich der professionelle Erzieher, der sich gerade von der begrenzten pädagogischen Perspektive der (adligen) Eltern emanzipiert hat, nun dem Entwicklungsgesetz des Kindes oder gar seinen Launen und Bedürfnissen unterwerfen. In den beiden eben berichteten Szenen denkt aber Rousseau gar nicht daran, so zu verfahren. Bei ihm geht es nicht um individuelle Kinder, sondern um Kindheit als Abstraktion, als deren Exempel das einzelne Kind gesehen wird; dieses ist wie der fiktive Emile ein *Fall* von Kindheit. Den *allgemeinen* Sinn von Kindheit muß der Erzieher im *einzelnen* Kind zur Geltung bringen, und deshalb wird er verhindern, daß das Kind - wie es vordem üblich war - lediglich standesgemäß instruiert und möglichst glatt an seinen gesellschaftlichen Status angepaßt wird. Für diesen Zweck wäre eine besondere Erziehungsfähigkeit nicht notwendig, sie wird erst gebraucht, wenn die Idee der Erziehung sich loslöst von der Unmittelbarkeit der alltäglichen gesellschaftlichen Reproduktion, zu dieser gerade in Distanz tritt.

3. Aber worauf kann sie sich gründen, wenn nicht auf die Macht der gesellschaftlichen Unmittelbarkeit? Und welche andere Macht sollte in der Lage sein, die unmittelbare gesellschaftliche Inanspruchnahme der Kinder z.B. durch den Adel zu unterlaufen?

Rousseaus Antwort lautet: Dies müsse geschehen durch die Entdeckung der eben erwähnten Kindlichkeit des Kindes und durch die Kritik an den gesellschaftlichen Zuständen, die sie verhindert bzw. gar nicht erst in den Blick treten läßt.

Rousseau gilt allgemein als der erste große Propagandist der Kindheit als eigener Lebensphase. Das Kind sei kein kleiner Erwachsener und dürfe deshalb auch nicht als ein bloß Noch-Nicht-Erwachsener behandelt werden. In ihm schlummerten Kräfte, die geweckt werden, die sich entfalten können müssen, bevor es für die Aufgaben des Erwachsenen reif werden könne. Aber Rousseaus Argumentation führt im gleichen Atemzug, wie sie das Eigenrecht der Kindheit postuliert, auch zur Etablierung des professionellen Erziehers. Das eine ist ohne das andere nicht denkbar. Es gibt keine autonome Kindheit ohne jemanden, der beruflich für deren Gedeihen zuständig, dafür also mit einer spezifischen Kompetenz ausgestattet ist, weil ja das Kind für sich allein nicht aufwachsen kann. Für sich allein würde es lediglich in die Gesellschaft sozialisiert, wie sie ist. Man könnte also auch umgekehrt behaupten, daß Rousseau den professionellen Pädagogen erfunden hat und zu dessen Legitimation die Kindlichkeit des Kindes brauchte. Jedenfalls legen die erwähnten Szenen eine solche Deutung nahe.

„Der Unterricht“ „erstand ihm“ „aus der Sache selbst“, heißt es in unserem Text, nicht durch Verbote, Reden, Ermahnungen oder abstrakte Belehrungen. Der Kleine will allein in die Fremde gehen, aber der Erzieher weiß, daß das nicht gut gehen kann, also trifft er in professioneller Voraussicht ein entsprechendes Arrangement der Überwachung. Die Erfahrung des Kindes selbst, nicht eine abstrakte Moralpauke werde ihm seine Grenzen und seine Angewiesenheit auf den Erzieher deutlich machen. Die Sache selbst soll erziehen, nicht der Erzieher; aber der organisiert sie so, wie sie im wirklichen Leben *nicht* vorkommt, damit daraus etwas gelernt werden kann. Unter der Hand ist *„die Sache“* dabei in die Definitionsmacht des Pädagogen geraten, denn das Kind *„tat, was ich wollte“*. Der berufliche Erzieher tritt zwischen das Kind und seine Eltern, ja überhaupt interveniert er in dessen Leben, um es davon abzuschneiden und in eine eigentümliche pädagogisierte Welt zu führen. Emile wächst denn auch zunächst in einer pädagogischen Provinz auf, in Isolation zur sozialen Umwelt.

4. Ausgangspunkt der Überlegungen ist aber nicht das Problem der Erziehung, wie wir aus Rousseaus Gesamtwerk wissen, sondern eine Kritik der gesellschaftlichen Zustände. Wären die Verhältnisse akzeptabel, könnte das naturwüchsige, also nicht weiter reflektierte Aufwachsen der Kinder ja bleiben, wie es ist; schließlich sind auch vor Rousseaus pädagogischen Ideen die Kinder groß geworden, irgendwie in ihre gesellschaftliche Rolle hinein gewachsen. Logisch gesehen setzt offenbar Nachdenken über die pädagogische Professionalität Unzufriedenheit über die jeweiligen gesellschaftlichen Zustände voraus. Rousseaus Erziehungskonzept beginnt also nicht beim Kinde, bei seinen Eigenarten und Bedürfnissen, sondern bei der Gesellschaft, wenn man so will: bei der Politik. Aus der Unzufriedenheit mit ihr bzw überhaupt mit der vorgefundenen Kultur wird pädagogisches Denken als notwendig zur Korrektur abgeleitet, Pädagogik als Möglichkeit gesellschaftlicher Verbesserungen propagiert: die besser - bei

Rousseau: wieder „natürlich“ - erzogenen Kinder werden als Erwachsene die Gesellschaft reformieren. Wie wir sehen werden, bestimmen solche Vorstellungen das pädagogische Denken bis in die Gegenwart. Gesellschaftskritik kommt immer auch als Reformpädagogik daher, wird immer auch als *pädagogische* Kritik formuliert, und umgekehrt berufen sich pädagogische Reformideen immer auf Mißstände der Gesellschaft. Die Stoßrichtung der Kritik ist dabei keineswegs von vornherein festgelegt; sie kann für revolutionäre Veränderungen ebenso plädieren wie für die konservativ gedachte Wiederherstellung früherer Zustände.

Die Einzelheiten der Gesellschaftskritik Rousseaus können hier nicht entfaltet und kritisiert werden. Einige Hinweise müssen an dieser Stelle genügen. Pädagogisch relevant ist vor allem - was schon erwähnt wurde -, daß die professionelle Definition des Kindes dieses sofort in die Abhängigkeit des Pädagogen übergibt. Zu kritisieren wäre in diesem Zusammenhang ferner der von Rousseau verwendete Begriff der „Natur“ des Kindes, die ja als ein vorgesellschaftlicher Zustand gedacht wird und die eher als logische, denn als faktische biologische oder historische Voraussetzung verstanden werden kann; tatsächlich nämlich wächst das Kind damals wie heute ja vom ersten Tag seines Lebens an in der gesellschaftlichen Wirklichkeit auf, von der niemand im Umgang mit Kindern abstrahieren kann. Problematisch ist auch die gesellschaftliche Isolation, in die Emile konsequenterweise in seiner Kindheit versetzt wird, wobei er zunächst faktisch seinem Erzieher ausgeliefert ist, bis er dann im Jugendalter in die gesellschaftliche Realität eingeführt wird.

5. Der Berufspädagoge weiß aber nach Rousseau im Unterschied zu den Eltern nicht nur, was des Kindes Natur ist und wessen es deshalb an pädagogischer Intervention bedarf, vielmehr hat er auch das *methodische Wissen* voraus, auf welche Weise nämlich diese Einsichten auch praktisch realisiert werden können. Es geht nicht um Verbote - wie die Eltern meinen und wonach sie verfahren - auch nicht um Vorschriften, Ermahnungen und Moralpredigten, sondern um das professionelle Arrangieren von Situationen, in denen das Kind aus eigener Erfahrung lernt. Die Unterrichtung im Sinne der Wissensvermittlung findet erst dann statt, wenn die eigene Erfahrung dafür eine geeignete Grundlage geschaffen hat. Diese methodische Strategie unterscheidet sich

selbstverständlich auch vom üblichen Unterricht des Hauslehrers, der ja ein Buchwissen verkündet, das nicht Erfahrungen und Erlebnisse des Kindes aufklärt, sondern rein verstandesmäßig zu lernen ist. Insofern konnte der traditionelle Typ des Hauslehrers am adligen Hof auch im Status des Lakaien verbleiben: er leistete unter Aufsicht und auf Weisung der Herrschaft einen Dienst, wie es viele andere auch gab. Erst das methodische pädagogische Repertoire im Sinne Rousseaus emanzipierte zumindest ideell von diesem Status .

Wie schon die beiden Szenen zeigten, war diese methodische Konstruktion aber von vornherein problematisch. Einmal waren die Phänomene ja begrenzt, die sich für ein erfahrungsorientiertes Lernen anboten. Am plausibelsten war dieses Verfahren im Umgang mit der Natur, weil sich im Laufe der Jahreszeiten eine Reihe von Gelegenheiten in der natürlichen Umgebung des Hauses dafür anboten. Sehr viel schwieriger wurde es in sozialer Hinsicht. Die Sozialitäten außerhalb des Hauses bleiben in diesem pädagogischen Konzept für die Zeit der Kindheit ohnehin weitgehend ausgeblendet. Nur in Begleitung des Erziehers soll das Kind diese Realität wahrnehmen können, was angesichts der draußen lauernden Gefahren auch nicht weiter verwundern kann. Und innerhalb des Hauses war nicht zu erwarten, daß die Eltern und das Personal in nennenswertem Umfang sich zur pädagogischen Provinz zu machen bereit waren. Die beiden Szenen zeigen eigentlich nur, daß das Kind gezwungen wird, sein Verhältnis zum Erzieher als Erfahrungsstoff zu betrachten, aber im Grunde lernte es dabei auch nur, wie es mit diesem nach dessen Vorstellungen umzugehen hatte, und der Transfer dieser Erfahrungen auf andere soziale Zusammenhänge war - gelinde gesagt - begrenzt. Das Postulat, nur aus der Erfahrung zu lernen, war bei Licht besehen also auch ein methodischer Trick, denn sie bedurfte immer der Interpretation durch den Erzieher, und der wußte immer schon im voraus, was dabei herauskommen würde.

Die pädagogische Beziehung

Für unser Thema, die pädagogische Beziehung, ergeben sich aus diesem Konzept vor allem folgende Konsequenzen:

1. War die menschliche Beziehung des traditionellen Hauslehrers zum adeligen Sohn eine partikulare, nämlich begrenzt auf seine Dienstfunktion des Unterweisens, so wurde sie mit Rousseau umfassend, nämlich die Gesamtpersönlichkeit des Kindes einbeziehend. Schließlich galt es nun als Individuum, dessen in seiner Natur liegende Fähigkeiten sich nur unter der umgreifenden Obhut des Erziehers entfalten konnten. Erst unter dieser Voraussetzung konnte sich auch eine *spezifische* Art der menschlichen als einer pädagogischen Beziehung entwickeln, ja, sie wurde nun auch nötig. Diese Beziehung durfte einmal nicht der des Kindes mit den Eltern zu nahe kommen oder gar mit dieser identisch werden, weil sonst Widerstand von deren Seite zu erwarten gewesen wäre gegen eine Einmischung in ihre Angelegenheiten. Andererseits konnte es aber auch nicht bei der traditionellen Beziehung zum Dienstboten-Hauslehrer bleiben, dem der Knabe als junger Herr seine Gunst erwies oder auch nicht, und der entlassen wurde, wenn er die Grenzen der statusbedingten Unterwürfigkeit überschritt. Wir sehen hier eine Entwicklung beginnen, die zur Ausdifferenzierung des pädagogischen Umgangs mit Kindern führt. Die ausschließlich familiäre Kompetenz wird ergänzt durch eine professionelle. Aber indem diese hinzutritt, weist sie die familiäre, von der sie ihren Ausgang nahm, in Grenzen, die vorher unbekannt waren. Dadurch ist ein Spannungsverhältnis entstanden, das bis heute besteht: ist die eine Kompetenz nun der anderen übergeordnet, so daß etwa die familiäre unter Berufung auf ihre historische Priorität die professionelle jederzeit wieder in den Dienst nehmen darf, wie es beim Hauslehrer der Fall war?

Unter den gedanklichen Voraussetzungen, die wir bei Rousseau finden, daß nämlich der (professionelle) Erzieher sich auf einen Sachverstand berufen kann - sein Wissen über die Kindlichkeit des Kindes und die daraus resultierenden spezifischen pädagogischen Methoden - muß diese Frage verneint werden. Die historische Abfolge - vom Hauslehrer zum Profi - begründet keine entsprechende Legitimation. Die professionelle pädagogische Beziehung hat nun ihre eigentümliche Berechtigung, aber es wird noch lange dauern, bis sie zum Kernstück der pädagogischen Professionalität wird.

2. Die pädagogische Beziehung beruht nun im wesentlichen darauf, daß sie gegen die familiäre Partikularität das im Kind liegen-

de, darüber hinausgehende Potential zur Geltung bringt. Die professionelle Kompetenz ist umfassender und so bestimmt sie auch den Umgang. Vorher war es umgekehrt: Der Hauslehrer nahm im Auftrag der Familie eine begrenzte, partikulare Funktion wahr, nämlich zu unterrichten und zu instruieren, während die darüber hinausgehende Kompetenz bei der Familie lag. Nun jedoch widerspricht der Hauslehrer dem Erziehungswillen der Mutter unter Berufung auf eben diese größere Kompetenz, - es interessiert ihn nicht, was für einen „Erben" gut ist.

3. Aus dieser Position ergibt sich nun die Notwendigkeit, daß die professionelle pädagogische Beziehung sich von der familiären auf neue Weise unterscheiden muß, damit der Zögling sie weder mit dieser noch mit dem alten Lakaienstatus verwechseln kann. Dabei ist das methodische Arrangement der „Sachlichkeit" eine Hilfe. Der professionelle Erzieher wirkt nicht *unmittelbar* auf den Zögling ein, wie es die Eltern tun, z.B. mit Ermahnungen und Verboten. Vielmehr arrangiert er die Sachverhalte der Natur, Kultur und des täglichen Lebens so, daß sie von sich aus erzieherisch wirken. Diese Arrangements sind nicht zufällig, sondern ergeben sich „methodisch" aus einem Plan, der die „natürliche" Erziehung des Kindes im ganzen im Auge hat.

4. Dabei ist eine erhebliche emotionale Distanz nötig und angebracht: nötig, weil sonst die Wirkungen der Dinge und Sachen nicht zur Geltung kommen könnten; angebracht, weil eine zu ausgeprägte Emotionalität der familiären Beziehung ins Gehege käme. So sehr auch Rousseau als Mensch und Schriftsteller emotional reagierte - seine ganze Kulturkritik war primär so fundiert und motiviert - so beschreibt er die pädagogische Beziehung doch eher rational-distanziert.

Unsere Deutung der Rousseauschen Vorstellungen im Hinblick auf die Entstehung einer pädagogischen Professionalität geht zwar über den vorliegenden Text hinaus, bringt aber doch dessen Implikationen zum Vorschein. Damit sind erste Grundlagen für unser Thema gelegt, die bei den folgenden Autoren wieder aufgegriffen werden.

2. Johann Heinrich Pestalozzi: Das Kind als Geschwisterkind

Nicht im Milieu des französischen Adels, sondern armer, von Kriegswirren teilweise elternlos gewordener Kinder spielt sich unsere nächste Geschichte ab, nämlich in dem Schweizer Örtchen Stans. Dort waren im Herbst 1798 französische Truppen eingerückt und hatten dabei viele Bürger, darunter auch Frauen und Kinder, getötet und 169 Kinder zu Waisen gemacht. Ein Mann namens Johann Heinrich Pestalozzi erhält von den zuständigen Stellen den Auftrag, ein Waisenhaus einzurichten, und beginnt seine Arbeit Mitte Januar 1799 mit 80 Kindern. Aber schon im Juni desselben Jahres wird die Anstalt wieder geschlossen, weil sie als französisches Militärhospital genutzt wird. Über seine etwa halbjährige Tätigkeit hat Pestalozzi einen *Brief an einen Freund* geschrieben, dessen Adressat nicht ganz klar ist, der nicht abgeschickt wurde und im Original nicht erhalten ist. Den folgenden Interpretationen liegt der von W. Klafki (1982) edierte und mit einem ausführlichen Kommentar versehene Text zugrunde. Zuvor jedoch soll auch in diesem Falle das Lebenswerk kurz skizziert werden.

Leben und Werk

Als Pestalozzi diese Aufgabe übernahm, war er schon 53 Jahre alt, und es war nicht das erste praktische pädagogische Projekt, auf das er sich eingelassen hatte. Schon 1774 hatte er seinen Bauernhof, den drei Jahre zuvor von ihm erworbenen *Neuhof*, in eine Armenanstalt verwandelt, um dort armen Kindern Arbeit und Erziehung zuteil werden zu lassen. Es war sein zweiter landwirtschaftlicher Versuch, nachdem der erste gescheitert war. Auf dem *Neuhof* wollte er mit dem Anpflanzen von Baumwolle, der damals aufkommenden Baumwollindustrie entgegenkommend, zu wirtschaftlichem Erfolg gelangen. Aber auch dieses Unternehmen scheiterte nach 6 Jahren.

Pestalozzi wurde wie Rousseau in der Schweiz, allerdings nicht wie dieser in Genf, sondern in Zürich am 12. Januar 1746 geboren. Als er 6 Jahre alt war, starb sein Vater, so daß er mit seiner Mutter unter ärmlichen Verhältnissen leben mußte. Über seinen Großvater, der in der Nähe von Zürich Pfarrer war, lernte er die Armut der Landbevölkerung rund um die Stadt kennen. Sie wurde von den städtischen Bürgern beherrscht, durfte keinen eigenen Handel treiben und keine eigene Industrie errichten. Pestalozzi besuchte die Elementarschule, die Lateinschule und das Collegium Carolinum, die philologisch-theologische Hochschule, in Zürich. Dort geriet er unter den Einfluß von Johann Jakob Bodmer (1698-1783), Professor für Geschichte und einer der gebildetsten Männer seiner Zeit, der u.a. die Ideen Rousseaus verbreitete und auch Pestalozzi damit bekannt machte. Die jungen kritischen Geister sammelten sich um Bodmer in der *Helvetischen Gesellschaft* und diskutierten dort die verkrusteten Zustände in der Stadt, was die Stadtväter zu Maßregelungen veranlaßte, so daß Pestalozzi den Besuch des Collegiums vorzeitig beendete, die Stadt verließ und sich - wie bereits erwähnt - zunächst der Landwirtschaft widmete, was damals für aufgeklärte Geister durchaus nicht ungewöhnlich war. Nachdem diese Versuche - teils aus objektiven Gründen, teils weil Pestalozzi sich als nicht besonders fähig dafür erwies - , gescheitert waren, wandte er sich verstärkt der pädagogischen Schriftstellerei zu. Im Jahre 1780, als er den Neuhof verließ, erschien *Die Abendstunde eines Einsiedlers*, worin er noch ganz im Sinne Rousseaus eine naturgemäße Erziehung forderte und die damalige schulische Unterrichtung als unnatürlich ablehnte. Europäischen Ruhm erlangte er aber erst durch den Roman *Lienhard und Gertrud*, der in vier Teilen zwischen 1782 und 1787 erschien und im Milieu des einfachen Volkes spielt. Noch berühmter wurde seine Schrift *Wie Gertrud ihre Kinder lehrt* (1801).

Nach seinem Weggang von Stans erlaubte ihm die Regierung noch im selben Jahr, an einigen Schulen in Burgdorf an der Emme seine in Stans entwickelte Methode des Lesen- und Schreibenlernens auszuprobieren. Wegen seiner Erfolge durfte er dort auch ein Schulmeisterseminar einrichten, das ab 1804 nach Iferten verlegt wurde. Hier entwickelte sich das Institut zu einem pädagogischen Zentrum Europas. In seiner Blütezeit (um 1809) waren dort mehr als 150 Zöglinge aus verschiedenen Nationen anzutreffen. Auch dieses Projekt scheiterte schließlich etwa ab 1815, teils weil die politische Restauration gegenüber den volksbildnerischen Bestrebungen mißtrauisch wurde, teils weil innerhalb der Lehrerschaft des Instituts ein jahrelanger Streit ausbrach, so daß es 1825 schließlich aufgelöst wurde. Danach wollte Pestalozzi auf dem Neuhof erneut eine Armenanstalt gründen; er starb jedoch zwei Jahre später, am 17. Februar 1827 in Brugg.

Obwohl seine praktischen pädagogischen Projekte mehr oder weniger erfolglos blieben, haben viele seiner grundsätzlichen Gedanken über Erziehung bis heute nachgewirkt. Das gilt auch im Hinblick auf unser Thema: die pädagogische Beziehung.

Das Waisenhaus in Stans

In Stans ging es also nicht um die Erziehung junger Adeliger, sondern armer Kinder, die durch die Wirren des Krieges entweder ihre Eltern verloren hatten, oder vorher auch schon in ärmlichen Verhältnissen leben mußten, oder denen es vorher zwar gut gegangen war, die aber nun ebenfalls durch die kriegerischen Auseinandersetzungen in Armut geraten waren; nicht alle Kinder waren also Waisen. Auf sie ließen sich - das entdeckte Pestalozzi bald - die Prinzipien seines großen geistigen Vorbildes Rousseau nicht ohne weiteres anwenden. Nicht nur waren seine Zöglinge keine Adligen, sie lebten vielmehr auch im Unterschied zu Emile in einer zusammengebrochenen sozialen Ordnung, also in diesem wörtlichen Sinne verwahrlost. Und die erste Frage war, wie sie aus diesem Zustand wieder herausgeführt werden konnten, obwohl die gesellschaftlichen Verhältnisse selbst sich noch nicht wieder in Ordnung befanden. Mit der „naturgemäßen Methode", wie sie Rousseau propagiert hatte, war hier nichts auszurichten.

Schon vorher, im Zusammenhang mit seinen Erfahrungen auf dem „Neuhof", war Pestalozzi zu der Auffassung gelangt, daß den armen Kindern nur dadurch zu helfen sei, daß man ihnen beibringe, ihren „Stand" der Armut zu akzeptieren und daraus das beste durch Lernen zu machen, damit sie möglichst ihren Lebensunterhalt selbst verdienen konnten. Zudem brachte ihn seine Kritik des abstrakten, lebensfernen und nicht auf Erfahrung gegründeten damaligen Schulunterrichts zu der Auffassung, daß das

Grundmodell für die öffentliche Erziehung eigentlich die Familie sein müsse. Diese These findet sich auch im *Stanser Brief.*

„Ich wollte eigentlich durch meinen Versuch beweisen, daß die Vorzüge, die die häusliche Erziehung hat, von der öffentlichen müsse nachgeahmt werden, und daß die letztere nur durch die Nachahmung der Erstern für das Menschengeschlecht einen Werth hat. ...

Jede gute Menschenerziehung fordert, daß das Mutteraug in der Wohnstube täglich und stündlich jede Veränderung des Seelenzustandes ihres Kindes mit Sicherheit in seinem Auge, auf seinem Munde und seiner Stirne lese. ...

Hierauf baute ich. Daß mein Herz an meinen Kindern hange, daß ihr Glück mein Glück, ihre Freude meine Freude sey, das sollten meine Kinder vom frühen Morgen bis an den späten Abend, in jedem Augenblick auf meiner Stirne sehen, und auf meinen Lippen ahnden (S. 11 f.). Rund um die Uhr war er für sie verfügbar.

„Ich war von Morgen bis Abend, soviel als allein in ihrer Mitte. Alles, was ihnen an Leib und Seele Gutes geschah, gieng aus meiner Hand. Jede Hülfe, jede Handbiethung in der Noth, jede Lehre, die sie erhielten, gieng unmittelbar von mir aus. Meine Hand lag in ihrer Hand, mein Aug' ruhte auf ihrem Aug'.

Meine Thränen flossen mit ihren und mein Lächeln begleitete das ihrige. Sie waren ausser der Welt, sie waren ausser Stanz, sie waren bey mir, und ich war bey ihnen. Ihre Suppe war die meinige, ihr Trank war der meinige. Ich hatte nichts, ich hatte keine Haushaltung, keine Freunde, keine Dienste um mich, ich hatte nur sie. Waren sie gesund, ich stand in ihrer Mitte, waren sie krank, ich war an ihrer Seite. Ich schlief in ihrer Mitte. Ich war am Abend der Letzte, der ins Bett gieng, und am Morgen der Erste, der aufstand. Ich betete und lehrte noch im Bett mit ihnen, bis sie einschliefen, sie wollten es so. Alle Augenblicke mit Gefahren einer gedoppelten Ansteckung umgeben, besorgte ich die beinahe unbesiegbare Unreinlichkeit ihrer Kleider, und ihrer Personen“ (S. 13 f.).

Eine ganz andere emotionale Dichte als bei Rousseau! Hier präsentiert sich kein distanzierter Erzieher, sondern ein Vater, der wie ein leiblicher die Zöglinge rund um die Uhr versorgt, ja, dabei die Aufgaben der Mutter noch einschließend.

Pestalozzi war davon überzeugt, daß erzieherische Einflußnahme erst möglich sei im Rahmen eines solchen umfassenden menschlichen Bezugs, der den Kindern Gewißheit gab, in ihrer ganzen Person akzeptiert zu sein. Weil er dafür - wie er sagt - keine anderen Erzieher fand, die diese Einstellung hätten teilen können oder wollen, habe er auf sie von vornherein verzichtet, was man ihm damals übel vermerkte und was natürlich zu einer erheblichen persönlichen Überforderung führte.

Im Stanser Brief läßt sich eine Art von Drei-Stufen-Plan zur „Resozialisierung" - wie wir heute sagen würden - der Kinder erkennen: Auf der ersten Stufe geht es darum, sie durch die allseitige Umsorgung „*weitherzig*" zu machen und ihr Vertrauen zum Erzieher zu erwecken: *„Suche deine Kinder zuerst weitherzig zu machen, und Liebe und Wohlthätigkeit ihnen durch die Befriedigung ihrer täglichen Bedürfnisse, ihren Empfindungen, ihrer Erfahrung und ihrem Thun nahe zu legen"* (S. 18). Dadurch Vertrauen zu erwerben, war jedoch nicht leicht. *„Die Kinder glaubten so leicht nicht an meine Liebe"* (S. 14). Nicht nur sie waren an ein derartiges Verhalten nicht gewöhnt, auch manche Eltern waren mißtrauisch und versuchten, ihre Kinder gegen Pestalozzi zu beeinflussen. Sie verstanden sein Engagement nicht, und manche holten die Kinder wieder ab, wenn sie aus dem gröbsten heraus waren, andere stellten ihm Bedingungen für deren Bleiben, und fast alle meinten, er tue das alles aus Armut, also um seinen Lebensunterhalt zu verdienen. Pestalozzi schildert derlei Schwierigkeiten ausführlich.

Aber aus welchem Grunde wird das Kind die Zuwendung des Erziehers akzeptieren? Welche Motive hat es, seine positiven Gefühle durch den Erzieher mobilisieren zu lassen? Pestalozzis anthropologische Voraussetzung ist, daß das Kind eigentlich das Gute will, wenn es ihm als erstrebenswert vorgestellt wird.

„Der Mensch will so gern das Gute, das Kind hat so gerne ein offenes Ohr dafür; aber es will es nicht für dich, Lehrer, es will es nicht für dich, Erzieher, es will es für sich selber. Das Gute, zu dem du es hinführen sollst, darf kein Einfall deiner Laune und deiner Leidenschaft, es muß der Natur der Sache nach an sich gut

seyn und dem Kind als gut in die Augen fallen. Es muß die Nothwendigkeit deines Willens nach seiner Lage und seinen Bedürfnissen fühlen, ehe es dasselbe will.

Alles, was es lieb macht, das will es. Alles, was ihm Ehre bringt, das will es. Alles, was große Erwartungen in ihm rege macht, das will es. Alles, was in ihm Kräfte erzeugt, was es aussprechen macht, ich kann es, das will es" (S. 12).

Aber dieser Wille wird nicht durch belehrende Worte erzeugt, sondern *„durch die allseitige Besorgung des Kindes, und durch die Gefühle und Kräfte, die durch diese allseitige Besorgung in ihm rege gemacht werden"*.

Die vorbehaltlose Annahme des Kindes in seiner fundamentalen materiellen und seelischen Bedürftigkeit ist also die Grundlage für alles weitere.

Die zweite Stufe der erzieherischen Einwirkung bestand in der Mobilisierung der positiven Gefühle und Verhaltensweisen der Kinder zu einander.

„Mein wesentlicher Gesichtspunkt gieng jetzt aller erst darauf, die Kinder durch die ersten Gefühle ihres Beysammenseyns, und bey der ersten Entwicklung ihrer Kräfte zu Geschwistern zu machen, das Haus in den einfachen Geist einer großen Haushaltung zusammen zu schmelzen, und auf der Basis eines solchen Verhältnisses und der aus ihm hervorgehenden Stimmung das rechtliche und sittliche Gefühl allgemein zu beleben" (S. 18).

Auf diese Weise sollte in der Kindergemeinschaft wieder eine soziale Ordnung Einzug halten, ein sozialer Orientierungsrahmen geschaffen werden, der den Kindern als täglich wirksamer Maßstab für ihre Gefühle und ihr Verhalten dienen konnte. Die Realbewährung für die auf der ersten Stufe erweckten Tugenden waren die anderen Kinder, die als Geschwister behandelt werden sollten. Auf diese Weise wurde die Kindergemeinschaft zu einer mit dem Erzieher verbundenen Erziehungsgemeinschaft. Erst auf diesem Hintergrund war die dritte Stufe der Erziehung möglich, die Belehrung durch Worte.

„Endlich und zuletzt komme mit den gefährlichen Zeichen des Guten und Bösen, mit den Wörtern: Knüpfe diese an die täglichen häuslichen Auftritte und Umgebungen an, und sorge dafür, daß

sie gänzlich darauf gegründet seyen, um deinen Kindern klarer zu machen, was in ihnen und um sie vorgeht, um eine rechtliche und sittliche Ansicht ihres Lebens und ihrer Verhältnisse mit ihnen zu erzeugen. Aber wenn du Nächte durchwachen müßtest, um mit zwey Worten zu sagen, was andere mit zwanzig erklären, so laß dich deine schlaflosen Nächte nicht dauern.

Ich habe meinen Kindern unendlich wenig erklärt; ich habe sie weder Moral, noch Religion gelehrt; aber wenn sie still waren, daß man eines jeden Athemzug hörte, dann fragte ich sie: Werdet ihr nicht vernünftiger und braver, wenn ihr so seyd, als wenn ihr lärmet? Wenn sie mir an den Hals fielen, und mich Vater hießen, fragte ich sie: Kinder, dürft ihr eurem Vater heucheln? Ist es recht, mich zu küssen, und hinter meinem Rücken zu thun, was mich kränkt?" (S. 18 f.).

Erst mußte also die Unmittelbarkeit des täglichen Lebens miteinander in Ordnung gebracht werden, bevor der Blick sich darüber hinaus richten konnte, und er wurde gelenkt auf eine bessere Zukunft der Kinder.

„Üeber alles erhob sie die Aussicht, nicht ewig elend zu bleiben, sondern einst unter ihren Mitmenschen mit gebildeten Kenntnissen und Fertigkeiten zu erscheinen, ihnen nützlich werden zu können, und ihre Achtung zu genießen; sie erkannten den innern Zusammenhang meiner Führung mit ihrem künftigen Leben lebhaft, und eine glückliche Zukunft stellte sich ihrer Einbildung als erreichbar und sicher dar" (S. 19).

Die Bewährungsprobe dafür, ob nun die zunächst auf die eigene Gemeinschaft bezogene Sittlichkeit wirklich tragfähig ist, ergibt sich, als die Kinder vor die Frage gestellt werden, ob sie bereit sind, zwanzig obdachlose Kinder aus dem durch einen Brand verwüsteten benachbarten Altdorf aufzunehmen, obwohl ihnen dadurch erhebliche Einschränkungen z.B. an Nahrung und Kleidung drohen. Die Kinder stimmen zu.

Die nach dem Modell der Geschwisterlichkeit ausgerichtete Gemeinschaft der Kinder konnte auf *Strafen* - auch auf körperliche - nach Meinung Pestalozzis nicht gänzlich verzichten.

„Wenn sich...Härte und Roheit bey den Kindern zeigte, so war ich streng, und gebrauchte körperliche Züchtigungen" (S. 22).

Aber die Väterlichkeit seiner Beziehung zu den Kindern habe die Wirkung der Strafen bestimmt.

„Vater- und Mutterstrafen machen...selten einen schlimmen Eindruck. Ganz anders ist es mit den Strafen der Schul- und andern Lehrer, die nicht Tag und Nacht in ganz reinen Verhältnissen mit den Kindern leben, und eine Haushaltung mit ihnen ausmachen. Diesen mangelt das Fundament von tausend das Herz der Kinder anziehenden, und festhaltenden Umständen, deren Mangel sie den Kindern fremd, und für sie zu ganz andern Menschen macht, als ihnen diejenigen sind, die durch den ganz reinen Umfang dieses Verhältnisses mit ihnen verknüpft sind.

Keine meiner Strafen erregte Starrsinn; ach, sie freuten sich, wenn ich Ihnen einen Augenblick darauf die Hand bot, und sie wieder küßte. Wonnevoll zeigten sie mir, daß sie zufrieden, und über meine Ohrfeigen froh waren" (S. 22 f.).

Resümee

Für unseren Zusammenhang sind aus diesem pädagogischen Experiment folgende Aspekte von Bedeutung:

1. In methodischer Hinsicht verfährt Pestalozzi anders als Rousseau. Nicht die Dinge, die Sachen selbst sollen erziehen und der Erzieher verbleibt nicht in der distanzierten Haltung des Arrangeurs; vielmehr muß er in dieser Situation der Verwahrlosung, des Zusammenbruchs aller das Verhalten stützenden gesellschaftlichen und sozialen Ordnungen erst einmal eine sozio-emotionale Basis schaffen, von der aus soziales Fühlen und Verhalten der Kinder wieder möglich werden. Aus diesem Zusammenhang ist wohl auch die Einsicht zu verstehen, daß das damals übliche moralisierende Unterrichten und Unterweisen in Form von abstrakten Appellen und Belehrungen keine Chance der pädagogischen Einwirkung bot; in der Tat sind derlei Unterweisungen - wenn überhaupt - nur dann erfolgreich, wenn sie durch ein selbstverständliches soziales Umfeld gestützt werden, das täglich die entsprechenden Beispiele als Erfahrungshintergrund dafür liefert. Modern ausgedrückt: Moralische Belehrung ist nur solange erfolgreich, wie Erziehung und Sozialisation nicht allzusehr auseinander treten. Das aber war durch die Kriegswirren geschehen,

was Pestalozzi allerdings umgekehrt deutet: die äußerliche Verwüstung, die der Krieg angerichtet habe, sei auf den moralischen Niedergang der Menschheit zurückzuführen.

„*Ich sah die ganze Revolution von ihrem Ursprung an* für eine einfache Folge der verwahrlosten Menschennatur *an, und achtete ihr Verderben für eine unausweichliche Nothwendigkeit, um die verwilderten Menschen zur Besonnenheit über ihre wesentlichsten Angelegenheiten zurück zu lenken*" (S. 7).

2. Hier klingt ein Motiv wieder an, das wir schon bei Rousseau fanden: die Kritik der gesellschaftlichen Realität als Ausgangspunkt für die Begründung pädagogischer Interventionen, also die Aufwertung pädagogischen Handelns bzw. dessen Rechtfertigung aus der Anklage der Zeitverhältnisse. Für die Durchsetzung seiner pädagogischen Innovationen sucht Pestalozzi Bündnispartner unter denen, die seinen Unmut über die Gegenwart teilen und die seiner Interpretation zustimmen, daß die gesellschaftliche Krise nicht Ursache des menschlichen Elends sei, sondern umgekehrt der Niedergang der menschlichen Sittlichkeit die gesellschaftlichen Übel erst verursacht habe. Wie Rousseau will auch Pestalozzi die Verwahrlosung der Gesellschaft durch Erziehung sanieren, allerdings ist seine Diagnose eine andere. Rousseau will einen *politisch* (Eigentum) verursachten Niedergang durch Erziehung korrigieren, Pestalozzi will einen durch *menschliches Versagen* hervorgerufenen Zustand dort wieder korrigieren, wo er entstanden sei, nämlich im Menschen selbst, durch dessen bessere Erziehung. Vereinfacht gesagt: Rousseau verkündet eine kulturkritische Ideologie, welche die aktuellen gesellschaftlichen Mißstände auf einen weit zurückliegenden Sündenfall (Eigentumsbildung) zurückführt; die gegenwärtige Misere ist demnach eigentlich folgerichtig und im Grunde nur durch eine entsprechende politische Korrektur zu sanieren, in deren Rahmen auch eine neue Erziehung einen Platz hat. Es sind die Verhältnisse, die die Menschen zu dem machen, was sie sind. Dem entsprechend bleibt auch sein pädagogisches Konzept eine abstrakte Fiktion.

Pestalozzi dagegen dreht diese Argumentation um: Der sittliche Verfall der Menschen, der jederzeit durch Einsicht und guten Willen zu korrigieren wäre, ist Ursache des gesellschaftlichen Elends. Diese Deutung, die auf Anhieb viel plausibler - wenn auch deswegen nicht schon richtig - ist, gibt der Pädagogik eine ganz andere gesellschaftliche Qualität. Nun ist sie ein Instrument, das nicht nur Kinder in die bestehende Gesellschaft einfügt, sondern letztere dabei gleichzeitig sittlich und moralisch zu verbessern in der Lage ist. Da andererseits diese Position politisch relativ indifferent ist, also z.B. Schuldige nicht in den realen Machtverhältnissen sucht, muß sie sich auch nicht in entsprechende Diskussionen verwickeln lassen. Die Moralisierung dessen, was alle für schlimm halten, wirkt selten anstößig.

3. So gesehen ist Pestalozzis pädagogisches Konzept kein abstraktes Konstrukt; in seinem Mittelpunkt stehen *bestimmte* Kinder, die unter *bestimmten* Bedingungen aufwachsen und die aus ihrer - unverschuldeten- Verwahrlosung herausgeführt werden müssen. Diesen Kindern hilft es nicht, wenn man ihren Zustand allgemein kulturkritisch deutet, vielmehr muß man - das ist die neue Botschaft - ihre reale Existenz in den Blick nehmen. Viele, die später Pestalozzi für ihre eigenen pädagogischen Intentionen auf ihre Fahnen geschrieben haben, haben diese Konkretion übersehen. Sein ganzheitlicher pädagogischer Ansatz, der sich in der auch heute immer wieder gern bemühten Formel *„mit Kopf, Herz und Hand“* zusammenfassen läßt, war schon damals nicht für Studenten oder Gymnasiasten formuliert, sondern für eine Gruppe von Kindern, die noch tief in der Dumpfheit ihrer unmittelbaren Existenz versunken waren und in deren Milieu Bildung und Ausbildung gänzlich unbekannt waren.

4. Diese Kinder werden zwar auch in ihrer individuellen Eigenart - was damals keineswegs üblich war -, zugleich jedoch in der Begrenztheit ihrer Lebensperspektive gesehen. Sie werden nach menschlichem Ermessen im „Stand der Armut“ verbleiben müssen, und es kommt darauf an, sie für den damit verbundenen Lebenskampf soweit wie möglich mit pädagogischen Mitteln, also mit Lernangeboten, auszustatten: durch elementare Kenntnisse und sittlich-moralische Erziehung; letzteres war nicht abstrakt gemeint im Sinne damaliger religiöser Unterweisung, sondern ebenfalls durchaus lebenspraktisch im Sinne von guten und damit auch erfolgreichen Manieren und Verhaltensweisen, die bei der Arbeitssuche förderlich sein konnten.

Die ökonomischen und gesellschaftlichen Bedingungen, aus denen die Armut resultiert, hat Pestalozzi nicht in Frage gestellt, und daraus hat man ihm gelegentlich Vorwürfe gemacht. Abgesehen davon jedoch, daß auch aus heutiger Sicht der damaligen Armut wirtschaftlich kaum abzuhelfen gewesen wäre - die Enteignungen der französischen Revolution haben daran ja auch kaum etwas geändert - lag der eigentliche Fortschritt des pädagogischen Denkens bei Pestalozzi darin, daß er überhaupt eine Grundbildung für arme Kinder forderte und dafür die methodischen Grundlagen zu schaffen versuchte. Diese Elementarerziehung, zu der auch Lesen und Schreiben gehörten, konnte diese Kinder immerhin in den Stand setzen, die Möglichkeiten ihres Milieus, z.B. Arbeit zu finden, auch optimal auszunutzen. Ihm ging es um die damals höchstmögliche Bildung der Kinder des einfachen Volkes, dessen Lebensbedingungen er - im Unterschied zu Rousseau - genau kannte, nicht um eine abstrakte Propagierung von „Kindheit".

Die pädagogische Beziehung

Für die pädagogische Beziehung ergeben sich nun teilweise neue Gesichtspunkte:

1. Um sein pädagogisches Konzept zu realisieren verfällt Pestalozzi auf ein methodisches Arrangement, das vielen seiner Zeitgenossen und auch nicht wenigen Personen der damals maßgeblichen Öffentlichkeit sowie natürlich insbesondere dem einfachen Volk, aus dem die Eltern seiner Kinder kamen, ungewöhnlich erschien. Die den Kindern abhanden gekommene soziale Geborgenheit kompensierte er durch eine sehr dichte *Emotionalität.* Darin liegt, wenn man den „Stanser Brief" liest, eine gewisse Widersprüchlichkeit: Auf der einen Seite war diese Emotionalität kein bloßer pädagogischer Trick, sondern offensichtlich ernst gemeint und von Pestalozzi wirklich gelebt im Umgang mit den Kindern. Andererseits ist nach aller Lebenserfahrung eine derart intensive „Liebe" zu fremden Kindern nicht beliebig wiederholbar und auf immer wieder neue Kinder übertragbar. Gefühle kann man nicht einfach wollen. Denkbar ist, daß Pestalozzi diese Erfahrung auch gemacht hätte, wenn er sein Projekt nicht nach einem halben Jahr hätte abbrechen müssen. Jedenfalls birgt dieser Ansatz die Gefahr, entweder sich über seine wahren Gefühle zu täuschen oder sie für den pädagogischen Zweck zu instrumentalisieren. Hinzu kommt, daß die hohe Emotionalität nur für den

Umgang im Heim, also in einer Sondersituation, gelten konnte, nicht jedoch auch außerhalb, weil viele Kinder ihren leiblichen Vater und noch mehr ihre Mutter noch kannten; sie beruhte insofern auf einer sozialen Fiktion.

Nun ist natürlich die Frage, ob diese intensive Emotionalität für das Konzept eine notwendige Voraussetzung und nicht vielleicht nur eine persönliche Variation darstellt. Pestalozzi geht davon aus, daß ohne eine befriedigende, gerade auch gefühlsmäßige Akzeptanz der Kinder alle anderen pädagogischen Maßnahmen ins Leere laufen würden. Aber wäre dafür nicht auch eine eher „mittlere" Gefühlsebene hinreichend gewesen, welche die Kinder nicht überwältigt und sie nicht in den Bann der emotionalen Wünsche des Erziehers treibt? Eine so gemäßigte Version würden wir heute vielleicht mit Begriffen wie „Offenheit", „Empathie", „Zuwendung" und „Wohlgesinntheit" beschreiben. Leider wissen wir nicht, wie die Stanser Kinder selbst darüber gedacht haben, ob sie mit weniger Gefühl vielleicht zufriedener gewesen wären.

Gewiß war Stans insofern eine Sondersituation, als es sich hier um *verwahrloste* Kinder handelte. Aber angesichts dessen, was ihnen fehlte, entdeckte Pestalozzi wichtige Grundlagen der Erziehung überhaupt. Bei normal aufwachsenden Kindern ist immer schon eine emotionale Akzeptanz vorhanden, so daß die Erziehung sich auf die nächsten Stufen konzentrieren kann. Wie notwendig sie jedoch ist, erkennt man erst, wenn sie in Prozessen der Verwahrlosung abhanden gekommen ist.

Jedenfalls wird „Liebe" von nun an zu einem zentralen Begriff der pädagogischen Beziehung überhaupt, - jedenfalls in sozialpädagogischen Konzepten.

2. Auf der Grundlage seiner uneingeschränkten Zuwendung entwickelte Pestalozzi einen dreistufigen Erziehungsplan, der auch im Sinne eines zeitlichen Nacheinander gemeint ist. Die jeweils vorherige Phase muß erst erreicht sein, damit die nachfolgende mit Aussicht auf Erfolg einsetzen kann:

– *„Erzielung einer sittlichen Gemüthsstimmung durch reine Gefühle;*
– *sittliche Übungen durch Selbstüberwindung und Anstrengung in dem, was recht und gut ist ...;*

– *Bewirkung einer sittlichen Ansicht durch das Nachdenken und Vergleichen der Rechts- und Sittlichkeitsverhältnisse, in denen das Kind schon durch sein Daseyn und seine Umgebungen steht*" (S. 23).

Auf diese Weise erhält die pädagogische Beziehung einen eigentümlichen *Zweck*, einen Inhalt. Die Emotionalität ist die Voraussetzung dafür, daß dieser Zweck auch realisiert werden kann, der nun *planvoll* in die Tat umgesetzt wird. Planung setzt aber, etwa im Unterschied zu bloß moralischen Appellen, eine Vorstellung vom *Handeln in der Zeit* voraus. Pädagogischen Sinn ergibt das nur, wenn man unterstellt, daß das Kind sich in der Zeit entwikkelt und daß die erzieherischen Handlungen damit in eine produktive Begleitung zu bringen sind. Heute sind uns solche Überlegungen selbstverständlich, aber sie mußten ja erst einmal erfunden werden. Derlei Gesetzmäßigkeiten zu kennen und die erzieherischen Einwirkungen damit zu verbinden, kennzeichnet die pädagogische *Methode*. Pädagogische Methode ist im Grunde nichts weiter als die planmäßige Verzeitlichung einer Handlungsstrategie.

3. Anders als bei Rousseau, der die *soziale* Dimension der Erziehung kaum beachtet hatte, spielt diese bei Pestalozzi eine zentrale Rolle. Die Kinder in Stans sollten nicht nur zu ihrem Erzieher eine produktive Beziehung eingehen, für die von seiner Seite aus das Modell der Väter- und Mütterlichkeit steht, sondern auch zu einander. Sie sollen sich wie Geschwister zu einander verhalten. So erhält das *gemeinsame* Leben der Kinder eine eigene pädagogische Qualität, indem es zum immer wiederkehrenden Probefall für das Erzogensein wird, - z.B als die Opfer der Brandkatastrophe aufgenommen werden sollen.

4. Da jedoch keine menschliche Gemeinschaft ohne Regeln und damit auch nicht ohne Sanktionen auskommen kann, wenn diese Regeln gebrochen werden, mußte Pestalozzi zu *Strafen* greifen. In Rousseaus Vorstellungen hatten sie eigentlich keinen Ort, weil der fiktive Emile nicht in maßgebenden sozialen Kontexten aufwächst; Strafen sind hier eigentlich nur Rückspiegelungen, die von den Sachen ausgehen, wenn mit ihnen falsch umgegangen wird. Aus der Vorstellung Pestalozzis, die Kinder sollten sich wie Geschwister zueinander verhalten, folgte - jedenfalls für die damaligen Verhältnisse - daß Pestalozzi die erzieherischen Fäden

und damit auch die Entscheidung über Strafen in der Hand behielt; der Gedanke, daß die Kinder *selbst* Regeln des Zusammenlebens finden und durchsetzen könnten, liegt noch ebenso fern wie die Vorstellung, daß es beim Strafen nicht immer um *moralische* Verurteilung gehen muß, die stets vom Erzieher zum Kind hin erfolgt, daß es dabei vielmehr auch um einfache Korrekturen sozialen Fehlverhaltens gehen kann, welche die Gemeinschaft der Kinder auch selbst zu regulieren vermag. In dieser Frage wie überhaupt ist die Dominanz des Erziehers unbestritten, nur er kann wissen, worauf es ankommt.

5. Pestalozzi gründet also die pädagogische Beziehung auf einer *familienanalogen Struktur*. Dieses Beziehungsmodell sollte für lange Zeit als das einzig mögliche angesehen werden. Ein anderes Sozialmodell dafür war lange nicht in Sicht, erst später - etwa bei Makarenko - wird die Gruppe der Gleichaltrigen hinzukommen. Pestalozzis Schlußfolgerung jedoch, daß auch die öffentliche schulische Erziehung sich nach dem Familienmodell organisieren müsse, war auf die Dauer nicht realistisch. Damals allerdings ging es nicht um Schule überhaupt, sondern um eine solche für die unteren Schichten des Volkes. Sofern es sie überhaupt gab, stand sie dem Leben und den künftigen, äußerst geringen Sozialchancen der armen Kinder fremd gegenüber, lehrten nicht das, was die Kinder für ihr voraussehbares Leben brauchen würden. Eben dafür eine methodische Grundlage geliefert zu haben, bleibt Pestalozzis großes Verdienst. Davon abgesehen ist jedoch die moderne Schule nicht die Fortsetzung der Familienerziehung mit anderen Mitteln, sondern eine pädagogische Institution aus eigenem Recht und mit eigenen Maximen.

Schon aus der Beschreibung des Stanser Experiments läßt sich erkennen, daß das Familienmodell an seine Grenzen stößt. Außer einer Haushälterin will Pestalozzi kein weiteres Personal, auch kein pädagogisches, einstellen, was auch seine Aufftraggeber verwundert hat. Er bleibt auf sich allein gestellt. Anderes Erziehungspersonal hätte ja auch das Familienkonzept in Frage gestellt. Die Kinder können nur *einen* Vater haben, weitere Erzieher wären nur denkbar gewesen als diesem Vater untergeordnet, etwa im Sinne von Hauspersonal. Erst später wird Wichern in seinem *Rauhen Haus* auf den Gedanken kommen, die Gesamtgruppe der Kinder in *mehrere* Familien aufzuteilen, die dann durch das übergreifende soziale Leitmotiv der christlichen Gemeinde miteinander verbunden bleiben, - eine Vorstellung, die wir bei Pestalozzi nicht finden.

6. Bemerkenswert ist ein weiterer Aspekt. Pestalozzi nimmt seine Zöglinge in ihrer gegenwärtigen Befindlichkeit ernst, in ihrer Armut und in ihren verwirrten Gefühlen, versucht sie jedoch auch für ihr künftiges Leben zu begeistern: *„Sie erkannten den innern Zusammenhang meiner Führung mit ihrem künftigen Leben"*. Damit wird die jeweilige biographische *Zukunft* des Kindes zu einem zentralen Sinn der pädagogischen Beziehung, die auf diese Weise zwei miteinander zu verbindenden Verantwortlichkeiten enthält: für das Kind in seiner empirisch vorfindbaren Realität einerseits und für seine künftigen Möglichkeiten anderseits. Was die pädagogische Beziehung zu vermitteln hat, muß sich für das Kind *jetzt* lohnen und es muß zugleich Zuversicht in das *künftige* Leben ausstrahlen. Später wird Makarenko in der Sowjetunion der zwanziger Jahre mit dem Begriff der *„Perspektive"* *„die Freude auf den morgigen Tag"* zur Grundlage seines Umgangs mit verwahrlosten Kindern machen.

7. Alle bisher genannten Aspekte werfen die Frage nach der Professionalität auf, die differenziert beantwortet werden muß. Sieht man auf den unmittelbaren Umgang Pestalozzis mit den Kindern in Stans, dann erscheint sein Verhalten eher als Rückschritt im Vergleich zu Rousseau, wenn wir etwa an die emotionale Intensität denken. Professionalität bedeutet ja u.a. die Möglichkeit, Nachfolge zu stiften, also andere das pädagogische Handwerk zu lehren. Das war vom Stanser Beziehungsmodell aus nicht möglich, es war in dieser Hinsicht ein Unikat.

Aber in dieser von ihm bewußt gewählten Ausnahmesituation, die nicht auf Serie zu legen ist, entdeckte er seine Methode für die Resozialisierung von Kindern, die bis heute im Prinzip gültig ist, und darüber hinaus Elementarformen ihrer Unterrichtung, die später im Lehrerseminar in Iferten weiter entwickelt wurden. Auch sein vor allem in dem Buch *Wie Gertrud ihre Kinder lehrt* formulierter Gedanke, die Eltern - in erster Linie die Mütter - in den Stand zu setzen, die Erziehung einschließlich der elementaren Unterrichtung selbst in die Hand zu nehmen, gehört in diesen Zusammenhang. Die vorhin skizzierte Dreistufigkeit der sittlichen Erziehung erschien ihm dafür als Grundlage geeignet. Mit diesen Entdeckungen gab er nicht nur der pädagogischen Beziehung einen neuen Sinn, er schuf auch wichtige Grundlagen für die künftige pädagogische Profession.

3. Giovanni Bosco: Das Kind als Gottes Kind I

Wir machen einen Sprung in die erste Hälfte des 19. Jahrhunderts. Die industriellen Umwälzungen, die zur Entfaltung der kapitalistischen Gesellschaft führten und von denen Pestalozzi noch kaum etwas ahnen konnte, veränderten die europäischen Staaten in unterschiedlichem Maße und Tempo, aber doch auf eine ähnliche Weise. Die neuen technischen Erfindungen wie die Dampfmaschine und das Gaslicht überwanden allmählich die bisher durch den Wechsel der Jahreszeiten und von Tag und Nacht gesetzten natürlichen Grenzen des Arbeitens. Die neuen Maschinen ermöglichten Massenproduktionen und trieben so das überlieferte Handwerk in eine Krise. Viele Menschen strömten vom Land in die Städte, um dort Arbeit zu finden, und sie wohnten in eiligst errichteten Massenquartieren. Die Verarmung auf dem Lande wie vor allem in den neuen Städten nahm Ausmaße an, die nicht mehr wie bisher durch lokale kirchliche Wohltätigkeit aufgefangen werden konnte. Am schwerwiegendsten war jedoch nicht die bloße Armut im materiellen Sinne, sondern die soziale Desorganisation vor allem der aus den ländlichen Bezirken in die Städte strömenden Bevölkerung, die ihre alten sozialen Bindungen verloren und neue noch nicht gewonnen hatte. Darunter litten insbesondere die Kinder und Jugendlichen, die massenhaft zu verwahrlosen drohten.

In dieser Lage intervenierten zwei Männer mit für ihre Zeit neuen pädagogischen Konzepten, indem sie sich des Elends der Kinder annahmen und - bei aller Zeitgebundenheit ihrer Auffassungen - doch in die Zukunft weisende Projekte für die „Rettung" bzw. Resozialisierung von Verwahrlosung bedrohter Kinder ins Leben riefen: der katholische Priester Giovanni Bosco im italienischen Turin und der deutsche evangelische Theologe Johann Hinrich Wichern, den wir im nächsten Kapitel behandeln.

Beide sind für unser Thema der pädagogischen Beziehung, wie sich zeigen wird, von besonderem Interesse, weil sie ihm einen neuen, nämlich religiös fundierten Akzent verliehen.

Wie Deutschland so war auch Italien bis etwa 1870 weitgehend durch Landwirtschaft und Handwerk bestimmt, aber die Wanderungsbewegung vom Land in die Städte nahm auch hier zu. Ab Mitte des Jahrhunderts wuchs die Bevölkerung der Stadt Turin, von der im folgenden die Rede ist, rapide an, von 137.000 Einwohnern im Jahre 1848 auf 218.000 im Jahre 1864. Verantwortlich dafür war die Verelendung auf dem Lande, die die Landbevölkerung in die Städte strömen ließ, wo sie Arbeit und Brot in den sich ausdehnenden Manufaktur- und Handwerksbetrieben suchte. Die große, moderne Industrie fehlte noch, war aber in Ansätzen durchaus schon vorhanden. Aber eine ihrer wesentlichen Voraussetzungen, das Überangebot an vom Lande sich in die Städte ergießenden „Proletariern“, war bereits gegeben. Die „soziale Frage“ war entstanden, die Frage nämlich, auf welche Weise diese aus ihren früheren sozialen Bindungen gerissenen Massen wieder in die Gesellschaft integriert werden könnten. Neben der Armut und diese möglicherweise in ihrer Bedeutung noch übertreffend war die soziale und damit auch moralische Desintegration das eigentliche Problem, das nicht nur die Erwachsenen betraf, sondern vor allem auch viele Kinder und Jugendliche. Von deren Lebenssituation - ausgeliefert ausbeuterischen Arbeitgebern, verwiesen auf die Straße als Aufenthaltsort, vernachlässigt von den Eltern, die um den Lebensunterhalt ringen mußten oder von diesen gar verlassen - kann man sich heute vielleicht eine einigermaßen zutreffende Vorstellung machen, wenn man entsprechende Bilder über Kinder in Entwicklungsländern sieht.

Um solche Kinder kümmerte sich in Turin damals unter anderen ein katholischer Priester namens Giovanni Bosco, der aus dieser Tätigkeit heraus zum bekanntesten katholischen Erzieher der Moderne werden und mit dem von ihm gegründeten Salesianer-Orden weltweite Wirkung erzielen sollte.

Leben und Werk

Er wurde am 16. August 1815 in einem Dorf östlich von Turin als jüngstes von drei Kindern geboren. Seine Eltern waren Kleinbauern. Als er zwei Jahre alt war, starb sein Vater. Da es damals in Italien noch keine Schulpflicht gab, konnte Giovanni erst mit 9 Jahren bei einem benachbarten Bauern Leseunterricht erhalten; im übrigen mußte er zum Unterhalt der Familie als Hütejunge beitragen, aber die Zeit, die er damit beschäftigt war, nutzte er zum Lesen. Mit 10 Jahren wollte er Priester werden, wie er seinem Lehrer, einem Geistlichen, in der Schule erklärte, die er nun im Nachbardorf besuchen konnte. Aber seine Arbeitskraft wurde noch zu Hause gebraucht, weshalb er in Streit mit seinem Stiefbruder geriet, so daß die Mutter ihn für zwei Jahre um des häuslichen Friedens willen in die Fremde schickte, wo er sich als Stallknecht, Laufbursche und Schustergehilfe durchschlug. Gönner, die seine Begabung erkannten, ermöglichten im schließlich das Studium.

Im Juni 1841 wurde er in Turin zum Priester geweiht und unterzog sich nun einem Aufbaustudium in praktischer Theologie. Dadurch kam er mit den Lebensbedingungen der Proletarier in Berührung. In den Gefängnissen traf er auf 12- bis 18jährige Halbwüchsige, deren Prognose miserabel war, weil sie kurz nach der Entlassung meist wieder dort landeten. Vielleicht, so erkannte er, ließe sich das ändern, wenn sich jemand um sie kümmern würde.

Auf diesem sozialen Hintergrund wollte er ein „*Oratorium*" gründen, wozu sein Bischof ihm auch die Erlaubnis erteilte. „Oratorien" waren damals in der kirchlichen Jugendarbeit Italiens nicht unbekannt. Man verstand darunter einen Unterrichts- und Erholungsraum in der Nähe einer Kirche. Auch Turin hatte bereits eine solche Einrichtung, die sich modern vielleicht als Jugendfreizeitzentrum bezeichnen ließe. Jedenfalls ging es darum, die Jugendlichen von der Straße zu holen, sie religiös zu unterrichten und ihnen pädagogisch vertretbare Freizeittätigkeiten anzubieten. Bosco griff dieses Konzept auf und versammelte ab 1841 sonntags, später auch abends an den Werktagen Jungen um sich, wobei sein Erfolg nicht zuletzt darauf beruhte, daß er mit ihnen herumtollte und dabei einiges zu bieten hatte: er war sportlich, konnte gut erzählen - was auch seine Schriften beweisen - und verstand sich auf allerhand Zauberkunststücke, die er als Junge den Gauklern auf den Jahrmärkten abgeguckt hatte.

Gerade dieses fast vorbehaltlose Sich-Einlassen auf die Bedürfnisse und den Spaß der Jungen brachte ihn in Schwierigkeiten, weil die einen als Nachbarn den dabei entstehenden Lärm verabscheuten, andere sein Treiben als eines Priesters nicht würdig erachteten. Eine Lösung ergab sich, als er 1846 im Turiner Vorort Valdocco eine Wiese mit einer Scheune anmieten und später kaufen konnte. Die Scheune wurde ausgebaut, so daß sie auch als Unterkunft dienen konnte für solche Jungen, die kein Zuhause hatten. Von nun an entwickelte sich das Projekt nahezu zwangsläufig weiter. Neben die religiöse Unterweisung trat elementarer Schulunterricht. Bosco versuchte, die Jungen bei einem verläßlichen Lehrherrn als Lehrlinge unterzubringen und entwarf dafür eine Art von Lehrvertrag. Weil sich jedoch nicht alle auf diese Weise vermitteln ließen, gründete er eigene Werkstätten für die Ausbildung. Da die Zahl der Zöglinge immer weiter wuchs -schon die Straßentreffen wurden manchmal von mehreren hundert Jugendlichen besucht - gründete er schon ein Jahr später ein zweites Oratorium. Außerdem mußte er Helfer einstellen, wozu er zunächst auf seine älteren Zöglinge zurückgriff. Um sein Erziehungswerk personell zu sichern, gründete er 1854 eine religiöse Erzieherkongregation, aus der dann 1869 der vom Papst genehmigte Salesianer-Orden hervorging. Dessen Konstitution -also Regelwerk - wird 1874 endgültig vom Papst anerkannt. In diesem Jahr erfolgt auch die offizielle Eingliederung der *„Don-Bosco-Schwestern"* in den Orden. Bosco selbst hatte sich immer nur um Jungen gekümmert; da aber die Nachfrage nach einer entsprechenden Erziehungseinrichtung auch für Mädchen ständig zunahm, gewann er eine bereits bestehende religiöse Gruppe, die sich *„Töchter der Immakulata"* nannte, zur Mitarbeit an der weiblichen Jugendarbeit unter der Leitung der 1951 heilig gesprochenen Maria Mazzarello. Ab 1875 breitete sich der Orden in Europa und in Südamerika aus. Giovanni Bosco starb am 31. Januar 1888; er wurde 1939 selig- und 1944 heiliggesprochen.

Bosco hat ein umfangreiches Schrifttum hinterlassen, mehrere katholische Zeitschriften gegründet, aber seine pädagogischen Vorstellungen nirgends systematisch formuliert. Sein Lebenswerk im ganzen kann hier nicht gewürdigt werden. Wohl aber muß der politische Hintergrund gesehen werden, der für ihn von Bedeutung wurde. In den Jahren nach 1848 hatte der Geist der bürgerlichen Revolution auch Italien erfaßt. Unter der Führung von Cavour drängte Italien auf die nationale Einheit zu und dabei war die katholische Kirche als Kirchenstaat im Wege, was antiklerikale Affekte heraufbeschwor. Die Kirche andererseits sah in „Demokratie“, „Liberalismus“ und in der „Linken“ Gefährdungen ihrer Existenz, was zu dogmatischen Verhärtungen führte. Zudem war in Norditalien der Protestantismus auf dem Vormarsch. Bosco betraf diese politische Lage insofern, als er gelegentlich bezichtigt wurde, seine Zöglinge politisch gegen die Regierung, also die weltliche Macht, zu beeinflussen. Zudem blieb auch er von der allgemein defensiven und daher recht konservativen Festungsmentalität des Katholizismus in diesem Kulturkampfklima nicht unbeeinflußt.

Für unseren Zusammenhang sind jedoch die pädagogischen Vorstellungen und hier insbesondere die über die pädagogische Beziehung interessant, weil sie für die künftige Pädagogik des Katholizismus nicht nur in der Schule, sondern mehr noch in den außerschulischen Einrichtungen wie der Jugendarbeit und der Fürsorgeerziehung von großer Bedeutung sind.

Das Oratorium

Im Vergleich zu den Vorstellungen von Rousseau und Pestalozzi, die - wie immer sie selbst zu religiösen Fragen gestanden haben - sich aus innerweltlichen Maßstäben ergaben, finden wir hier eine religiös-kirchliche Fundierung allen pädagogischen Handelns und daher auch der pädagogischen Beziehung. Das Kind ist ein Kind Gottes, der Pädagoge ist dessen Stellvertreter auf Erden und hat sich infolgedessen an die göttlichen Gebote zu halten, und diese werden von der Kirche ausgelegt. Was bedeutet das für Boscos Vorstellungen im einzelnen?

Da er keine systematische Pädagogik und deshalb auch keine zusammenhängende Darstellung der pädagogischen Beziehung hinterlassen hat, müssen wir diese aus verschiedenen Textstellen rekonstruieren. Ich stütze mich dabei vor allem auf eine Kurzfassung seiner Vorstellungen, die er relativ spät in den Regeln für den Salesianer-Orden formuliert hat (Vgl. Bosco, S. 93 ff.).

Er kennzeichnet seine pädagogische Strategie als eine *„präventive“* oder als eine der *„Vorsorge“* und grenzt sie von der von ihm so genannten *„repressiven“* Auffassung ab.

„Zu allen Zeiten wurden in der Jugenderziehung zwei Systeme angewandt: das präventive und das repressive. Das Repressivsystem besteht darin, daß man das Gesetz den Untergebenen bekanntmacht und dann seine Befolgung überwacht, um die Übertreter festzustellen und ihnen nötigenfalls die verdiente Strafe zu geben. Bei diesem System müssen Worte und Haltung des Vorgesetzten immer streng, fast drohend sein; er muß jeden vertrauten Verkehr mit seinen Untergebenen meiden. Um seine Autorität zu steigern, darf sich der Direktor nur selten bei seinen Schutzbefohlenen zeigen und meist nur dann, wenn es sich um Strafe und Drohung handelt...

Verschieden und, ich möchte sagen, entgegengesetzt ist das Präventivsystem. Es besteht darin, daß man die Vorschriften eines Institutes bekannt macht und dann die Jugendlichen derart überwacht, daß das achtsame Auge des Direktors oder des Assistenten immer auf ihnen ruht. Wie gütige Väter sollen sie mit ihnen sprechen, bei jedem Anlaß als Führer dienen, gute Ratschläge erteilen und sie liebevoll zurechtweisen. Mit einem Wort: die Jugendlichen in die Unmöglichkeit versetzen, Fehltritte zu begehen.

Dieses System stützt sich ganz auf Vernunft, Religion und liebevolles Wesen. Deshalb schließt es jede gewaltsame Züchtigung aus und sucht auch leichtere Strafen fernzuhalten" (Bosco S. 94).

Nicht durch Drohungen oder Strafen, sondern durch freundschaftliche Werbung sollte erzogen werden.

„Das Präventivsystem ... macht den Jugendlichen zum Freund. Es läßt ihn im Assistenten einen Wohltäter erblicken, der ihn aufmerksam macht, ihn zu einem guten Menschen machen und ihn vor Kummer, Strafe und Schaden bewahren will" (S. 95).

Dafür aber ist eine Haltung und innere Einstellung der Erzieher erforderlich, die nicht einfach aus Profession, sondern nur aus Berufung erwachsen kann; die wiederum bedarf der Beziehung zu Gott. Ihr Kernstück ist die „*Liebe*" des Erziehers zu den Zöglingen im doppelten Sinne: als wohlwollende Zuwendung zum einzelnen in seinem Sosein, wie ihn Gott geschaffen hat, aber zugleich zu ihm als einem Exempel der Gotteskindschaft. Es ist nicht die emotional individuelle, andere ausschließende oder gar begehrende Liebe, sondern die der Demut und Geduld.

„Die Liebe ist gütig und geduldig; sie duldet alles, hofft aber auch alles und erträgt jedes Ungemach. Darum kann nur der Christ das Präventivsystem mit Erfolg anwenden. Vernunft und Religion sind die Mittel, die der Erzieher beständig gebrauchen, lehren und selbst bestätigen muß, wenn er Gehorsam finden und sein Ziel erreichen will" (S. 95).

„*Selbst bestätigen*" soll heißen, daß der Erzieher in allem, was er pädagogisch vertritt, als Vorbild dienen muß. Er muß die religiös fundierte menschliche Verbindlichkeit seines Tuns ausstrahlen und klarmachen, daß er sein Leben dem Wohl der Jugendlichen gewidmet hat. Das gilt gerade auch für den Leiter des Oratoriums, so sehr ihn andere Aufgaben auch beschäftigen mögen.

„Der Direktor soll sich also ganz der Erziehung der Jugendlichen widmen und nie Verpflichtungen übernehmen, die ihn von seinem Amt ablenken. Er soll sich vielmehr bei ihnen aufhalten, so oft sie nicht der Pflicht entsprechend anderweitig beschäftigt sind, es sei denn, sie sind von andern gebührend betreut" (S. 95 f.).

Bei den Mitarbeitern, von denen eine solche totale Identifikation mit ihrer Aufgabe nicht erwartet werden kann, muß zumindest eine entsprechende Charakterstärke vorausgesetzt werden.

„Die Lehrer, Meister und Assistenten müssen als sittlich bewährte Persönlichkeiten bekannt sein". Damit sie den Unterschied zwischen der im pädagogischen Bezug geforderten selbstlosen „*Liebe*" und den üblichen Umgangsformen nicht verwischen oder gar in erotische Verwirrung geraten, wird von ihnen erwartet: *„Sie sollen Zuneigungen jeglicher Art oder Sonderfreundschaften mit den Jugendlichen wie die Pest meiden und sich bewußt bleiben, daß die Entgleisung eines einzigen ein ganzes Haus in Verruf bringen kann"* (S. 96).

Die christlich motivierte Liebe begleitet - im wörtlichen Sinne - die Zöglinge gleichsam rund um die Uhr.

„Man richte es so ein, daß die Jugendlichen nie allein sind. Soweit es möglich ist, betreten die Assistenten als erste die Räume, in denen die Jugendlichen zusammenkommen; sie bleiben bei ihnen, bis sie von anderen Assistenten abgelöst werden, und lassen sie nie unbeschäftigt. Man gewähre große Freiheit, nach Her-

zenslust zu springen, zu laufen und zu lärmen. 'Macht alles, was ihr wollt', pflegte der große Jugendfreund, der heilige Philipp Neri zu sagen,' mir genügt es, wenn ihr keine Sünde begeht'" (S. 96).

Das Konzept der Prävention könne jedoch nur Erfolg haben, wenn die Zöglinge regelmäßig an den fundamentalen religiösen Ritualen teilnehmen.

„Häufige Beichte und Kommunion sowie die tägliche Messe sind die Säulen, die das Gebäude einer Erziehung tragen müssen, von der man Drohung und Stock fernhalten will" (S. 96).

Nur aus dieser gemeinsamen religiösen Fundierung mit den Zöglingen kann der Erzieher die Uneingeschränktheit seiner Beziehung zu ihnen richtig verstehen.

„Der Erzieher ist ein Mensch, der ganz dem Wohl seiner Jugendlichen geweiht ist. Daher muß er bereit sein, sich jeder Unannehmlichkeit und Mühe zu unterziehen, um sein Ziel zu erreichen: die staatsbürgerliche, sittliche und wissenschaftliche Heranbildung der ihm Anvertrauten (S. 97).

Zu diesem Zweck muß er die wohlverstandene „Liebe" der jungen Menschen zu gewinnen trachten.

Jeder suche sich beliebt zu machen, wenn er gefürchtet sein will. Dieses große Ziel erreicht er, wenn er durch Worte und noch mehr durch Taten zu erkennen gibt, daß seine Sorge ausschließlich auf das geistige und leibliche Wohl der Jugendlichen gerichtet ist" (S. 99).

Das Konzept der Vorsorge, das Fehlverhalten durch allgegenwärtige Fürsorge gar nicht erst entstehen lassen will, beruht also einerseits auf einer möglichst lückenlosen Betreuung, andererseits auf Verständnis für die altersgemäßen Eigenarten, für die Nachsicht und Geduld aufzubringen sind. So entsteht eine eigentümliche Kombination von unzweideutiger Führung im Wesentlichen und geduldiger, ja aufgeschlossener Akzeptanz kindlicher und jugendlicher Bestrebungen im einzelnen.

„Man gebe den Jugendlichen Gelegenheit, frei ihre Gedanken zu äußern, achte aber darauf, ihre Ausdrücke, Reden und Handlun-

gen zu berichtigen und auch zu verbessern, wenn sie der christlichen Erziehung nicht entsprechen" (S. 99).

Andererseits wird sogar der regelmäßige Spaziergang, den Bosco schon aus gesundheitlichen Gründen vorschreibt, im Sinne einer Freizeitkontrolle streng reglementiert. Die Zöglinge sollen in Gruppen unter Leitung eines Assistenten gehen und sich nicht absondern. *„Ein streng zu ahndender Fehler ist es, sich vom Zuge zu entfernen. Der Ordner kann die Erlaubnis dazu nicht erteilen. Wer etwas kauft, oder in ein Café oder Wirtshaus geht, verdient die Entlassung aus der Anstalt* (S. 109)".

Schädliche Einwirkungen durch Begegnung mit der Außenwelt sind ebenso zu vermeiden wie das unkontrollierte Eindringen der Außenwelt in die pädagogische Provinz des Oratoriums, z.B. in Gestalt von Büchern, Zeitschriften oder Zeitungen. Sie würden unchristliche Gedanken und Meinungen unkontrolliert an die Zöglinge herantragen. Deshalb wurden nur durch den Leiter genehmigte Publikationen zugelassen, andere durften nicht eingeschmuggelt werden. In einem Brief schreibt Bosco 1884:

Der Direktor müsse verlangen, *„daß die Jungen ein gewissenhaftes Verzeichnis aller ihrer Bücher erstellen und ihrem Vorgesetzten selbst vorlegen. ... Die Zöglinge sind anzuweisen, jedes Buch abzuliefern, das sie während des Schuljahres kaufen oder das von Angehörigen, Freunden oder Mitschülern, die außerhalb des Heimes wohnen, mitgebracht wird. Dazu gehört auch, daß den Jungen nicht Pakete in die Hände geraten, die aus Dummheit oder Bösartigkeit in die übelsten Zeitungen eingewickelt sind"*. Auch *„die nichtgeprüften und unbereinigten Wörterbücher"* seien *„zu entfernen"* (S.78).

Bosco nahm also die Gefahren einer publizistischen Einwirkung von außen sehr ernst und zum Anlaß, selbst entsprechend tätig zu werden; er gründete Zeitungen, schrieb erbauliche Bücher und fertigte Listen von geeigneter Literatur an, die den Zöglingen zur Lektüre übergeben werden durfte.

Die Eigentümlichkeit der von Bosco vertretenen Pädagogik erschließt sich vielleicht noch deutlicher von seinem *Strafkonzept* her. Das präventive Konzept sollte ja gerade Strafen möglichst überflüssig machen, und Bosco sagt von sich selbst, daß er auch nach vierzig Jahren seiner Tätigkeit sich nicht erinnern könne,

„Strafen irgendwelcher Art erteilt zu haben" (S. 98). Körperliche Züchtigungen untersagte er ohne Einschränkungen, - nicht nur, weil sie gesetzlich verboten waren, sondern auch weil er aus der Erfahrung des Umgangs mit den Straßenjugendlichen und wohl auch aus eigener Erfahrung als Kind wußte, daß sie im allgemeinen keine Verbesserung der Gesinnung bewirkten, sondern eher zu Wut und Aggression führten. Aber er wußte aus eben dieser Erfahrung auch, daß Strafe eine Frage der Definition ist. *„Bei jungen Leuten gilt das als Strafe, was als solche hingestellt wird. Man hat bemerkt, daß ein ernster Blick auf manche nachhaltiger wirkt als eine Ohrfeige. Das Lob für eine gute Handlung, der Tadel für eine Nachlässigkeit sind bereits Lohn oder Strafe" (S. 98).*

Deshalb gelte als wichtiger Grundsatz: *„Der Erzieher suche die Liebe seiner Jugendlichen zu gewinnen, wenn er gefürchtet sein will. Dann wird der Entzug des Wohlwollens schon als Strafe erfahren, die den Eifer anspornt, ermutigt und nie demütigt"* (S. 98).

Um Demütigungen zu vermeiden, aber auch um Strafen leichter auf das Gemüt wirken zu lassen und eine innere Einkehr zu veranlassen, *„sollen Zurechtweisungen oder Strafen niemals öffentlich erfolgen, sondern privat und abseits von den Kameraden. Dabei gehe man mit größter Klugheit und Geduld vor, um den Jugendlichen so weit zu bringen, daß er sein Unrecht im Lichte der Vernunft und Religion einsehe"* (S. 98).

Die Vorschriften müßten ebenso genau bekannt sein wie die im Falle der Nichtbefolgung vorgesehen Sanktionen, *„damit der Jugendliche sich nicht unter dem Vorwande entschuldigen kann: ich wußte nicht, daß dies verboten oder geboten ist"* (S. 98).

Gestraft werden sollte nicht sofort nach der Tat, um dem Zögling Gelegenheit zur Besinnung zu geben, und in emotionaler Distanz, vor allem ohne Zorn. *„Keine Bewegung der Seele, keine Verachtung in den Augen, keine Schmähung auf den Lippen; empfinden wir vielmehr Mitgefühl für den Augenblick und Hoffnung für die Zukunft. ... Man gebe zu erkennen, daß man hoffnungsvoll für ihn ist, indem man sich bereiterklärt, alles von dem Augenblick an zu vergessen, da er ein besseres Benehmen an den Tag legt"* (S. 63). Sollten diese Inverventionen jedoch nicht zum Erfolg führen, seien *„bei den schwerwiegendsten Verfehlungen"* folgende Strafen angebracht: *„Stehend an seinem Platz essen oder an einem abseitigen Tisch; mitten im Speisesaal oder zuguterletzt an dessen Tür essen. Aber in allen diesen Fällen muß dem Schuldigen all das gereicht werden, was man den Gefährten zum Essen anbietet. Eine schwere Strafe ist es, einem die Freizeit abzuerkennen. Aber man stelle ihn niemals in die Sonne oder setze ihn dem Unwetter aus, so daß er Schaden leiden könnte.*

Ihn einen Tag lang in der Schule nicht aufzurufen, kann eine schwere Strafe sein, aber man setze das dann nicht fort. ..

Wer sich dennoch all diesen weisen Führungsmitteln gegenüber taub zeigt, ein schlechtes Beispiel abgibt und Skandal hervorruft, der muß unnachsichtig entfernt werden, doch so, daß ihm möglich bleibt, seine Ehre zu retten. Das erreicht man, indem man dem Jungen selbst den Rat gibt, daß ihn seine Angehörigen abberufen, und daß man den Eltern selbst rät, das Heim zu wechseln, in der Hoffnung, daß ihr Sohn sich anderswo besser verhalte" (S. 66 f.). Strafen dürfe nur der Direktor veranlassen, *„der allein Zeit, Art und Schwere der Strafe bestimmt"* (S. 68).

Zwei Eigentümlichkeiten des Strafens fallen hier ins Auge: Einmal soll die Strafe nicht demütigen, sondern zur Einsicht in Fehler führen. Zum anderen ist Maßstab für die Beurteilung der Abweichung nicht die Gemeinschaft, gegen die der Täter sich vergangen hat, sondern der religiös fundierte Sittenkodex, dessen Vernachlässigung Sünde ist. Diesen Kodex macht der Erzieher stellvertretend geltend, und die Vergebung ist im Grunde eine Sache des einzelnen in seinem Verhältnis zu Gott; deshalb ergibt es auch keinen Sinn, die Strafe vor den anderen Zöglingen zu vollziehen, und deshalb soll sie auch nicht im Zorn oder unter sonstiger emotionaler Erregung erfolgen, weil sich dann der Erzieher ja in die Beziehung zu Gott gleichsam mit seinen persönlichen Gefühlen einmischen würde. *Ohne* diese religiöse Fundierung wird die *Gemeinschaft* der Bezugspunkt sein, wie wir später bei Makarenko sehen werden.

Resümee

1. Wir haben es bei Giovanni Bosco offensichtlich mit einer herausragenden *praktischen* pädagogischen Begabung zu tun, wäh-

rend die systematische Fundierung seiner pädagogischen Gedanken nicht seine Stärke war. Wer sich in seine Schriften vertieft, kann sich des Eindrucks nicht erwehren, einem Menschen von hoher Authentizität zu begegnen. Kritiker wie der Jesuit Perquin haben darin auch eine Grenze seiner Fähigkeiten gesehen. *„Die Weise, in der er sich benimmt und ausdrückt, seine Vorliebe und seine Abneigungen beweisen, daß er (und dies ist nicht degenerierend gemeint) sein ganzes Leben ein Kind geblieben ist. Auf diese Weise ist auch zu erklären, warum er mit Mädchen keinen Kontakt schaffen konnte; damit auch sein intensives Bedürfnis, immer bei den Jungen zu sein, ohne die er nicht leben konnte"* (Vgl. Bosco, S. 189). Vielleicht rührte aber gerade daher auch seine enorme persönliche Ausstrahlung, von der sogar seine Gegner immer wieder beeindruckt waren. Jedenfalls mußte um so dringlicher die Frage entstehen, wie seine Fähigkeiten auf andere übertragen werden konnten, die in seinem Sinne pädagogisch arbeiten wollten. Im Unterschied zu Pestalozzi in Stans, der lieber allein tätig sein wollte als mit Kollegen, die nicht in seinem Sinne handeln konnten oder wollten, ging Bosco dieses Risiko ein. Aber die Gefahren hat er selbst in seinem Alter schon gesehen. In einem Brief aus dem Jahre 1884 vergleicht er in der Rückschau das damalige Leben in seinen Oratorien, Schulen und Werkstätten mit dem der Anfangsjahre,- zwar literarisch verschlüsselt, aber unüberhörbar: Man müsse die Jungen nicht nur lieben, diese müßten es vielmehr auch merken. *„Sie müssen in den Dingen geliebt werden, die ihnen gefallen. Indem man sich an ihren kindlichen Neigungen beteiligt, lernen sie auch in den anderen Dingen, die ihnen naturgemäß wenig gefallen, das Walten der Liebe erkennen"* (S. 71).

Aber *„die Vorgesetzten"* seien nun *„nicht mehr die Seele der Freizeit"*. Der größere Teil gehe für sich spazieren und unterhalte sich miteinander, ohne auf die Jungen zu achten. Die Vorgesetzten würden nun *„als Vorgesetzte betrachtet, nicht aber als Väter, Brüder und Freunde"* (S. 72). Und der Lehrer, der nur am Pulte stehe, *„ist Lehrer und nichts weiter, aber wenn er mit den Jungen die Freizeit verbringt, wird er wie einer ihrer Brüder"* (S. 73).

2. Bosco verstand sein Engagement für seine Zöglinge als einen umfassenden Dienst im Auftrage Gottes, aber war das auf Serie zu legen, einfach durch Appelle an andere übertragbar, mochten

sie noch so gutwillig sein? Je mehr seine Einrichtungen sich schon wegen der zunehmenden Zahl seiner Zöglinge institutionalisieren und sich den Regeln eines Ordens unterordnen mußten, um so unausweichlicher bekamen die Institutionen ein Eigengewicht. Seine späteren Schriften, auch das hier ausführlicher referierte Regelwerk, waren unverkennbar bereits von der Befürchtung geprägt, der ursprüngliche Impetus könne verloren gehen. Andererseits wurde Bosco offensichtlich immer wieder aus den Einrichtungen des Ordens heraus gebeten, zu verschiedenen praktischen und grundsätzlichen Fragen beratend Stellung zu nehmen.

Das Problem der Nachfolge taucht hier zum ersten Mal in unserer Darstellung auf, bei Rousseau und Pestalozzi war das noch kein Thema. Das liegt daran, daß in diesem Falle das pädagogische Projekt eines Einzelnen von einer großen Organisation, der katholischen Kirche, übernommen und weitergeführt wurde, weil diese Organisation darin eine auf Dauer angelegte Notwendigkeit sah.

3. In diesem Prozeß der Institutionalisierung blieben zunächst einmal das Regelwerk und die hierarchischen Strukturen übrig. Damit begann die Gefahr der Dogmatisierung der ursprünglichen pädagogischen Grundsätze. Nun mußte hinderlich werden, was zunächst der große Vorzug war, daß nämlich Boscos pädagogisches Konzept kein *professionelles* war, sondern aus einer einzigartigen persönlichen Disposition hervorging, aber die war gerade nicht professionalisierbar. Lehrbar in der Ausbildung im Rahmen des sich nun entfaltenden Salesianer-Ordens waren gewiß andere, keineswegs unwichtige Aspekte wie eine Art von Jugendkunde und natürlich die traditionelle Priesterausbildung, aber auf diese Weise konnten gerade die ursprüngliche Naivität und das persönliche Engagement nicht einfach tradiert werden. An diesem Beispiel wird ersichtlich, daß Professionalisierung nur auf dem Hintergrund einer festen und beständigen Organisationsform möglich ist, die gerade von *besonderen* persönlichen Fähigkeiten absehen muß. Diese Wende zur organisierten und organisierbaren Professionalität muß also neue Maßstäbe für die pädagogische Beziehung setzen, deren Wandel in dem eben erwähnten nostalgischen Brief von Bosco bereits angedeutet wird: die Brüder wollen eben nicht mehr ihr ganzes Leben für die Zöglinge und für den Umgang mit ihnen einsetzen, sondern zumindest *auch* ihren eigenen

Interessen nachgehen und ihre Beziehungen zu anderen Erwachsenen pflegen.

4. Ausgangspunkt für Boscos Denken und Handeln war gewiß zunächst das unmittelbare Interesse am Schicksal der Straßenkinder, für die Staat und Gesellschaft kaum etwas taten. Aber im Hintergrund stand die Lage seiner durch die politische Entwicklung in die Defensive gedrängten Kirche, die um ihren Einfluß im öffentlichen Leben fürchten mußte und sogar gegenüber ihren Gläubigen angesichts der nationalen politischen Entwicklung in Rechtfertigungszwänge geriet. Ohne diesen allgemeinen kirchenpolitischen Hintergrund ist die Expansion seines Werkes kaum zu verstehen. Es ging auch darum, Widerstand gegen die Ausbreitung laizistischer und kirchenfeindlicher Bestrebungen zu mobilisieren und in diesem Zusammenhang ein katholisch-kirchliches Gegengewicht gegen die zunehmende Verweltlichung der Erziehung zu schaffen. Ohne diese zeitkritische Konstellation hätte Bosco wie andere auch gewiß seine Oratorien einrichten können, aber es wäre schwer vorstellbar, daß er auch zur Ordensgründung gekommen wäre. So wurde er, der eigentlich ein unpolitischer Mensch war, in die Auseinandersetzungen seiner Zeit hineingezogen. Für seine Oratorien war diese Tatsache keineswegs bedeutungslos, wie sich etwa an der rigiden Lektürekontrolle zeigt. Unverkennbar sind Züge einer Lagermentalität, die sich von allen modernen Entwicklungen bedroht sieht, von der Demokratisierung im allgemeinen, von jeder Art von Liberalisierung und sogar vom anwachsenden Protestantismus. Aber man kann wohl kaum behaupten, daß - wie bei Rousseau - sein pädagogisches Konzept politische Kritik zur Voraussetzung hatte und ohne diese nicht verständlich wäre. Es war vielmehr sein religiös motiviertes, unmittelbar an den Menschen orientiertes Engagement, das ihn zum Handeln trieb.

5. Gegen die Generalisierbarkeit des von ihm so genannten „repressiven“ Systems in der Erziehung lassen sich gewiß Einwände erheben, weil kaum einleuchten kann, daß es zu seiner Zeit und auch davor der Normalfall der familiären und schulischen Erziehung gewesen sein sollte, die Kinder und Jugendlichen sich solange selbst zu überlassen, bis sie ein Gesetz oder eine andere Norm gebrochen hatten und dann dafür belangt wurden. Vielmehr wurde ihr Alltag wohl eher durch eine verhältnismäßig

strenge Sozialkontrolle gelenkt. Aber für die Kinder und Jugendlichen, mit denen *er* zu tun hatte, traf diese Beschreibung wohl zu, denn sie waren ja aus solchen verbindlichen und orientierenden sozialen Kontexten herausgefallen und wurden nun in der Tat erst dann mit Schimpfen, Strafen und Zurechtweisungen belangt, wenn sie über die Stränge schlugen; solange sie dies jedoch nicht taten, widmete man ihnen kaum Aufmerksamkeit. In diese Lücke stieß nun Bosco mit der Forderung, sich um diese Kinder *vorher* zu kümmern, Verfehlungen also gar nicht erst eintreten zu lassen. Auf diese Weise führte er die durch gesellschaftliche Veränderungen verloren gegangene Sozialkontrolle in seinen Oratorien wieder ein und nannte sie nun *„Vorsorge"* mit dem Ziel, Fehltritte gar nicht erst zuzulassen. Dies ist - historisch gesehen - keine „neue" Idee, sondern nur die Wiederherstellung eines früher allgemein geltenden Sozialisationsmodus auf verengtem pädagogischen Raum.

6. Solche Feinheiten konnten jedoch den beteiligten Jugendlichen gleichgültig sein; schließlich wurden sie von niemandem gezwungen, sich auf die Regeln des Oratoriums einzulassen. Taten sie es, dann erhielten sie eine soziale und berufliche Chance, die ihnen ohne das Oratorium kaum zugefallen wäre.

Die pädagogische Beziehung

1. Boscos Vorstellung über die richtige pädagogische Beziehung blieb gebunden an jene religiöse Vorentscheidung, die er als treuer Diener seine Kirche getroffen hatte; sie schloß ein Bündnis mit modernen z.B. wissenschaftlichen Erkenntnissen und daraus resultierenden Einstellungen zu Kindern und Jugendlichen keineswegs aus. Aber ohne diese religiöse Bindung der Erzieher wie der Zöglinge wären in seinen Augen solche Erkenntnisse und die daraus resultierenden Praktiken nur oberflächliche pädagogische Technik geblieben. Nicht um Beruf, sondern um Berufung ging es hier, und diese Vorstellung hat weit über den katholischen Bereich hinaus Wirkung gehabt, - nicht nur im Umgang mit verwahrlosten Jugendlichen z.B. in Fürsorgeerziehungsheimen (Vgl. Lameyer), sondern im Erziehungsverständnis überhaupt. Daß der Erzieher immer sein ganzes Menschsein in die Waagschale werfen müsse und dabei nicht auf Lohn, Arbeitszeitregelung und pri-

vate Freizeit sehen dürfe, war schon Pestalozzis Maxime und wird nun religiös untermauert. Damit wird ein hoher persönlicher Einsatz zum Maßstab gemacht, der - wie sich schon bei Boscos Werk zeigte - nicht einfach auf Serie zu legen war. Insofern dieser Anspruch trotzdem immer wieder - teilweise durchaus bis zur Gegenwart - für die pädagogischen Berufe geltend gemacht wurde, entstand eine Diskrepanz zwischen der hohen moralischen Maxime einerseits und den tatsächlichen Handlungsmöglichkeiten andererseits.

Die in diesem Punkte unbezweifelbare Übereinstimmung zwischen Pestalozzi und Bosco läßt die Vermutung zu, daß darin auch eine epochale Stimmung zum Ausdruck kommt, eine heimliche Sehnsucht nach Wiederherstellung der außerhalb der Kirchen verloren gegangenen weltanschaulichen Eindeutigkeit von Erziehung, die zugleich ein Bedürfnis nach einem ganzheitlichen Lebensgefühl zum Ausdruck bringt, das die Moderne zu verabschieden im Begriff ist. Die der Pädagogik seit Rousseau immanente politische Kritik zeigt hier gleichsam ihre Kehrseite: Erwachsene können pädagogische Felder zur Nische für ein Leben machen, das außerhalb ihrer Grenzen, nämlich im Rahmen von Arbeitsteilung und weltanschaulichem Pluralismus, immer weniger möglich wird.

2. Damit entsteht die weitere Frage, was die Erzieher in die pädagogische Beziehung eigentlich einbringen können. Pestalozzi in Stans und Bosco in Turin waren lebenserfahrene Männer, deren Charisma ansteckend auf die Zöglinge wirken konnte. Wenn jedoch das totale persönliche Engagement auf Dauer gestellt werden soll, dann widerspricht dies nicht nur der modernen Arbeitsteiligkeit, vielmehr entsteht auch die Frage, ob ein solch umfassender Anspruch den Kindern wirklich gut täte; denn zu erkaufen ist er ja nur mit einer enormen Reduktion des Privatlebens der Erzieher, die ja auch ihre Freizeit und ihre übrigen menschlichen Beziehungen der pädagogischen Arbeit opfern müßten. Mit welchen Lebenserfahrungen sollten sie dann aber ihren Zöglingen gegenübertreten, als Personen nämlich, von denen etwas Wichtiges aus der Erwachsenenwelt zu lernen wäre?

3. Der pädagogische Grundgedanke der Prävention, der Vorsorge, setzt eine Idee vom richtigen Leben voraus, auf die hin die erzieherische Orientierung erfolgt und die es lohnend erscheinen

lassen könnte, Verfehlungen zu vermeiden. Aber die dafür von Bosco geforderte ständige Begleitung der Zöglinge und die Verhinderung aller dem zuwider laufender Eindrücke und Erfahrungen zB durch die falschen Mitmenschen oder durch publizistische Erzeugnisse droht - ohne die persönliche Kraft ihres Erfinders - leicht zur Gängelung zu werden und zur Unselbständigkeit der Zöglinge, ja ihrer Abhängigkeit von den erziehenden Personen zu führen. Einer der schärfsten Kritiker aus dem eigenen katholischen Lager, der schon erwähnte Jesuit Perquin, hat das so formuliert:

„Die größte Beschwerde, die wir gegen die Erziehungsmethode Don Boscos einzuwenden haben ist, daß sie die so ersehnte Freiheit der Jungen wieder zunichte macht. Das ist die notwendige Folge des vorbeugenden Verfahrens. Was man von salesianischer Seite auch versucht, um diesem einen annehmbaren Sinn zu geben, es zielt im Wesen auf das Vorbeugen der Fehltritte. ...Das vorbeugende Verfahren mag eine milde Form des moralischen Zwanges sein, trotzdem nimmt es dem Jugendlichen die Freiheit der Wahl und damit unseres Erachtens eine unentbehrliche Stimulans für das Wachsen zur Erwachsenheit. Erziehen bedeutet immer das Aufsichnehmen von Risiko (in Anpassung an das Alter der Jugendlichen) oder anders gesagt: Das Annehmen von falschen oder mehr oder weniger gefährlichen Entscheidungen. Wenn die Jungen und Mädchen nicht selber experimentieren dürfen, bleiben sie 'pueril'“ (zit. n. Weinschenk, S.57).

Nun muß man sicher auch in dieser Frage die ursprüngliche von der späteren Entwicklung trennen. Für diejenigen Jungen, die Bosco von der Straße auflas, dürfte dies kaum ein Problem gewesen sein. Sie hatten das Leben fast ausschließlich von seiner Schattenseite her kennengelernt, und es hatte ihnen wenig geboten, dem nachzutrauern sich gelohnt hätte. Und auf die Publizistik jener Zeit, von der sie Bosco fernhalten wollte - jene Mischung aus sentimentaler Unterhaltung und politischer Agitation - konnten sie ebenfalls verzichten, ohne damit etwas für ihr Erwachsenwerden Wesentliches versäumt zu haben. Für diese Verzichte bot sich ihnen ein Leben an, in dem sie anerkannt und geborgen waren und in dem eine positive Perspektive ihres künftigen Leben aufscheinen konnte. Sie hatten nichts zu verlieren, aber viel zu gewinnen. So gesehen hatte die Pädagogik der Prävention eine Art von heilpädagogischer oder therapeutischer Funktion für sie.

Recht hat Perquin aber gewiß mit seiner Kritik, wenn man dieses pädagogische Konzept von seinem ursprünglichen Ausgangspunkt löst und es zu generalisieren versucht. Dann treten seine bevormundenden und gängelnden Elemente in den Vordergrund und überwuchern die eigentliche Intention. Aber auch unter diesem Aspekt muß man wohl differenzieren. Auch heute kann für bestimmte Kinder und Jugendliche zB unter therapeutischen Gesichtspunkten ein solches zeitweiliges Arrangement nützlich sein, um sie z.B. von der Reizüberflutung oder von konflikthaften Beziehungen zu entlasten.

4. Auch bei Bosco spielte die Erziehungsgemeinschaft mit den Zöglingen eine bedeutende Rolle. Im Umgang mit den anderen muß sich die Reife des Zöglings beweisen. Anders als bei Pestalozzi stehen jedoch nicht Kategorien der „Väterlichkeit“ oder „Geschwisterlichkeit“ im Vordergrund. Das vorherrschende Sozialmodell ist weniger die Familie als vielmehr die aus der Tradition der christlichen Orden stammende *geistliche* Brüderlichkeit und Väterlichkeit. Sie sorgt sich ebenfalls um den anderen in jeder Hinsicht, aber doch mit einer eigentümlichen Distanz, jedenfalls nicht mit jener Nähe, die im besten Falle familiären Beziehungen eigentümlich ist. Diese Distanz ist auch nötig, um die geforderte Liebe und Zuwendung *jedem* Kind gegenüber aufbringen zu können, ohne sich dabei von den anderen zu entfernen. Bemerkenswert an dieser Erziehungsgemeinschaft ist, daß sie sich wesentlich auf zwei Lebensbereiche erstreckt: auf das religiöse Leben und auf die Freizeit. Zwar gibt es auch Werkstätten und insofern auch Arbeitsverhältnisse sowie Schulen, aber sie sind, soweit aus dem Material ersichtlich, lediglich Bewährungssituationen, die z.B. Fleiß und Aufmerksamkeit abverlangen, aber keine die Erziehungsgemeinschaft konstituierende Gegebenheiten; vor allem sind sie nötig, um das künftige Leben zu sichern.

5. Die eigentümliche emotionale Distanz, die gleichwohl mit erheblichem Interesse für das Leben, die Probleme und Bedürfnisse der Zöglinge verbunden ist, resultiert aus der Idee der Gotteskindschaft, und sie ist das Vehikel, auf dem sich Professionalität transportieren läßt. Insofern das Kind ein Kind Gottes ist, bleibt die pädagogische Beziehung nämlich nicht an den einzelnen Er-

zieher - auch nicht an Bosco - gebunden, sondern kann im Prinzip von jedem eingegangen werden, der dazu den Willen und die nötige - z.B. jugendkundliche - Vorbildung hat. Nicht zuletzt wohl aus diesem Grunde ist es ja auch den Salesianern bis heute gelungen, über die Generationen hinweg ihre erzieherischen Intentionen fortzusetzen. Nicht der persönliche pädagogische Impetus ist übertragbar, wohl aber das soziale Arrangement, das sich durchaus den jeweiligen zeitbedingten Vorstellungen anpassen und sich dabei modifizieren kann. In diesem Punkte ist dieses Konzept moderner als das von Pestalozzi, - von Rousseau ganz zu schweigen, bei dem die Sozialität gar nicht vorkommt. Gerade weil die Individualität des Zöglings akzeptiert wird, ihm innerhalb dessen, was als Sünde nicht verboten ist, seine Freiheit gelassen wird, ist dieses Modell eines pädagogischen Bezugs übertragbar auf andere Zeiten, in denen dieser Freiheitsspielraum eben auch anders definiert wird, wie z.B. in der Gegenwart, - allerdings immer nur unter der Voraussetzung, daß die religiös-kirchliche Prämisse akzeptiert wird. Der Schutz des Individuums, der in der emotionalen Distanz zum Ausdruck kommt, beruht nämlich hier nicht auf der Idee der allgemeinen Menschenrechte, wie sie die Aufklärung verkündet hat, sondern darauf, daß der Erzieher nicht zwischen Gott und den Zögling treten darf, daß das Kind im Kern das Kind Gottes und nicht das des Erziehers ist, daß der Erzieher vielmehr die Aufgabe hat - und das macht ihren religiös fundierten Dienstcharakter aus - dem Kind den Weg zu Gott zu öffnen. Die daraus resultierende Zweitrangigkeit des Erziehers schützt das Kind vor Vereinnahmung, - jedenfalls der Idee nach. Daß später keineswegs immer danach gehandelt wurde, zeigt die schon erwähnte Arbeit von Lameyer.

6. Auf diesem Hintergrund bekommt auch der Begriff der „*Liebe*“ einen anderen Akzent als bei Pestalozzi. Es geht nicht um leidenschaftliche Identifikation und familiäre Nähe, sondern um die Akzeptanz des Zöglings, wie ihn Gott geschaffen hat. Die liebevolle Zuwendung gilt dem Geschöpf Gottes in seiner je persönlichen Eigenart. Boscos Warnung, keine „Sonderfreundschaften“ zu schließen mit den Zöglingen, erwuchs nicht nur aus der Sorge um mögliche sexuelle Verfehlungen - obwohl die ständige Kontrolle der Zöglinge und die Verhinderung des Alleinseins auch diesen Hintergrund hat - sondern ergab sich prinzipiell aus dieser Definition des Kindes, die keinerlei Besitzansprüche geltend ma-

chen darf, wie sie jeder auf Nähe zielenden Emotionalität eigen sind.

7. Zusammenfassend läßt sich sagen, daß die pädagogische Beziehung in der Vorstellung Boscos bestimmt ist durch eine Liebe, die aus der Verantwortung für den jungen Menschen vor Gott erwächst, durch die gemeinsame Teilnahme an den katholischen religiösen Ritualen (vor allem regelmäßige Beichte und Kommunion) fundiert ist sowie von Grundsätzen der Vernunft geleitet wird. „Vernunft“ bezieht sich hier vor allem auf die Kenntnisse der kindlichen und jugendlichen Seele, ihrer typischen altersgemäßen Gefährdungen, aber auch ihrer positiven Bestrebungen und Ziele. Diese jugendkundlichen Kenntnisse, die bei Bosco im wesentlichen auf persönlichen Erfahrungen beruhten, aber im Prinzip auch wissenschaftlich fundiert sein können, sind jedoch doppeldeutig: Einerseits dienen sie dazu, den jungen Menschen als Geschöpf Gottes zu verstehen, andererseits haben sie aber auch eine instrumentelle Dimension: es ist ineffektiv im Sinne der pädagogischen Zielsetzung, repressiv vorzugehen oder Strafen zu verhängen, die demütigen und die Ehre verletzen. Gerade die Überlegungen zur Strafe zeigen besonders deutlich, wie sehr Bosco seine Zöglinge verstanden hat.

4. Johann Hinrich Wichern: Das Kind als Gottes Kind II

Auch in Deutschland warf die moderne Industriegesellschaft in der ersten Hälfte des 19. Jahrhunderts ihre Schatten voraus, - mit ähnlichen Folgen, wie sie in Turin zu erkennen waren. Die Zahl der Armen wuchs insbesondere in den Städten an, und die Versuche, sie durch Arbeitszwang statt durch Almosen zu disziplinieren, sie wenigstens zu einer Eigenleistung für den Lebensunterhalt zu zwingen und auf diese Weise die Unterstützung durch die Gemeinden zu minimieren, waren schon aus ökonomischen Gründen weitgehend zum Scheitern verurteilt. Die z.B. in den Armenanstalten zu Billigstlöhnen produzierten Spinnwaren fanden in wirtschaftlichen Krisenzeiten auf dem Markt keinen Absatz mehr. Der Optimismus der Aufklärung, man könne mit Hilfe der menschlichen Vernunft alle gesellschaftlichen Probleme, auch das der Armut, lösen, geriet angesichts der zunehmenden wirtschaftlichen Schwierigkeiten ins Wanken.

Das galt auch für die Stadt Hamburg, die im Jahre 1788 eine für damalige Verhältnisse fortschrittliche Armenreform durchgeführt hatte. Arbeitslose Arme wurden in Armenanstalten gesammelt, dort beschäftigt oder zu geringen Löhnen an Handwerker vermittelt. Da gleichzeitig das Bettelwesen bekämpft und erschwert wurde, wurden die Armen auf diese Weise allerdings auch einer öffentlichen Kontrolle unterzogen, indem geprüft wurde, ob ihre Armut „*ehrlich*" oder „*unehrlich*" sei, also auf wirklicher Bedürftigkeit oder nur auf Arbeitsunlust beruhte. Ein für einen bestimmten Wohnbezirk zuständiger Armenpfleger überprüfte die jeweiligen Bitten um Unterstützung, und zur Verbesserung dieser Kontrollen wurden sogar Straßennamen und die Numerierung der Häuser eingeführt. Die Kinder der Armen sollten durch Unterricht instand gesetzt werden, ihren Lebensunterhalt selbst zu verdienen. Die bedeutsamste und in die Zukunft weisende Leistung dieser Reform war aber der - nur teilweise gelungene - Versuch, die Kinderfürsorge von der übrigen Armenfürsorge organisatorisch und personell zu trennen. Die armen Kinder sollten in den Stand versetzt werden, ihren Lebensunterhalt so früh wie möglich selbst zu beschaffen. *„Man war allgemein überzeugt - und die großen Pädagogen, auch Pestalozzi, teilten diese Ansicht - daß Kinder von etwa fünf bis zwölf Jahren die Hälfte ihres Unterhaltes, die älteren ihn voll erwerben könnten"* (Scherpner, S. 101). Aber zugleich wurde versucht, den Kindern Schulunterricht zu erteilen, was teilweise gegen den Widerstand der Eltern geschehen mußte, die ihre Kinder lieber zum Betteln schickten; um sie dennoch in die Schule zu locken, wurde ihnen dafür Geld gezahlt. Aber die mit diesem Reformprojekt verbundenen finanziellen Aufwendungen waren nur solange aufzubringen, wie wirtschaftliche Prosperität herrschte. Die Napoleonischen Kriege machten dem jedoch ein Ende. Die groß angelegte Reform erwies sich wegen der immer größer werdenden Zahl der Armen und weil produktive Arbeit für so viele Menschen zumal in wirtschaftlichen Krisenzeiten nicht zu beschaffen war, als undurchführbar. So wurden wie überall im Lande auch in Hamburg die Leistungen der Reform immer mehr eingeschränkt.

Hinzu kam, daß sich auch die öffentliche Meinung in dieser Frage änderte. Eine ausgedehnte Kinderfürsorge schwäche nur das Verantwortungsbewußtsein der Eltern und verleite sie zu leichtfertigen Eheschließungen, das Projekt habe sich gleichsam als ein Faß ohne Boden erwiesen. Diese Stimmung wurde unterstützt durch die Thesen von Robert Malthus, der 1798 in seinem in London erschienenen Buch *An Essay on the Principle of Population* als „Naturgesetz" nachzuweisen versuchte, daß die Bevölkerung viel schneller wachse, als die für ihre Ernährung benötigte Nahrungsmenge, und daß es prinzipiell unmöglich sei, beide Entwicklungen in Übereinstimmung zu bringen, weil die Menge der Lebensgüter sich nur in arithmetischer Progression vermehre, die Bevölkerung jedoch in geometrischer Progression. Deshalb sei jede Armenfürsorge illusorisch, weil man dem einen nur geben könne, was man einem anderen wegnehme. Die einzige Lösung des Problems sei Enthaltsamkeit, also möglichst wenig Kinder in die Welt zu setzen. Diese Thesen hatten eine große Wirkung und führten allmählich dazu, das Los der Armen als selbstverschuldet anzusehen. So ging zu Beginn des 19. Jahrhunderts das staatliche bzw. kommunale Engagement ständig zurück und überließ die Fürsorge weitgehend wieder privaten Hilfsorganisationen.

In dieser Situation trat mit Johann Hinrich Wichern ein Mann auf den Plan, der sich mit den Zuständen nicht zufrieden geben wollte und mit dem *Rauhen Haus* als Rettungsanstalt für Kinder und darüber hinaus mit der *Inneren Mission* Einrichtungen schuf, die die Lösung der Armutsfrage auf eine neue Grundlage zu stellen versuchten

Leben und Werk

Wichern wurde am 21. April 1808 in Hamburg geboren und stammte aus bescheidenen Verhältnissen. Der Großvater war Arbeiter, der Vater, der ihm zeitlebens ein Vorbild war, diente sich hoch bis zum Notar und lernte dabei 10 Sprachen. Die Mutter war Tochter einer Weißwäscherin. Johann Hinrich war das erste Kind, ihm folgten drei Schwestern, zwei Brüder und eine weitere Schwester. Als der Vater 1823 starb, kehrte die Not ein. Die Mutter begann einen schlecht gehenden Kleinhandel mit holländischen Waren. Der Sohn besuchte die Gelehrtenschule Johanneum und erteilte nun Privatunterricht, um zum Unterhalt der Familie beizutragen. Um Mutter und Geschwister noch besser zu unterstützen, ging er vor dem Abitur von der Schule ab und trat als Erziehungsgehilfe in ein Schülerinternat ein. Dessen Leiter, Pluns, hatte sie als Privatschule für Söhne höherer Stände eingerichtet. Wie aus Wicherns Tagebüchern zu entnehmen ist, machte er sich hier bereits systematische Gedanken über Erziehung und ging auf die Persönlichkeit des einzelnen Schülers individuell ein. Von Pluns erfuhr er von der „*Rettungsarbeit*" des Grafen von der Rekke, der 1819 die erste eigentliche Rettungsanstalt in Deutschland im Kloster Düsseltal eingerichtet hatte. Im Jahre 1826 nimmt er neben dieser Tätigkeit als Erzieher seine Studien mit dem Ziel des Abiturs und des Universitätsstudiums wieder auf; 1828 geht er an die Universität Göttingen, im Frühjahr 1830 zur Berliner Universität. Auf dem Wege dorthin besucht er die Francke'schen Stiftungen in Halle. Obwohl ihn dieses 1698 gegründete Waisenhaus sehr beeindruckte, blieb er in kritischer Distanz, weil der dort herrschende pietistische Geist jedes Spiel ablehnte und somit dem natürlichen kindlichen Frohsinn nicht gerecht würde. In

Berlin erwachte sein Blick für die sozialen Nöte einer rasch wachsenden Stadt. Er besuchte dort eine Erziehungsanstalt für verwahrloste Jugendliche, deren Mischung aus schulischem und militärähnlichem Drill ihm jedoch fragwürdig erschien.

Sein Examen legte er 1832 in Hamburg ab. Er wird zum „Oberlehrer", dh. zum Leiter der Sonntagsschule berufen, die Pastor Wilhelm Rautenberg in der Gemeinde St. Georg eingerichtet hatte, die etwa zur Hälfte aus Hamburgs ärmster Bevölkerung bestand. Die Begegnung mit diesem Mann hat große Bedeutung für sein späteres Wirken. Wilhelm Rautenberg war in Hamburg der führende Vertreter der Erweckungsbewegung, die in den ersten Jahrzehnten des 19. Jahrhunderts erheblichen Einfluß vor allem im süddeutschen Protestantismus gewann und im Unterschied zur weltabgewandten Innerlichkeit des Pietismus das ganze Leben, auch das politische und soziale, christlich gestalten wollte und somit von vornherein eine missionarische Tendenz hatte. Auseinandersetzen mußte sich Rautenberg mit der Position des sogenannten theologischen Rationalismus, der derlei öffentliches Engagement für Mystizismus hielt. Wichern schloß sich zwar der Erwekkungsbewegung an, vermied aber deren religiösen Überschwang. Rautenberg engagierte sich für die armen Bewohner seiner Gemeinde und kritisierte dabei vor allem die fehlende oder unzureichende Schulbildung der Kinder; viele Eltern ließen die Kinder betteln gehen und hielten sie von der Schule fern, oder sie konnten oder wollten das Schulgeld nicht aufbringen. Auf diesem Hintergrund entwarf er den Plan einer *Sonntagsschule.* Ähnliche Versuche hatte es zwar schon vorher, im Rahmen der erwähnten Armenreform, gegeben, aber sie waren nicht zuletzt am Desinteresse der Eltern wieder gescheitert. Rautenbergs Schule hatte dagegen Erfolg; unter der Aufsicht eines „*Oberlehrers*" erteilten in ihr ehrenamtliche „*christliche Freunde*" an Hand der Bibel, des Katechismus und des Gesangbuches Unterricht in Lesen und Religion. Rautenberg war nämlich davon überzeugt, daß das eigentliche Grundübel der Armen die Entchristlichung ihres Lebens sei. Deshalb beschränkte er sich nicht auf den Unterricht der Kinder, sondern gründete darüber hinaus einen „*männlichen Besuchsverein*", der die Aufgabe hatte, die Familien der Kinder aufzusuchen und dort für eine religiös fundierte sittliche Umkehr zu werben. Indem Wichern sich daran beteiligte, gewann er tiefe Einblicke in die Lebensverhältnisse der armen Bevölkerung, die er teilweise in der damals viel beachteten Schrift *Hamburgs wahres und geheimes Volksleben* (1832/33) veröffentlichte.

Aufgrund dieser Erfahrungen entwickelte Wichern den Plan zur Errichtung eines *Rettungshauses*, um die verwahrlosten Kinder aus den Verbrecher- und Dirnenquartieren herauszuholen. Den Begriff übernahm er von Johannes Falk (1768-1826), der, veranlaßt durch den Tod seiner eigenen vier Kinder, nach den Befreiungskriegen verwahrloste Kinder im Lutherhof in Weimar gesammelt und erzogen und dessen Schriften Wichern studiert hatte.

Am 12. Sept. 1833 wurde das Rauhe Haus in Horn bei Hamburg in einer öffentlichen Versammlung gegründet, und Wichern bezog dort mit seiner Mutter und zwei Geschwistern Quartier. Den Namen trug das Anwesen bereits, wahrscheinlich geht er zurück auf die rote Farbe des Gebäudes. Schon 1834 wurde ein weiteres Haus auf diesem Gelände gebaut, dem viele andere folgten. Aufgenommen wurden nur solche Kinder, die entweder schon kriminell geworden oder offensichtlich verwahrlost waren. Die Ausweitung der Arbeit erforderte zusätzliches Erziehungspersonal, das Wichern vor allem aus dem Handwerkerstand gewann. Aus dem dem Rauhen Haus angegliederten *Brüderinstitut* wurde 1843/44 die *Brüderanstalt*. Sie wurde zur Keimzelle der männlichen Diakonie. Die Brüder sollten nicht nur im Rauhen Haus zur Verfügung stehen, sondern den Gedanken der christlichen Liebestätigkeit überall, vor allem in Notstandsgebieten und im Rahmen sozialer und pflegerischer Tätigkeiten verbreiten. (Fast gleichzeitig begründete der rheinische Pfarrer Theodor Fliedner die weibliche Diakonie in Kaiserswerth bei Düsseldorf, deren wesentlicher Grundgedanke war, der unverheirateten Frau einen Aufgabenkreis in der ev. Kirche zu verschaffen).

Den missionarischen Grundgedanken der Erweckungsbewegung, der Wichern sich zurechnete, entwickelte er bereits 1844 in seiner Schrift *Notstände der protestantischen Kirche und die Innere Mission*. Aufgrund seiner vielfältigen Aktivitäten wurde er 1848 zum Wittenberger Kirchentag eingeladen. In einer Stegreifrede, die im Wortlaut nicht mehr erhalten ist, entwarf er vor der Kirchenversammlung sein Bild von der leiblichen, seelischen, sittlichen und sozialen Not in weiten Kreisen der Bevölkerung. Unter dem Eindruck dieser Rede wurde ihm für sein Konzept der *Inne-*

ren Mission breite Unterstützung von der Versammlung zugesagt, und es kam zur Gründung des *Central-Ausschusses für die Innere Mission der deutschen evangelischen Kirche*. Ein Jahr später faßte Wichern seine Vorstellungen in der Denkschrift *Die Innere Mission der deutschen evangelischen Kirche* noch einmal zusammen, die bis heute als eine Grundschrift für die Arbeit dieser Organisation und ihrer einzelnen Tätigkeiten angesehen wird.

Der grundlegende Gedanke ist, daß das „*heilerfüllte*" Volk dem „*heillosen*" dazu verhelfen müsse, wieder ein christliches Leben zu führen; als „heillos" wurden dabei nicht bestimmte Schichten der Bevölkerung, z.B. die Armen, verstanden, sondern alle, die sich vom christlichen Lebenswandel entfernt hatten. Die Organisation war selbständig gegenüber den kirchlichen Strukturen, was z.B. eine die einzelne Gemeinde und andere kirchliche Organisationsformen übergreifende Arbeitsweise ermöglichte.

Mit der Gründung und ideellen Fundierung der Inneren Mission und der Einrichtung des Rauhen Hauses als eines Teiles dieses Gesamtkonzeptes war Wicherns Lebenswerk im Grundriß fertiggestellt. Was nun folgte, war Ausdehnung und Konsolidierung und eine rastlose Vortrags- und Reisetätigkeit.

Überall wurden nun Landes- und Provinzialverbände der Inneren Mission gegründet. Der ev. Oberkirchenrat in Berlin berief Wichern zu seinem Mitglied als Oberkonsistorialrat. Die Preußische Regierung machte ihn 1857 zum Vortragenden Rat des Ministerium des Inneren mit dem besonderen Auftrag der Durchführung einer Gefängnisreform. In den Kriegen 1864, 1866 und 1870 organisierte er die Felddiakonie. Die zahlreichen Aufgaben, Anfeindungen und Widerstände zerbrachen schließlich seine Kraft und Gesundheit. Seine Berliner Ämter gab er 1871 auf, um den inneren Bestand des Rauhen Hauses durch erneute Übernahme seiner Leitung zu retten; dort wie auch an anderen Stellen hatte sich gezeigt, daß seine Genialität nicht ohne weiteres durch Nachfolger zu ersetzen war. Die Anfeindungen kamen auch aus dem eigenen kirchlichen Lager, denn seine Vorstellungen zumal über das öffentliche Engagement der Kirche waren nach wie vor umstritten. Außerdem konnten politische Kontroversen nicht ausbleiben, schließlich war im selben Jahr, in dem die Innere Mission gegründet wurde, das *Kommunistische Manifest* erschienen, das eine ganz andere Position zur Diagnose wie zur Lösung des Armutsproblems ins politische Spiel brachte. 1874 traf Wichern der erste Schlaganfall, dem bald weitere folgten. Er dämmerte über Jahre dahin und starb am 7. April 1881 in seiner Geburtsstadt Hamburg.

Wie Don Bosco entfaltete Wichern eine umfangreiche publizistische Tätigkeit, um seine Gedanken und Vorstellungen zu verbreiten. Seit 1844 gab er die *Fliegenden Blätter* heraus; über das Rauhe Haus verfaßte er Jahresberichte, in denen er den Förderern und Gönnern Rechenschaft ablegte über seine Arbeit und in denen sich teilweise sehr detaillierte pädagogische Hinweise finden. In seiner publizistischen Aktivität spiegelt sich die geistige Situation der Zeit wider. Wie der Katholizismus in Norditalien, so befand sich auch der Protestantismus in Deutschland in der Defensive. Es gab eine tiefgreifende Entfremdung vor allem der Gebildeten vom Christentum. Die Aufklärung hatte das Christentum auf Morallehre reduziert. In der Theologie hatte sich eine Tendenz zum Rationalismus durchgesetzt, die eine Kritik am Offenbarungsglauben einschloß. David Friedrich Strauß vertrat in seinem Buch *Das Leben Jesu* eine Historisierung der Gestalt Christi. In der Wissenschaft triumphierten die Naturwissenschaften. Als Beispiel für die Entchristlichung des Lebens mag das Zivilstandsgesetz dienen; es trat 1874 in Kraft, und bereits ein Jahr später blieben in Berlin 80% der Ehen ohne kirchliche Trauung und 40% aller Kinder ohne Taufe (Vgl. Lemke, S. 66).

Das „Rauhe Haus“

Wicherns Konzeption des Rauhen Hauses war ein genialer Entwurf, der sich nicht im Laufe der Jahre erst entwickelte, sondern von Anfang an in seiner gesamten Komplexität vorlag. Wie schon gesagt bezog er seine Kenntnis der sozialen Verhältnisse Hamburgs aus Besuchen im sogenannten Gängeviertel, eines relativ geschlossenen Armenquartiers im Herzen Hamburgs, die er als Oberlehrer in Rautenbergs Sonntagsschule unternahm; dort lebten auf engstem Raum Tausende deklassierter Armer, Bettler und Tagelöhner unter den denkbar ungünstigsten materiellen und hygienischen Verhältnissen.

„Als ich in einen dieser Gänge eingetreten war, waren links und rechts Fenster und Türen geöffnet, Lärmen, Schelten und Zu-

schauer und Zuhörer für beides, Alte und Kinder, Dirnen und Jungen bildeten die Bevölkerung zwischen den zusammengehenden Mauern. Wieder links ab war eine noch engere von Wohnungen gebildete Linie; der Atem wurde von der Stickluft, die sich an dieser Stelle entwickelt hatte, gehemmt; hier wohnte rechts die gesuchte Familie in einer förmlichen Höhle; im untern Teile der elenden Baracke war fast im Finstern ein zusammengelaufenes Paar einquartiert, eine Art Hühnertreppe führte nach oben, wo wieder zwei bis drei voneinander unabhängige Partien ihr Obdach hatten; alles strotzte von Schmutz aller Art an Wänden, Fenstern, Fußböden; 5 Kinder und 3 Weiber und ein kaum herangewachsener Bube mit seiner Dirne aßen und tranken hier durcheinander. Frechheit, Verzweiflung und völliger Stumpfsinn warfen dunkle Schatten auf die Gesichtszüge der Versammelten, um das Bild des leiblichen und sittlichen Elends, das hier hauste, zu vollenden" (Werke Bd. 5, S. 68).

Diesem Elend sei nicht auf die herkömmliche Weise, z.B. durch Einrichtung von Schulen, allein abzuhelfen.

„Das ganze sittliche Leben der Leute schlägt sich ... nieder in die Leidenschaft des Magens und ihr ganzer Himmel schrumpft zusammen in eine Semmel. Die rohe Befriedigung der niedersten Bedürfnisse ist's allein, was sie noch suchen. Alles andere haben sie aufgegeben. ... Bauet nun diesen Versunkenen die schönsten Schulen vor die Tür; ihre Kinder werden den Weg darüber hin durch Fenster oder Ziegel finden; bauet sie mit denselben ein; sie werden euch die Kinder mit List und Gewalt entführen. Oh fürwahr, Freunde, wenn der Geist christlicher Gemeinschaft und Zucht nicht besondre starke Dämme gegen diesen reißend wachsenden Strom des Unheils aufführt, so mögen wir zehn Schulen in jeder Gasse errichten, - ein großer Teil des aufkeimenden Geschlechts wird doch nicht viel besser sein, als wär' er aus den Hottentotten eingewandert" (zit. n. Anhorn, S. 103 f.).

Es mache keinen Sinn, den Kindern innerhalb ihres Milieus helfen zu wollen.

„Eine Trennung der Kinder von den Eltern ist nötig; nur so kann mit Glück erstrebt werden, daß bei den Kindern das Erlernte auch Wahrheit im Leben werde, und daß dies auf die rechte Wei-

se geschehe, dahin zielt die Anstalt ihrem Geiste gemäß" (Werke Bd. 4/1 S.-109).

Kernpunkt der Rettungsarbeit wird *das Ideal der bürgerlichen Normalfamilie*, die sich von der des proletarischen Milieus diametral unterscheidet, und das Rauhe Haus wird dafür als Muster eingerichtet: Je 12 Kinder leben dort in Gemeinschaft miteinander und unter Leitung zunächst von Wichern selbst, später eines Familienvorstehers, während Wichern die gesamte Anstalt leitet. Soziales Grundmodell der Anstalt ist also die Familie, genauer gesagt: Die Aufteilung in mehrere Familien.

„Unleugbar ist ein Hausstand von hunderten oder auch noch wenigern Kindern etwas Unnatürliches. Das Bewußtsein des Familienwesens wird dadurch dem Gemüte der Kinder entzogen. Darum soll das Leben unserer Anstalt, gleichviel bis zu welchem Umfange sie sich ... entwickeln wird, nicht so sehr darstellen das Leben einer Familie, als vielmehr das Zusammenleben mehrerer zusammengehöriger Familien, zu welchen der Vorsteher hernach nur in einem ähnlichen Verhältnisse, wie der Seelsorger zur Gemeinde stehen kann. Ein solches Zusammenleben von Familien ist, wenn auch nicht ganz, doch annäherungsweise zu erreichen durch Trennung der Wohnungen, durch den Bau, nicht eines großen, hundert umfassenden, palast- oder kasernenartigen Gebäudes, als vielmehr mehrerer kleiner einfacher Wohnhäuser. ... Diese einzelnen Häuser sind durch kleine Lustgärten, die den Kindern zur Freude dienen sollen, getrennt." (Werke Bd. 4,1, S. 103).

Dadurch separierten sich zwar die einzelnen Familiengruppen voneinander, würden aber durch die täglichen, sämtliche Mitglieder der Anstalt umfassenden Hausandachten wieder zusammengeführt.

Das Konzept grenzte sich also einerseits gegen die übliche Schuldisziplin, andererseits gegen die dem Militär abgeguckte Anstaltsdisziplin ab, wie sie damals als selbstverständlich für die Rettungsarbeit angesehen wurde. Wichern setzte dem Modell der Kinderkaserne das der Familie entgegen.

Dabei ging es ihm nicht nur um eine Art von pädagogischer Provinz, in der der Blick nur auf die Kinder gerichtet bleibt. Vielmehr sollte die Rettungsanstalt zwar in Distanz zur Stadt, aber nicht so weit von ihr entfernt liegen, höchstens eine Stunde Weg, daß die Zöglinge den Kontakt zu ihren Eltern gänzlich verlieren. Die Idee war, die Anstalt zum Zentrum einer bürgerlichen Rekultivierung des sie umgebenden Armenmilieus zu machen. Ganz im Sinne des Grundgedankens der Inneren Mission ging es Wichern nicht nur um die „*Rettung*“ der Kinder, sondern um die Wiedergewinnung des ganzen „*heillosen*“ Volkes für ein christliches Leben.

„Es gibt keinen größeren Segen für ein Land, als recht viel solcher Rettungshäuser in dasselbe zu pflanzen, und zwar möglichst viele kleine. ... denn um jedes solches Haus bildet sich eine Atmosphäre, die in das Dorf und in die Städte, denen die Institute angehören, hineinwirkt; - die Häuser und Familien, Dörfer und Städte, leben mit solchem Rettungshause auf“ (Werke Bd. 2, S. 80)

Nicht gleichmacherische Zucht wie in den damals üblichen Schulen und Rettungsanstalten, nicht Einebnung aller individuellen Unterschiede war Kern des pädagogischen Konzeptes, sondern im Gegenteil die Individualisierung des Zöglings.

„Wir schmieden unsere Ketten von inwendig und verschmähen die, so man von außen anlegt“, zitiert Wichern seinen von ihm bewunderten Johannes Falk (Werke Bd. 4,1, S. 80). In der Tat hat Wichern alles vermieden, was nach einer Kasernierung aussehen könnte. Die Zöglinge wurden im Rauhen Haus weder eingeschlossen noch lebten sie hinter vergitterten Fenstern. Aus seiner Erfahrung im Umgang mit der armen Bevölkerung war ihm klar, daß er damit nur den Widerstand der Zöglinge provozieren würde.

„Die individuelle Entwicklung der einzelnen Zöglinge und deren Pflege ist die Hauptsache, der Kern aller hiesigen Arbeiten; ... Die Pflege und die sorgsame liebevolle Beobachtung eines jeden einzelnen in seinem besondersten innersten Bedürfnis ist die eigentlichste Arbeit“ (zit. n. Anhorn S. 120).

Nur auf diese Weise erschien es ihm möglich, *„die innere Genesung und Rettung der einzelnen durch die Gnade Christi“* zu erreichen. Nur das offene, nicht durch äußeren Zwang verschlossene Herz könne offen sein für das Wort Christi, auf dessen Verkündung das ganze Erziehungskonzept beruhe.

Allerdings war die Familienkonstruktion im Rauhen Haus zugleich das Fundament einer umfassenden sozialen und, wichtiger noch, einer psychischen Kontrolle, wie an den Aufgaben des Familienvorstehers deutlich wird.

„Was dem Familienvorsteher als solchem für seine Familie obliegt, ist ... die spezielle Seelsorge in derselben für diese 12 ihm und keinem andern so speziell anvertrauten jungen Leute. Jeder Familienvorsteher ist in dieser Beziehung durchaus auf seinen Kreis beschränkt, aber in diesem auch gesichert vor Übergriffen Anderer. ... Sein Leben schmilzt mit dem der ihm anvertrauten 12 Kinder in Eins zusammen, er kennt sie, sie kennen ihn, er liebt sie vor allen und sie ihn vor allen ... Jedes einzelne Kind wird hier gewahr, wie es nicht in der Menge vergessen wird, sondern für sich ein Gegenstand der heiligsten, hingebensten Fürsorge ist, es soll jedem einzelnen Zögling zu Muthe werden, als wäre Alles, was hier ist, nur um seinetwillen da. Hier wird jeder Einzelne ganz persönlich zu Christo nicht bloß gewiesen, sondern wie ein Kind geübt, den Weg zu ihm zu gehen, und das nicht mit halber oder zufällig gewonnener Erkenntniß jeder einzelnen Persönlichkeit, sondern der Familienvorsteher kennt, soweit das für solche Verhältnisse erreichbar ist, sein Familienmitglied nach seiner ganzen innern Entwickelung und bisdahinnigen Gestaltung; die sorgfältige eigene Beobachtung, die Ansammlung und Zusammenfassung der Beobachtungen aller anderen gleichgesinnten Mitarbeiter, beides zusammengetragen von dem einen Eifer, diese Menschenseele aus den Verwickelungen und dem Betrug des innern und äußern Verderbens zu retten - machen ein solches Eingehen auf das innere Leben möglich und fruchtbar. ... In diesem persönlichsten, unmittelbarsten Verkehr mit je 12 Kindern und den einzelnen unter denselben wird, so oft die Liebe sich dazu verbunden sieht, ohne falsche Scheu mit den Kindern eingehend über ihren innern Stand gesprochen, wird mit ihnen auch einzeln gebetet, wird im Verborgenen und in der Gemeinschaft der traulich Verbundenen die brüderliche Hülfsleistung geleistet zur Überwindung der Anfechtung, zum Bekenntnis der Sünde, zum Wachsthum in der Heiligung. Der Familienvorsteher kennt überdieß die einzelnen Hamburger Familien der ihm angehörenden Zöglinge ... an ihn wendet sich deswegen das Kind als einen vertrauten Freund und den Freund der Eltern und Geschwister“ (zit. n. Anhorn, S. 139 f.).

Jeder Familie wurde deshalb das Wochengespräch zur Pflicht gemacht. Dabei wird

„alles dasjenige, was diese 12 unter sich erlebt haben, zur Sprache gebracht. Wichtiges und Unwichtiges, Inneres und Äußeres, Erfahrungen bei der Arbeit wie beim Unterricht, Wünsche und Bitten, Gegenwärtiges und Zukünftiges, Hoffnungen und Befürchtungen, Erlebnisse untereinander und mit den Erwachsenen werden hier in bunter Reihe von den Kindern selbst zur Sprache gebracht. Selbstanklagen, Bekenntnisse, Schlichtung von Streitigkeiten, Untersuchungen über Recht und Unrecht bringen alles ans Licht, was bis dahin verborgen gewesen. Der Standpunkt jedes einzelnen wird dabei von selbst offenbar“ (zit. n. Anhorn, S. 141).

Der Methode der Individualisierung diente auch die Zahl der Familien; je größer diese sei, um so mehr könne dem jeweiligen individuellen Bedürfnis entsprochen werden.

„Je weniger Familien existieren, desto weniger kann dem einzelnen geboten werden, dessen er bedarf, desto schwerer ist von ihm die Gefahr sittlicher Ansteckung abzuwenden“ (Werke Bd. 4,1, S. 327). Im Gegensatz zur Kasernenerziehung nehme also durch dieses familiale Strukturprinzip die Möglichkeit der Individualisierung zu, nicht ab.

Um die für das einzelne Kind geeignete Familie aussuchen zu können, wurde für Neuankömmlinge das sogenannte Noviziat als eine Art von Beobachtungs- und Diagnosestation eingerichtet. Im Unterschied jedoch zum überlieferten Noviziat der klösterlichen Initiation diente es hier nicht fortschreitender Entindividualisierung, sondern als Ausgangspunkt einer sich ständig steigernden Individualisierung und Subjektivierung der Zöglinge.

Das Rauhe Haus war konzipiert als ein komplexer Sozialisations- und Integrationszusammenhang. Alle Regungen und Tätigkeiten des Kindes in seiner Familie, in den Arbeitsgruppen, im Unterricht und in den Andachten standen in der Begleitung Erwachsener, die das neue Leben in ihnen erwecken und die Erinnerung an das alte tilgen sollten. Wichern ließ also bei den Zöglingen die Fähigkeiten der Introspektion, der Selbsthematisierung und Selbstobjektivierung fördern.

Voraussetzung dafür war ein relatives Gleichheits- und Vertrauensverhältnis zwischen Erziehern und Zöglingen, das diesen eine weitgehende Freiheit einräumte.

„Nur durch diese dem Zögling gelassene Freiheit öffnet sich für die zur Rettung Berufenen allmählich die Aussicht und Einsicht in das eigentlich anzugreifende oder zu bearbeitende Terrain, erst durch diese Gewährung der eigenen Natur unserer Pflegebefohlenen werden die Nebel und Decken allmählich gehoben, welche ohne ein Zugestehen dieser Bedingung die wahre Gestalt des Innern verschleiern ...“

Seinen Zeitgenossen mußte Wichern allerdings diese ungewohnte Freiheit seiner Zöglinge erklären und mit der Begründung rechtfertigen, daß nur auf diese Weise der eigentliche Erziehungszweck erreicht werden könne.

„Das eigenthümliche Geistes- und Gemüthsleben mit seinen sittlichen Wurzeln und Verderbnissen liegt in dem Kreis des entarteten Geschlechts so verborgen und so zurückgezogen, wie der Leib der Schildkröte unter seinem Schilde; eingewickelt in die allgemeine Lebens- und Sprachweise verhüllt sich das eigene Leben und die eigentliche Sprachweise für den, der nicht der gleichen Herkunft ist, mit einer solchen Fertigkeit, mit einem solchen Tact für diesen Unterschied der Gemeinschaftsverhältnisse, daß Absichtlichkeit und böser Wille diese bewundernswürdige Geschmeidigkeit nie erreichen könnten. Daher kommt es, daß beamtete Personen die Armen, wie sie für sich sind, so schwer kennenlernen; wenn nicht innerlich ein Gleichheitsverhältnis eingeleitet, auf dessen Grund der zu erkennende in Wort und Wunsch und That sich giebt, wie er ist, so ist Täuschung fast unvermeidlich. Dies bezogen auf unsere Verhältnisse ergab die Nothwendigkeit einer solchen Grundeinrichtung des Hauswesens, daß sich ein Gehenlassen der Corrigenden sich von selbst verstand und das 'Geniren' ... allmählich verschwinden mußte, und dies nicht bloß in der Sitte, sondern auch nach aller Äußerung der Gesinnung“.

Unterdrückung der innerer Bestrebungen und Motive durch äußeren Ordnungszwang wäre gewiß auch durchsetzbar.

„Aber der ganze Gewinn ... wäre, daß man nicht sähe, was man fürchtet; der Schade aber, daß man sich täuschte, wo man mit offenem, wachem Auge zu sehen glaubt ... Die Gewährung der

Freiheit sieht freilich aus, wie eine Provokation des Bösen; aber sie sieht nur so aus, sie ist vielmehr einer der sichersten Wege zu seiner Entlarvung ... Wenn der versteckte, heimliche, kleine, kriechende Feind gefährlicher ist, als der offene, wenn auch noch so große; dann ist auch die innere Gefahr in derjenigen Anstalt, welche diese Freiheit für sich in Anspruch nimmt, nur scheinbar größer, als in einer solchen, die ihr nur den Weg in die Ecken und die Schlupfwinkel weist, in denen das Dunkel das Schlimme verbirgt" (zit. n. Anhorn, S. 148).

Das Kind sollte sich also nicht zuletzt auch deshalb frei äußern können, um das Sündhafte in ihm erkennbar und behandelbar werden zu lassen.

Anders als in einer der damals üblichen Anstalten standen sich Erzieher und Zöglinge nicht hierarchisch unvermittelbar gegenüber; gegenüber standen sich nur die durch beide repräsentierten Welten,- die des „*heilerfüllten*" Volkes einerseits und die des „*heillosen*", aber zu seiner Heilserfüllung zu führenden Volkes andererseits.

„Die Masse der Kinder ist der Pol des schlechten, des sittlich versunkenen, des verfaulten Lebens in der Christenheit, die verwilderte Sündenmasse, welche der Rettung bedürftig ist, ohne sie als notwendig erkannt zu haben.

Die Masse der Brüder (und anderer Gehilfen) ist der Pol des zur Erkenntnis des Erlösers und seiner Vergebung gekommenen Lebens.

Beide Pole sind in der Anstalt in lebendige Berührung gebracht, um sich zu durchdringen und zwar auf organische Weise" (Werke Bd. 4,1, S. 327).

Die pädagogische Beziehung war also einerseits gegründet auf dem patriarchalisch-hierarchischen Sozialmodell der bürgerlichen Familie, andererseits auf einer möglichst nicht autoritär-repressiv deformierten Verständigung.

In diese Logik fügt sich auch die Art und Weise der *Aufnahme* der Zöglinge. Sie beruhte auf einem freien, von beiden Seiten kündbaren Vertragsverhältnis zwischen Erziehungsberechtigten (Eltern, Vormünder) und dem Rauhen Haus, - in dieser Form ein Novum in der Fürsorgeerziehung im deutschsprachigen Raum.

„Der Vorsteher besucht ... den aufzunehmenden Knaben vorher bei seinen Eltern oder Angehörigen und macht so die Bekanntschaft mit diesen und den Kindern mitten in den früheren, zum Teil auch im Äußern so elenden Zustande desselben ... Ist es irgend tunlich, so führt der Vater oder die Mutter selbst das Kind nach Horn und übergibt dasselbe der Anstalt, welcher die fernere Erziehung vertragsmäßig überlassen ist ...“.

Dann erfolgt eine Art von Initiationsritus, der vordergründig nur hygienisch gefordert erscheint, andererseits jedoch auch von unverkennbarer symbolischer Bedeutung ist.

„Die größeren Knaben bereiten sodann alles zum Bade und zur Reinigung des neuen Ankömmlings vor, ohne daß dieser selbst ihnen mehr als zufällig zu Gesichte kommt. Nach völliger Reinigung und der gewöhnlich notwendigen gänzlichen Umkleidung hört der Knabe aus dem Munde dessen, den er schon vor seinem Eintritt in diesem Hause vor allen zuerst hat kennen gelernt, wie fortan ihm alles Frühere solle vergeben und vergessen sein, daß aber von jetzt ein neues Leben das sein müsse, wonach er mit allen Kräften zu trachten habe“ (Werke Bd. 4,1, S. 119).

Die Standardformel für die Aufnahme lautete:

„Mein Kind, dir ist alles vergeben! Sieh um dich her, in was für ein Haus du aufgenommen bist! hier ist keine Mauer, kein Graben, kein Riegel; nur mit einer schweren Kette binden wir dich hier, du magst wollen oder nicht; du magst sie zerreißen, wenn du kannst; diese heißt Liebe und ihr Maß ist Geduld. - Das bieten wir dir, und was wir fordern, ist zugleich das, wozu wir dir verhelfen wollen, nämlich, daß du deinen Sinn änderst und fortan dankbare Liebe übest gegen Gott und Menschen!“ (Werke Bd. 4,1, S. 108)

Über ihre Vergangenheit sollten die Zöglinge nach dem Eintritt in die Anstalt nicht mehr miteinander sprechen. Der Vorsteher soll zwar das Vorleben der Zöglinge genau recherchieren und rekonstruieren; den Zöglingen hingegen wurde schon während des Aufnahmeaktes eingeschärft,

„daß auch keiner seiner Kameraden von seinen bisherigen Vergehen etwas erfahren und daß er nie und nirgends von irgend jemand vor anderen - und allein auch nur von dem Hausvater -

wenn es nötig werden dürfte - daran erinnert werden soll. Neben diesem einen Versprechen aber hat das neu eintretende Kind ebenso ernst zugleich ein, aber auch nur dies eine Gebot zu vernehmen, nämlich auch seinesteils fortan zu niemanden über diese vergangenen Dinge zu reden" (Werke Bd. 7, S. 430).

Die Aufsicht wurde nicht durch eine von außen erfolgende Kontrolltätigkeit ausgeübt, wie in den kasernierenden Anstalten üblich, sondern durch teilnehmende Beobachtung, indem die Erzieher umfassend am Leben der Zöglinge teilnahmen.

„Die Schar der Brüder steht gewöhnlich nur da im leinenen Kleide des Handwerkers oder Landmanns mit Hobel oder Spaten, unter den Kindern emsig beschäftigt, um sie das Arbeiten ums tägliche Brot zu lehren, wie es im Geist des Herrn beschafft werden soll; - ebenso rasch verwandelt sie sich wieder in eine Schar spielender Kinder, um mit dem Kinde Kind zu sein; - wieder ebenso gewandt wendet sie sich lehrend an die Jugend, sie an geistigen und geistlichen Schätzen zu bereichern; - oder erfaßt, brüderlich und väterlich das Leben der Einzelnen begleitend, die Tiefen des Gemütes in seelsorgerischem Zwiegespräch, das Herz dem Herzen gebend, den Geist einer heiligen Freundschaft vermittelnd;" (Werke Bd. 4,1, S. 281).

Auf diese Weise wird *„alles von allen und jeder von jedem beaufsichtigt"* (zit. n. Anhorn, S. 162).

Innerhalb der einzelnen Familien wurden in einem demokratischen Wahlverfahren sogenannte *„Friedensknaben"* gewählt, die die Erwachsenen ohne eigene Machtbefugnis unterstützen sollten.

„Sie haben nicht zu regieren, nicht zu befehlen und anzuordnen, auch keine Kameraden ernstlich zur Rede zu stellen, sondern sollen mehr nur durch ihre Gegenwart an die Ordnung und das was Noth thut erinnern, dürfen nur bitten und freundlich wie Brüder zum Frieden reden" (zit. n. Anhorn, S. 163).)

Die *Strafpraxis* war ebenfalls individualisierend.

„Bei uns soll keine Äußerlichkeit das Maß der Strafbarkeit abgeben, sondern der Grund, die Wurzel, aus dem das Vergehen kam. Hiernach können zwei ein und dasselbe tun, und dennoch ist die Strafe beider verschieden. Darin unterscheidet sich unsere Beurteilung der Strafwürdigkeit von der juristischen ... Wenn wir bei

der äußern Gleichheit die innere Ungleichheit sehen, so muß das Bestrafen sich nach der innern Schuld richten, und die Strafe wird eben darum eine verschiedene sein. Es kommt weiter dabei auf das Maß der Erkenntnis an, die einer von der begangenen Sünde hat. Wer diese Erkenntnis hat, ist ungleich strafbarer als einer, der sie nicht hat" (Werke Bd. 7, S. 181).

Wichern bildete das Erziehungspersonal in der „*Brüderanstalt*" des Rauhen Hauses aus. Es wurde vor Aufnahme in die Anstalt einem intensiven Prüfungs- und Selektionsverfahren unterworfen. Analog zur Organisationsstruktur der Kinderanstalt durchliefen sie ein auf vier Wochen begrenztes Noviziat. Die Ausbildung dauerte dann bis zu vier Jahre, wobei vom ersten Tag an konkrete Erziehungsarbeit zu leisten war. Auch die Erzieherausbildung sollte so weit wie möglich individualisiert werden, um die verschiedenen Fähigkeiten sich herausbilden zu lassen. Wie Ernst Wichern die Auswahl der Erzieher nahm, zeigt sich daran, daß von den 1350 Brüdern, die sich in den ersten 15 Jahren zur Mitarbeit gemeldet hatten, nur 460 in die Bruderschaft eintraten (Vgl. Lemke, S. 38).

Die Mehrzahl der Erzieher kam aus dem traditionellen, zünftig organisierten Handwerk, wofür vor allem folgende Gründe maßgeblich waren (Vgl. Anhorn):

1. Das Handwerk galt Wichern als der eigentliche „Kern des Volkes"; er wollte auf seine Weise ein Gegengewicht gegen die liberal-demokratischen bzw. sozialistischen Bildungsvereine setzen. In den Handwerkern sah er die politischen Garanten gegen die Gefahr des Unglaubens, des Kommunismus, des Atheismus und des politischen Radikalismus.

2. Im Handwerk sah Wichern eine Lebensform und Mentalität, die sich unter anderem durch kostensparende Anspruchslosigkeit auszeichnete.

3. Die Handwerker standen dem sozialen Herkunftsmilieu der Zöglinge nahe, so daß zwischen ihnen als künftigen Erziehern und den Zöglingen keine unüberwindliche soziale Kluft entstehen mußte.

Die Brüder wurden ebenso wie die Zöglinge einem Erziehungsprozeß unterworfen. Die Brüderanstalt sei ein *„Organismus, der* *die Erzieher erzieht an den zu erziehenden Kindern"* (Werke Bd. 4,1, S. 329). Sie sollte ein Disziplinarverbund sein, in dem *„jeder auf alle und alle auf jeden wirken und dies allen und jedem zu Bewußtsein kommt"* (zit. n. Anhorn, S. 173).

Die Brüder lebten in kleinen Gruppen, in Konvikten, die auf die Kinderfamilien bezogen waren.

„Immer einer dieser Brüder ist Familienvorsteher dieser Familie, Hausvater, ihm zur Seite stehen die andern Mitglieder des Konvikts. Der Familienvorsteher wohnt, schläft, ißt, trinkt unmittelbar zwischen den Kindern, die übrigen wohnen für sich, abgesondert von den Kindern, aber unter demselben Dach und bilden für die betreffende Kinderfamilie eine Art Musterfamilie" (Werke Bd. 4,1, S. 327).

Die der Kinderfamilie zugehörenden Brüder geben Unterricht, leiten die Arbeit und wechseln sich in der Aufsicht während der freien Zeit ab.

„Eine Hauptsache aber ist, daß immer je zwei Brüder sonntäglich mit zwei andern desselben Konvikts wechselnd die Eltern dieser Kinderfamilie in der Stadt Hamburg oder in der Umgegend sowie die nächsten Angehörigen besuchen und so im Geist des Evangeliums auch auf die Elternhäuser einwirken, zur Erziehung der noch bei den Eltern befindlichen Kindern raten, das Verhältnis zwischen den hiesigen Kindern und den Eltern vermitteln usw. und dadurch der Verwahrlosung und Verwilderung von noch mehr Kindern vorbeugen" (Werke Bd. 4,1, S. 327).

Bemerkenswert für Wicherns Erziehungskonzept ist eine Art von Kreislauf von Wissen und Erziehung. Wichern ging davon aus, daß das Eingehen auf die Individualität des Zöglings eine möglichst genaue Kenntnis seiner Eigenart voraussetze, und die sei nur zu gewinnen durch unablässige Beobachtung und durch Notieren dieser Beobachtungen. So gehörten zur Aufsichtsführung detaillierte, in 44 Unterabschnitte eingeteilte Aufsichtsberichte über jeden einzelnen Zögling. Jeder Erzieher mußte zudem ein Erziehungstagebuch führen. Er hatte dabei

„über seinen täglichen Umgang mit den ihm Anvertrauten, über seine besonderen Gespräche mit ihnen und alles, was das Sittliche betrifft, kurze Notizen in ein ihm zu diesem Behufe übergebe-

nes Journal zu schreiben" (Werke Bd. 4,1, S. 174). Das ermittelte Wissen wurde in einer Reihe von Konferenzen beraten und verarbeitet.

Neben das Wochengespräch, das sich auf den Austausch zwischen Familienvorsteher und Zöglingen erstreckte, traten auf seiten der Erzieher sogenannte Konviktversammlungen, auf denen einerseits das Verhalten der Zöglinge, andererseits aber auch das der Brüder behandelt wurden. Wöchentlich trat die Konviktversammlung zusammen. Hinzu kamen familienübergreifende Wochenkonferenzen und vierzehntägig einberufene Brüderversammlungen, die die Gesamtheit des Erzieherstabes umfaßten.

Typisch für die innere Organisation war ferner ein planvolles Rotationssystem, bei der die Gruppen der Familie, der Arbeit und des Unterrichts unterschiedliche persönliche Zusammensetzungen sowohl der Erzieher wie der Zöglinge erfuhren. Aus all dem ergab sich ein dichtes und komplexes Kommunikations- und Informationsnetz. Das Zentrum all dessen war der Anstaltsvorsteher, also Wichern selbst. Durch das über den einzelnen Zögling gesammelte Datenmaterial entstand eine biographische Konstruktion, aus der die Zöglinge Identität gewinnen sollten.

„Die hier alles umwebende Aufsicht notirt ... täglich alle irgend bemerkenswerthe Data, die in ihrem Gesamtresultat über jeden Einzelnen eine vollständige innere Entwicklungsgeschichte jedes durch die Anstalt hindurchgehenden Zöglings ergeben würde. Von jedem längst verflossenen Anstaltsjahre läßt sich das Leben jedes einzelnen Zöglings, von jedem beliebigen Tag und jeder beliebigen Stunde dieses Tages für jeden, der auf die verflossene Zeit zurückzugehen willens wäre, reproduzieren, trotz der Freiheit, in der sich hier jeder Zögling allezeit bewegt" (zit. n. Anhorn, S. 179).

Die einzelnen Zöglinge wohnten also in einer festen Gruppe, Familie genannt, die von einem Familienvorsteher geleitet wurde. Ihr zugeordnet war eine Konvikt von Brüdern, die neben dem Familienvorsteher in anderer Weise für die Familiengruppe zuständig waren: bei der Freizeitaufsicht, für den Unterricht und zur Leitung der Arbeit.

Die *Arbeitserziehung* hatte nicht zum Ziel, unmittelbar brauchbare Arbeitskräfte für den Markt zu produzieren. Vielmehr sollte die individuelle Disposition für eine positive Einstellung zur Arbeit überhaupt geschaffen werden. Deshalb hielt Wichern am handwerklichen Ideal fest, obwohl es ab der zweiten Hälfte des 19. Jahrhunderts im Zuge der Industrialisierung eigentlich antiquiert war. Im Rauhen Haus wurde mit Ausnahme der Buchdrukkerei und der Verlagsagentur nur für den Eigenbedarf produziert.

„Hauptgesichtspunkt für die zu beschaffende Arbeit ist: daß die Kinder alles, was sie zur Erhaltung des äußeren Lebens bedürfen, soweit irgend möglich selbst arbeiten sollen; die von ihnen zu Stande gebrachten Arbeiten sind also nicht für den Verkauf, sondern lediglich für den Bedarf der Anstalt" (Werke Bd. 4,1, S. 329).

Die Arbeit in der Anstalt wurde also unter kinderpsychologischen Maßstäben so weit wie möglich ausgewählt; so sollten alle monoton-mechanischen Arbeitsformen ausgeschlossen werden. Handwerk und Landwirtschaft waren demnach die Grundpfeiler der Arbeitserziehung im Rauhen Haus.

„Die Hauptsache ist ..., daß durch solche Beschäftigung, die stets mit Rücksicht auf das sittliche Leben der Kinder verteilt und geleitet werden wird, bei den Kindern ein rüstiger, fröhlicher Sinn ... mit bewirkt und erhalten werden und daß den Kindern (der) Unterschied zwischen jener schamlosen und dieser gesegneten Armut ins Bewußtsein gebracht werden kann. Derjenige Arme ist glücklich zu preisen und bei all' seiner Armut dennoch nicht arm, der in Gütern der Seele sein Genüge und in dem Besitz von diesen den Antrieb zur rastlosen freudigen Arbeit um des täglichen Brotes willen findet. Und den armen Kindern zu solcher reichmachenden Gesinnung zu verhelfen, soll unsere Aufgabe sein, je mehr solche Gesinnung fehlt" (Werke Bd. 4,1, S. 106).

Um diese positive Gesinnung zu fördern, führte Wichern das Rauhe Haus den Zöglingen stets als eine Einrichtung des ökonomischen Mangels vor mit der Absicht, den fürsorglichen Gönnern gegenüber Dankbarkeit und Demut einzuüben. Er hielt diesen Mangel für eine bedeutsame Bedingung seiner pädagogischen Arbeit.

Die Arbeitszeit betrug im Sommer bis zu 9 1/2, im Winter 6 1/2, die Unterrichtszeit im Sommer 2 1/2, im Winter 3 Stunden.

Wie in den Familiengruppen wurde auch in den einzelnen Arbeitsgruppen den Erziehern zur Pflicht gemacht, ständig Beobachtungen und Daten über das Verhalten, insbesondere den Fleiß der Zöglinge, in Arbeitsberichten festzuhalten. Die jeweiligen „*Fleißnoten*“ wurden darin in Gegenwart der Zöglinge nach Abschluß einer Arbeitseinheit mehrmals am Tag notiert. So wurden in einem Zeitraum von nur zehn Monaten über 83 Zöglinge allein 43084 Arbeitszeugnisse ausgestellt (Vgl. Anhorn, S. 190). Den Zettel lieferte das Kind unmittelbar nach der Arbeitseinheit dem Familienvorstand ab. Um Betrug zu vermeiden wurde der Zettel beim Urteil „*fleißig*“ belassen, wie er ist, beim Urteil „*mittelmäßig*“ einmal, beim Urteil „*träge*“ zweimal eingerissen. Auch eine Verlustanzeige hätte dem Zögling nichts geholfen, weil der Familienvorsteher dies als „*träge*“ notiert hätte. Da jede Arbeitseinheit mit einer Mahlzeit endete, erhielt ein Zögling nichts zu essen, solange er den angeblich verlorenen Zettel nicht wieder beschafft hatte (Vgl. Anhorn, S. 191). Am Ende jeder Woche faßte der Familienvorsteher die Zeugnisse jedes Zöglings zusammen und übergab sie dem Anstaltsvorsteher. In einer wöchentlich anberaumten Arbeitskonferenz wurden dann in Anwesenheit sämtlicher Bewohner des Rauhen Hauses die Arbeitszeugnisse aus der verflossenen Woche verlesen und mit Bemerkungen versehen. Ferner wurde jedem Zögling eine für ihn bestimmte Arbeitstafel ausgehändigt, in der die jeweiligen Wochenarbeitsleistungen unter den Rubriken „fleißig“, „mittelmäßig“, „träge“ aufgezeichnet waren. Auf der Rückseite der Arbeitstafel waren die Spartafeln angebracht. Wer bei der Arbeit kontinuierlichen Fleiß gezeigt hatte, erhielt kleine Geldbeträge gutgeschrieben, die er allerdings nicht selbst verwalten und nach Belieben ausgeben durfte. Ziel war unter anderem, die Zöglinge zu einem sinnvollen Umgang mit Geld gelangen zu lassen. Außerdem sollte so der Wert des Eigentums den Zöglingen vor Augen geführt werden, die es ja in ihrem früheren Leben damit in der Regel nicht genau genommen hatten. Dem Gefühl für Eigentum sollte auch die Überlassung eines kleinen Gärtchens dienen.

Ziel der Arbeitserziehung war also der Erwerb formaler, berufsunspezifischer Qualifikationen wie Leistungsbereitschaft, Ausdauer, Frustrationstoleranz, Bescheidenheit, Sparsamkeit und Ordnungsliebe. Gleichwohl sollten bei der Arbeit die kindlichen Bedürfnisse berücksichtigt werden.

„Daß der eine oder andere einmal stille steht und die Arbeit zu vergessen scheint über die wandernden Wolken und die ziehenden Vögel, oder daß der künftige Schiffskapitän dabei wohl einmal auf eine nahe Eiche steigt, das Feld zu überschauen und sich vorkommt wie ein Wasservogel in hohem Mast, soll mir keiner ihm verdenken" (zit.n. Lemke, S. 50).

Wichern hielt den Kontakt zu den Zöglingen auch aufrecht, wenn sie das Rauhe Haus verlassen hatten. Über sie versuchte er, Einfluß in deren Familien zu nehmen. Die entlassenen Zöglinge wurden in der Regel in Hamburg oder der näheren Umgebung bei Handwerksmeistern auf der Grundlage eines Vertrages untergebracht, der das Verhältnis zwischen Anstalt und Handwerksmeister regelte. Ein bestimmtes Brüderkonvikt wahrte durch regelmäßige, im Abstand von vierzehn Tagen abgestattete Besuche in den Meisterhaushalten den Kontakt. Der Meister führte ein Zeugnis, in dem die wichtigsten Begebenheiten festgehalten wurden.

Aus der Brüderanstalt entwickelte Wichern nach dem Vorbild katholischer Orden die sogenannte Bruderschaft des Rauhen Hauses, die 1858 234 Mitglieder hatte. Ihre Mitglieder besuchten die oft in alle Winde verstreuten ehemaligen Zöglinge.

Die Erfolgsstatistiken (*„Moralstatistiken"*), die Wichern aufgrund seiner vielfältigen Erhebungen führen konnte, sahen recht beeindruckend aus. Nach seinen Maßstäben der Legalität und eines *„bürgerlich gerechten Lebens"* waren in den Jahren von 1833 bis 1867 von 604 entlassenen Zöglingen nicht einmal zehn Prozent wieder verhaltensauffällig bzw. strafrechtlich belangt worden.

Resümee

1. Die Fürsorge- und Erziehungskonzeption Wicherns ist noch vorindustriell bestimmt. Sozialpolitischer Ausgangspunkt waren die im Zerfall begriffenen ständisch-patriarchalischen Abhängigkeits- und Herrschaftsverhältnisse in der Gutsherrschaft, im traditionellen Handwerk und auch in der Fabrik. Diesem Zerfall setzte er den Versuch einer gesellschaftlichen Wiederherstellung durch die Mobilisierung einer religiösen Erneuerungsbewegung („Innere Mission") entgegen, deren wesentliche Fundamente die Rückkehr aller Bürger - keineswegs nur der armen - zu den sittli-

chen Grundlagen des christlichen Lebens und die Wiederherstellung einer christlich verstandenen Familie waren. Es ging ihm um Regeneration von Familie, Kirche und Staat im Rahmen der alten Ordnung.

Die Gründe für die soziale Desorientierung sah Wichern in erster Linie in der Abkehr vom Christentum und damit auch in den zeitgenössischen Strömungen des Liberalismus und natürlich erst recht des Kommunismus, die ihm primär als atheistische, weniger als soziale Bewegungen erschienen. Dieser betont aufs Individuum bezogene religiös-moralische Ausgangspunkt führte dazu, daß er den politischen Sinn der aufkommenden Arbeiterbewegung nicht verstand und vor allem deren Bestreben nach einer kollektiv-machtvollen Solidarität zum Zwecke der Durchsetzung der eigenen materiellen Interessen nichts abgewinnen konnte. Immer stärker erschien ihm der Kommunismus als Reich des Bösen, das im Kampf mit dem Reich Gottes stehe. Der Arbeiter wurde immer mehr als verlorener Sohn gesehen. Im Vordergrund stand rettende Liebe für den Leidenden, nicht Kampf für dessen Rechte.

2. Zudem scheiterte sein Konzept der Inneren Mission lange Zeit daran, daß sowohl nach der herrschenden theologischen wie der staatsrechtlichen Auffassung Staat und protestantische Kirche in einem engen Zusammenhang gesehen wurden, so daß eine „Bekehrung" der Arbeiterbewegung und der von ihr vertretenen Arbeiterschaft nicht gelang; im Gegenteil schien die Entfremdung zwischen Kirche und Arbeiterschaft gegen Ende des Jahrhunderts kaum mehr überbrückbar, und das *„heilerfüllte"* Volk, das sich zur Mission am übrigen berufen fühlte, bestand im wesentlichen aus Mitgliedern der bürgerlichen und adligen Bevölkerung. Die Innere Mission *„blieb eine Assoziation der Wohlhabenden, nicht aber der Hilfsbedürftigen selbst"* (Lemke, S. 109).

3. Ausgangspunkt der *„Rettungsarbeit"* des Rauhen Hauses war nicht die schon ausgebrochene Kriminalität der Kinder, sondern eine ihr voraus gehende Verwahrlosung, die im gesamten Lebensmilieu der Armen begründet und in diesem Milieu nicht zu sanieren schien. Rettung konnte vielmehr nur erfolgen durch Anpassung der Kinder an die bürgerlichen Lebensnormen, wie sie für Wichern idealiter in der bürgerlichen Familie gegeben waren und wie er sie im Rauhen Haus als durchgängige Erfahrung für

die Kinder zu rekonstruieren versuchte. Mit dem Begriff der Verwahrlosung kommt in der Sozialpädagogik der Gedanke der Prävention zum Zuge, aber nicht nur im vordergründigen Sinne einer Verhaltenskorrektur mit dem Ziele, kriminelles Verhalten gar nicht erst eintreten zu lassen, sondern im umfassenden Sinne einer fundamentalen menschlichen Umkehr. Es ging ja nicht darum, sozial abweichende Kinder in eine als im wesentlichen akzeptabel erscheinende Gesellschaft wieder zu integrieren, vielmehr sollte deren Verhaltens- und Gesinnungskorrektur gesellschaftliche Normalität wieder herzustellen helfen.

4. Neu z.B. im Vergleich zu Pestalozzis Stanser Experiment war die organisatorische Grundlage. Das Rauhe Haus war als bürgerliche Vereinigung konstituiert, was Unabhängigkeit von staatlichen Eingriffen, aber auch von kirchlichen Amtsträgern garantierte. Diese Rechtskonstruktion ermöglichte Kontinuität und größtmögliche Ausdehnung des Konzeptes. Allerdings mußte Wichern wegen dieser Organisationsform auch ständig Rechenschaftsberichte erstellen, schon um die Geldgeber immer wieder zu motivieren. Die Vereinigung wird als erzieherisch-fürsorgerisches Dauerunternehmen gedacht, weil das dahinterstehende soziale Problem auch als Dauerproblem angesehen wird. Es geht nicht mehr um kriegsbedingte oder sonstwie begründete Ausnahmesituationen wie etwa noch in Stans. Durch diese Organisationsform wird das Rauhe Haus aus dem übrigen Fürsorge- und Erziehungssystem als relativ autonome Institution ausgegliedert.

5. Wichern ging es wie Pestalozzi darum, den Armen im Stande seiner Armut zu belassen und ihm darin ein verantwortungsvolles Leben zu ermöglichen. Im Unterschied jedoch zur überlieferten Armenerziehung, die die Armen unmittelbar zur Arbeit anhalten wollte und deren Scheitern Wichern damals erlebte, zielte er auf die *innere* Disposition der Zöglinge, und zwar sowohl im Hinblick auf die religiös-sittliche Verinnerlichung wie auch im Hinblick auf die von innen her formalisierten Arbeitstugenden. Auf diese Weise brach er mit der damals üblichen vordergründigen ökonomischen Rationalität. Ziel war die Disziplinierung durch Individualisierung, - ein Konzept, das weit über seine Zeit hinaus bis heute Bestand hat. Sozialpolitisch gesehen war Wicherns Konzept eher rückwärts gewandt, auf die Wiederherstellung vom Zerfall bedrohter gesellschaftlicher Verhältnisse orientiert, sozi-

alpädagogisch jedoch war er durch die Akzentuierung der Individualität des Zöglings seiner Zeit weit voraus.

Die pädagogische Beziehung

1. Ausgangspunkt des pädagogischen Konzeptes ist auch hier die Unzufriedenheit mit den gesellschaftlichen Verhältnissen, die durch *pädagogische* Maßnahmen im weitesten Sinne wieder in Ordnung gebracht werden sollen; nicht nur das Rauhe Haus, sondern auch das darüber hinausgehende Konzept der Inneren Mission war ja im Kern ein pädagogisches: das „*heilerfüllte*“ Volk sollte dem „*heillosen*“ helfen, wieder ein nach christlichen Maßstäben ausgerichtetes Leben zu führen, und das mußte neu gelernt werden.

2. Die pädagogische Beziehung war also von daher in ein umfassendes Konzept der kirchlichen, sozialen und staatlichen Neuordnung eingebettet. Gleichwohl wäre die Schlußfolgerung falsch, die Kinder seien für Wichern nur Mittel zum Zweck dieses übergreifenden Konzepts gewesen. Im Gegenteil war seine Beziehung zu ihnen nicht instrumentalisiert, sondern beruhte auf einem eigenständigen, fast spontanen Zugang. Er wurde fundiert durch eine „Liebe“, die nicht aus der natürlichen Elternschaft erwuchs, sondern aus der Forderung Christi, wie Wichern sie verstand. Er empfand es als seine christliche Pflicht, diese Kinder zu den Geboten Gottes hinzuführen, und deshalb sah er in ihnen nicht das unliebenswürdig-verkommene menschliche Wesen, als das er sie antraf, sondern ein solches, das er mit Geduld und Demut der Gnade Gottes anheimzustellen hatte. Der Erzieher konnte in diesem Denken keinen Erfolg seiner Bemühungen garantieren, wenn nicht die göttliche Gnade hinzukam, von der letztlich alles abhing. Der Mensch könne jederzeit die Sünde wollen, deshalb verzichtete Wichern auf religiöse Indoktrination, weil sie nicht helfen würde. Die Verinnerlichung war ihm wichtig, ebenso die Freiheit der Annahme des göttlichen Willens. Zwang und Strafe sind dafür ungeeignet, überzeugender sind dagegen alltägliche Liebeserweisungen. Bei den religiösen Handlungen, z.B. Andachten, stehen die Kinder sinnlich erfahrbar - wie bei Bosco - auf der gleichen Stufe zu Gott. Diese religiöse Basis des Erziehungsdenkens verbot jede Anmaßung gegenüber dem Zögling.

3. Daraus folgte für das Selbstverständnis der Erzieher neben der Forderung der Demut die der Selbstverleugnung und der Selbsterziehung. Selbstverleugnung war geboten gegenüber den Zumutungen durch die Kinder, die nicht mit persönlichen Gefühlen wie Zorn, Ekel usw. beantwortet werden durften. Die persönlichen Empfindungen des Erziehers hatten gleichgültig zu sein angesichts der von Gott gestellten Aufgabe. Es ging nicht um je persönliche „Beziehungskisten“ im modernen Sinne, sondern darum, einen Auftrag Gottes auszuführen. Daraus resultierte eine eigentümliche emotionale Distanz, die den Kindern einen entsprechenden Freiraum ließ für ihre Entwicklung.

4. Trotz aller Betonung der Demut, die dem sich für „*heilerfüllt*“ haltenden Teil des Volkes anstand und die theologisch letztlich auf die Gnade Gottes und nicht oder jedenfalls nicht in erster Linie auf eigenes Verdienst zurückging, war für die pädagogische Beziehung damit ein deutliches Gefälle gesetzt: Die einen wissen, was für die anderen gut ist. Solange diese Differenz durch die religiöse Unterwerfung auch der Erzieher unter die Prämisse der gebotenen Demut gebändigt blieb, wie Wichern nicht müde wurde zu betonen und zu fordern, konnte für die Zöglinge daraus eine für ihre Entwicklung produktive Spannung entstehen, zumal das Gebot der Individualisierung ein intensives Eingehen auf deren Bedürfnisse zur Folge hatte. Im Unterschied jedoch zur katholischen Position Boscos, die hierarchisch relativ streng und insofern eher objektivierbar metaphysisch fundiert war, war im protestantischen Verständnis der Sache der subjektiven Interpretation ein viel größerer Spielraum geöffnet. Darin lag die Gefahr für die Erzieher, ihre eigene Bindung an die religiösen Anforderungen, denen sie ja genau so unterliegen sollten wie die Zöglinge, bewußt oder wohl eher unbewußt in eine metaphysische Überlegenheit zu verwandeln, was wohl schon teilweise im Rauhen Haus während der Abwesenheit Wicherns zutage trat und später, zu Beginn des 20 Jahrhunderts, den sich auf Wicherns Ideen gründenden Fürsorgeerziehungsheimen nicht selten ein pharisäisches Binnenklima verschaffte. Im Sinne Wicherns funktionieren kann der pädagogische Bezug also nur unter einer geradezu strengen Selbstthematisierung und Selbstdisziplinierung der Erzieher, die um so unwahrscheinlicher wird, je weniger dafür institutionelle und theologisch objektivierbare Maximen und Selbstprüfungen zur Verfügung stehen. Hinzu kommt beim Rauhen Haus, daß die

Erzieherschaft sich zusammensetzte aus dem Handwerkermilieu, also aus solchen Menschen, die damals zum großen Teil zu den Verlierern der industriellen Entwicklung gehörten und für die die Tätigkeit im Kreis der Brüder kaum ein sozialer Aufstieg, sondern eher die Verhinderung eines sozialen Abstiegs bedeutete. Diese Lage lädt zu Kompensationen ein, die in pädagogischen Zusammenhängen nicht unproblematisch sind. Abgesehen davon war jedoch ähnlich wie bei Bosco die pädagogische Beziehung definiert durch die gemeinsamen Bezüge von Erziehern und Zöglingen im Hinblick auf fundamentale, von Gott kommende Weisungen für die richtige Lebensführung.

5. In ganz anderem Maße als bei Bosco steht die Individualität des Zöglings bei Wichern im Vordergrund. Dabei gehen Förderung und Kontrolle Hand in Hand. Auf der einen Seite ging es Wichern um die je individuelle Entfaltung der kindlichen Persönlichkeit, um ihre selbständige, persönlich überzeugte und überzeugende Christlichkeit, nicht um von außen kommende Direktiven oder gar Zwangsmittel. Diese Individualisierung sollte der Erzieher entwickeln helfen. Damit war jedoch etwas anderes gemeint als im heutigen Sprachgebrauch. Heute ist Individualisierung eine Folge der pluralistischen Gesellschaft einerseits und der daraus resultierenden Optionen, also Wahlmöglichkeiten, andererseits; Individualisierung ist hier nötig, um in diesem widersprüchlichen Zusammenhang eine identitätsstiftende Balance zu finden. Damals jedoch konnte davon in der Lebensrealität der Zöglinge nicht die Rede sein. Im Gegenteil sollten die Armen ja gerade in ihrem Stande verbleiben, gerade nicht revolutionär dagegen protestieren, sondern ihn lediglich christlich versittlichen. Unter diesen Bedingungen war der Individualisierungsanspruch von vornherein nicht unproblematisch.

In der unmittelbaren pädagogischen Beziehung bedeutete er nämlich auch ein besonderes Maß an psychischer Kontrolle, wie sie der alten, von Wichern kritisierten Anstaltserziehung gar nicht möglich gewesen wäre. Indem den Zöglingen jede Freiheit der Äußerung gelassen wurde, offenbarten sie damit auch ihr Inneres und eröffneten gerade dadurch den Zugriff des Erziehers auf ihre persönliche Intimität. Indem das Sündhafte auch noch im letzten Zipfel der Seele aufgespürt wird, zerbricht jeder persönliche Schutzraum des Innen gegenüber dem Außen, wird die pädagogische Beziehung eine totale. Während im Katholizismus Boscos die totale Offenbarung des Inneren durch die Institution der Beichte kanalisiert und somit vom übrigen Lebensalltag abgehoben wird, wird hier die Suche nach der Sünde durch Introspektion zur permanenten Alltagsaufgabe. Dem dient auch die beschriebene Wissensanhäufung über die einzelnen Zöglinge durch die vielfältigen Erhebungen der Erzieher, - eine gefährliche Methode, sobald sie in die falschen Hände gerät, dh. sobald die strenge Selbstdisziplin der Erzieher, die Wichern forderte, vernachlässigt wird. Die Individualisierung der Zöglinge war schon deshalb kein Selbstzweck, weil dafür - z.B. im Unterschied zur Gegenwart - keine hinreichende gesellschaftliche Erwartung und Perspektive gegeben war; sie war eine Methode der Selbst- und Fremddisziplinierung und - so ließe sich aus damals entstehender marxistischer Sicht hinzufügen - eine Methode zur Verhinderung von kollektiver Solidarität. Diese Implikation hat in den nächsten Jahrzehnten viel zur Entfremdung von Arbeiterschaft und protestantischer Kirche beigetragen.

6. Ähnlich ambivalent erscheint rückblickend das Familienmodell, das dem Rauhen Haus als soziales Grundmuster diente. Einerseits bot es den Kindern ein Gemeinschaftsleben unter Gleichaltrigen an, wobei Wicherns Einschätzung, nur in einer Familie könne das Kind glauben, nicht in der Menge vergessen zu sein, gewiß zutraf. Die damalige Alternative war schließlich die kasernierende Anstalt. Da die Zöglinge aber in der Regel natürliche Familienangehörige hatten und lediglich von ihnen getrennt im Rauhen Haus aufgezogen wurden, handelte es sich dort in Wahrheit weder um eine Familie, noch um einen Familienersatz, sondern um ein Aufwachsen unter Gleichaltrigen unter Leitung von erwachsenen Erziehern. Insofern war die Bezeichnung „Familie" eigentlich falsch, und sie ist nur verständlich auf dem Hintergrund der religiösen Bedeutung, die Wichern dieser Sozialform beimaß. Sieht man sich allerdings die Familienverhältnisse genauer an, aus denen die Zöglingen stammten, wird klar, daß sie erst in der Kunstfamilie des Rauhen Hauses wohl jene fundamentalen Erfahrungen etwa der Akzeptanz und Geborgenheit machen konnten, die jedenfalls für das Selbstverständnis der bürgerlichen Familie idealiter gelten soll. Für die weitere Entwicklung des Denkens über die pädagogische Beziehung war diese Konstruktion jedoch insofern nicht förderlich, als sie den sozialpädagogi-

schen Blick allzusehr auf die Familie als grundlegende Erziehungskonstruktion lenkte und Alternativen dazu noch nicht entdeckte.

Immerhin bot Wicherns Konzept den Zöglingen auf diese Weise eine Gemeinschaft an, die ihre emphatischen und sozialen Fähigkeiten herausforderte und ihnen zugleich einen Rahmen für Geborgenheit und Akzeptanz verschaffte. Dabei waren die sozialen Beziehungen keineswegs eindimensional auf die Relation Erzieher - Zögling beschränkt. Vielmehr ergaben sich neben der Familiengruppe weitere soziale Strukturen in der Arbeit und in der Freizeit, beim Spielen und Feiern, und aus ihnen erwuchsen vielfältige Möglichkeiten sowohl des Umgangs mit Gleichaltrigen als auch mit Erwachsenen.

7. Die pädagogische Beziehung hatte wie in einer „richtigen“ Familie den Charakter einer umfassenden Lebensgemeinschaft. Alle möglichen Gelegenheiten zum Feiern und zur Pflege des Gemütes wurden genutzt. Wie bei Bosco sollten die Erzieher Ernst und Spiel mit den Kindern teilen. Darin unterschied sich das Rauhe Haus deutlich von den damaligen Straf- und Korrektionsanstalten. Auch in diesem Punkte wurde jedoch religiöse Übertreibung vermieden; das Volkslied hatte z.B. Vorrang gegenüber dem Choral.

8. Mit seinem Eintritt in diese Lebens- und Erziehungsgemeinschaft des Rauhen Hauses wurde dem Kind sein bisheriges Leben vergeben, es sollte keine Rolle mehr spielen. Vielmehr sollte es die Chance eines Neuanfangs haben. Diese vergebende Liebe konnten die Kinder im allgemeinen nur langsam begreifen, weil sie ihrer bisherigen Lebenserfahrung so sehr widersprach, und manche mißtrauten ihr auf Dauer. Vergeben wurden aber nur die *alten* Sünden, nicht die neuen; für diese war das Kind nun verantwortlich. Aber auch der Erzieher blieb ein sündiger Mensch, und wenn es die Sachlage gebot, mußte auch er das Kind um Verzeihung bitten.

9. Die Lebensgemeinschaft des Rauhen Hauses war eine Oase im Rahmen einer Umwelt, für die ganz andere Regeln und Gesetze galten, weshalb ein Bruch der Geborgenheit beim Auszug unvermeidbar war. Deshalb rissen die Kontakte zur Außenwelt nicht völlig ab; die Kinder durften während ihres Aufenthaltes im

Rauhen Haus ihre Eltern besuchen, bei zu befürchtendem negativem Einfluß jedoch nur in Begleitung der Brüder. Die Entlassenen kamen Sonntags oder bei regelmäßigen Abendversammlungen zusammen, um über ihre Schwierigkeiten zu berichten.

Der Erzieher mußte also die Bindung des Kindes von sich ablösen und an Christus weitergeben, weil er dem Kind später nicht mehr helfen konnte; Christus aber konnte sich nur in der individuellen Innerlichkeit der einzelnen Seele niederlassen, die sich dann unter den tatsächlichen Bedingungen der Außenwelt als eine Art von sittlich-moralisch fundierter „Innenleitung" (Riesman) bewähren mußte.

10. Trotz des immensen und modernen Aufwandes an Organisation beruhte der pädagogische Bezug auch im Rauhen Haus noch nicht auf einem modernen professionellen Verständnis. Ausschlaggebend dafür war die Tatsache, daß die Tätigkeit der Erzieher, der „Brüder", nicht auf Lohnarbeit beruhte, sondern auf einer ordensähnlichen Gemeinschaftsverpflichtung, in deren Rahmen sie natürlich auch ihren Lebensunterhalt bekamen. Die „Brüder" verließen ihren ursprünglichen Beruf nicht, um sich einen neuen zu suchen, sondern um einer Berufung zu folgen. Dieser sollten sie sich ganz verschreiben. Sie verfügten daher auch nicht über eine spezifische pädagogische Kompetenz, die nicht auch die Eltern hätten haben können, wenn sie die Forderungen Christi ernst genommen hätten. Die Brüder brachten nur eine missionarische Vision ein, die ihren Vorsprung vor den Eltern ausmachte. Allerdings änderte sich dies wie in den Oratorien Boscos mit der Zeit durch den Prozeß der Institutionalisierung, als die ursprünglichen Ideen durch eine Ausbildung weiter vermittelt werden mußten.

5. Anton S. Makarenko: Das Kind als Kollektivmitglied

Der nun folgende Sprung ins 20. Jahrhundert ist erheblich, denn in dieser Zeit wird für die pädagogische Beziehung eine weitere Variation entdeckt. Nicht mehr die Familie wird als ausschließliches soziales Grundmodell kopiert oder variiert, hinzu kommt vielmehr die Gleichaltrigen-Gruppe als soziale Grundlage für Erziehungsstrategien. Am radikalsten finden wir diesen Wandel bei dem russischen Pädagogen Anton Semjonowitsch Makarenko, der Anfang der 20er Jahre in der jungen Sowjetunion mit der Leitung einer Erziehungskolonie (*Gorkij-Kolonie*) für verwahrloste Kinder und Jugendliche in der Nähe der ukrainischen Stadt Poltava betraut wurde und darüber ein Buch schrieb (*Ein pädagogisches Poem*, auch unter dem Titel *Der Weg ins Leben* bekannt geworden), das ihn auch als Schriftsteller weltberühmt machte und in über 40 Sprachen übersetzt wurde.

Politische und wirtschaftliche Hintergründe

Um das Wirken dieses Mannes und die Entstehung seiner pädagogischen Auffassungen verstehen zu können, müssen wir uns die innere Entwicklung der Sowjetunion zwischen 1918 und 1939 wenigstens in den wesentlichen Grundzügen klar machen. In gewisser Weise holte Rußland mit Verspätung eine Entwicklung nach, die in den westeuropäischen Ländern schon weitgehend beendet war: die moderne Industrialisierung. Allerdings kamen in diesem Falle besondere politische Faktoren hinzu, die durch die Machtergreifung der Kommunisten, der Bolschewiki, bedingt waren. Um die Darstellung in der gebotenen Kürze zu belassen, stütze ich mich im wesentlichen auf die Arbeiten von Lorenz und Meyer.

Rußland hatte am 1. Weltkrieg im Bündnis mit den Westmächten gegen Deutschland und die anderen sogenannten „Mittelmächte" teilgenommen. Aber dieser Krieg ruinierte die wirtschaftlichen Ressourcen des Landes; es war z.B. schon bald nicht mehr in der

Lage, seine Soldaten mit den nötigsten Mitteln an Kleidung und Nahrung auszustatten, auch die militärische Ausrüstung war der ihrer Gegner deutlich unterlegen. Im Verlaufe der durch die allgemeine Unzufriedenheit bedingten revolutionären Prozesse, deren Einzelheiten uns hier nicht weiter interessieren können, gelangten die Bolschewiki an die Macht. Im Oktober 1917 verfügten sie u.a. die Enteignung der Gutsbesitzer ohne Entschädigung, was faktisch die Nationalisierung von Grund und Boden bedeutete. Bei den Wahlen am 5. Januar 1918 zur konstituierenden Versammlung, die die neue Verfassung ausarbeiten sollte, erhielten die Bolschewiki jedoch nur 25% der Stimmen, die anderen sozialistischen Parteien 62% und die bürgerlichen Parteien 13%. Daraufhin lösten die Bolschewiki diese Versammlung gewaltsam auf und übernahmen die Macht.

Das Land war schon ausgeblutet durch den Krieg, nun kamen die Folgen der Revolution hinzu. Das größte Problem war die Ernährung der Bevölkerung. Wegen der Bodenreform durfte Land weder gekauft noch verkauft, verpfändet oder auf irgendeine andere Weise veräußert werden. Vielmehr sollte der Boden gleichmäßig aufgeteilt werden, Pacht und Lohnarbeit wurden untersagt. Aber der allgemeine Landhunger konnte auf diese Weise nicht befriedigt werden. Schon vor der Revolution hatten die Bauern fast die Hälfte des großen Grundbesitzes zumeist als Pachtland bearbeitet. Der Zusammenbruch der russischen Wirtschaft und der Hunger in den Städten und den Industriezentren trieben Millionen Menschen aufs Land, wo ihnen nach dem Gesetz ein Bodenanteil überlassen werden mußte, aber nicht alle Nachfragen befriedigt werden konnten. Zudem fehlten durchweg die technischen Mittel, um das erhaltene Land auch bearbeiten zu können. Die Bauern hielten nun ihre Erzeugnisse zurück, weil die Städter ihnen dafür keine Industrieerzeugnisse mehr anbieten konnten. Die Folge war eine Ernährungskrise, zumal gemäß dem Frieden von Brest-Litowsk, den Lenin mit den Kriegsgegnern schließen mußte, diese die Ukraine besetzten. Im Frühjahr 1918 wurden in Moskau und Petrograd pro Tag und Person nur noch höchstens ein viertel Pfund Brot verteilt. Die Landbevölkerung in den nichtlandwirtschaftlichen Bezirken erhielt monatelang überhaupt kein Brot.

In dieser Situation griff die Sowjetführung zur Gewalt und errichtete im Mai 1918 eine Ernährungsdiktatur. Alle Vorräte durften nun entschädigungslos konfisziert werden. Die Bauern, die Getreide zurückhielten oder zur Herstellung von Branntwein verwandten, sollten vor ein Revolutionstribunal gestellt werden. Zwar versuchte man, den Bauern nach Möglichkeit Textilien, Garne, Haushaltswaren sowie landwirtschaftliche Geräte anzubieten und dadurch einen direkten Naturalaustausch zwischen Stadt und Land in Gang zu bringen. Aber die industrielle Produktion war weitgehend zusammengebrochen. Die Arbeiter der großen Betriebe wurden aufgefordert, Lebensmittelbeschaffungsabteilungen zu gründen und das überschüssige Getreide bei den Bauern selbst zu beschlagnahmen. Empfohlen wurde u.a., sich dabei mit den ärmeren Teilen der Landbevölkerung gegen die reichen Bauern (*Kulaken*) zu verbünden. Im Januar 1919 wurde dieses System gesetzlich zunächst nur für Getreide und dann für fast alle Agrarerzeugnisse verankert; freier Verkauf von Agrarprodukten wurde nun verboten. Dieses Verfahren trieb die Landwirtschaft jedoch nur weiter in die Krise; die Bauern kehrten immer mehr zur geschlossenen Hauswirtschaft zurück und produzierten zumeist nur noch für den eigenen Bedarf.

Hinzu kam ein weiteres Problem. Ende Mai 1918 griffen die Westmächte ein. Sie fühlten sich durch den russischen Kriegsaustritt sowie vor allem durch die Annullierung der Staatsschulden auch gegenüber dem Ausland und durch die Nationalisierung der zum großen Teil durch westliches Kapital finanzierten Industrie provoziert. Die Westmächte unterstützten deswegen die „weißen" Bürgerkriegsgegner der Roten Armee. Auf diese Weise gingen den Sowjets industrie- und rohstoffreiche Provinzen wie der Ural, das Wolgagebiet, Sibirien, Turkistan, der Kaukasus und das Donezbecken verloren. Zudem verhängten die Westmächte eine totale Wirtschaftsblockade, so daß der Außenhandel völlig unterbunden wurde. In den Zeiten des Bürgerkrieges befanden sich nur ein Neuntel des europäischen Rußland und ein Sechstel der Bevölkerung ständig unter der Kontrolle des Sowjets.

Nun entstand ein streng zentralisierter Verwaltungsapparat, der die funktionsfähigen Betriebe auf die Kriegsproduktion orientieren sollte und ihre Kapazität so dem zivilen Sektor entzog. Der gesamte Binnenhandel wurde nationalisiert. Als Folge davon entstand ein System der unentgeltlichen Versorgung, wodurch die Bedeutung von Markt- und Geldbeziehungen weiter zurückging.

Auf dem Höhepunkt des Bürgerkrieges, im Laufe des Jahres 1919, hatte der Staat praktisch das System der Produktion und Verteilung selbst in die Hand genommen („Kriegskommunismus"). Die Bevölkerung hatte unter ständigem Hunger und im Winter unter entsetzlicher Kälte zu leiden. Den Bewohnern Moskaus stand nur ein Siebentel der Kalorien zur Verfügung, die in Deutschland während des Krieges durch das Rationierungssystem verteilt wurden. Am 26. 2. 1920 schrieb das Parteiorgan *Pravda*: *„Die Arbeiter der Städte und zum Teil auch der Dörfer krümmen sich vor Hunger. Die Eisenbahnen rücken kaum vom Fleck. Die Häuser verwittern und verfallen. Die Städte sind voller Unrat. Epidemien breiten sich aus, und der Tod holt überall seine Opfer. Die Industrie ist zugrunde gerichtet"* (zit. n. Lorenz, S. 292 f.).

Nach dem Ende des Bürgerkrieges 1919/1920 wurden die Methoden des Kriegskommunismus fortgesetzt und die Systeme der unentgeltlichen Versorgung weiter ausgebaut. Die Zahl der öffentlichen Speiseanstalten, in denen kostenlose Mahlzeiten verteilt wurden, nahm in den großen Städten zu; im Jahre 1920 benutzten in Petrograd fast die ganze und in Moskau fast die Hälfte der Bevölkerung dieses Angebot. Auch staatliche und kommunale Dienstleistungen wie Post, Telefon, Telegraph, Eisenbahn und Wohnungen waren nun kostenlos. Man versuchte, die Markt- und Geldwirtschaft grundsätzlich durch ein System der *„proletarischen Naturalwirtschaft"* zu ersetzen. Aber daneben hielten sich offiziell verbotene Marktbeziehungen; überall im Lande bildeten sich kleine Märkte heraus, die dem privaten Handel immer neue Betätigungsfelder erschlossen.

Die Fortsetzung des *„Kriegskommunismus"* führte im Winter 1920/21 zur wirtschaftlichen Katastrophe. Die meisten Fabriken standen entweder völlig still oder arbeiteten nur wenige Tage im Monat. Die Produktion der Großindustrie erreichte gerade ein Siebentel ihres früheren Umfangs. Die Roheisengewinnung entsprach der Zeit Peters des Großen. In ganz Rußland war kaum noch ein Hochofen in Betrieb. Auch in der Landwirtschaft sank die Produktion weit unter dem Stand von 1913, nicht einmal der bäuerliche Eigenbedarf konnte überall mehr befriedigt werden. Nun gab es Aufstände im ganzen Land; Bauern bewaffneten sich und kämpften gegen die Rote Armee. Die Protestwelle erreiche ihren Höhepunkt Anfang März 1921 in der Erhebung der Matrosen und Soldaten von Kronstadt, die von der Roten Armee blutig niedergeschlagen wurde. Ziel des Protestes war eine verbesserte Lebensmittelversorgung und die Wiederzulassung des freien Handels zwischen Stadt und Land. Aber auch politische Forderungen nach Neuwahlen zu den Sowjets und nach Freiheit für sozialistische Organisationen wurden laut.

Nun entschloß sich Lenin zu einem radikalen Kurswechsel in der Wirtschaftspolitik: Die *„Neue ökonomische Politik“* (*NEP*) wurde im März 1921 verkündet. Die Ablieferungspflicht der Bauern wurde durch eine Naturalsteuer ersetzt; über verbleibende Überschüsse durften sie frei verfügen. Markt- und Geldverkehr kamen wieder in Schwung. Der Kleinhandel und das Kleingewerbe wurden völlig reprivatisiert. Diese politische Entscheidung kam jedoch nicht mehr rechtzeitig, um im gleichen Jahr eine bessere Bestellung der Felder zu bewirken. Das Jahr 1921 brachte eine große Dürre und eine Mißernte wie seit Jahrzehnten nicht mehr. Die Ernte erreichte kaum die Hälfte des Vorkriegsbestandes; Massenschlachtungen dezimierten den Viehbestand. Nach amtlichen Statistiken verhungerten 5 Millionen Menschen. In den Folgejahren traten zwar Erfolge dieses wirtschaftlichen Kurswechsels zu Tage, aber grundlegende Probleme blieben:

– Es gelang wegen der hohen Industriepreise und der niedrigen Agrarpreise nicht, den „Warenhunger“ der Landbevölkerung zu stillen.

– Die Landwirtschaft war technologisch enorm rückständig. Im Jahre 1927 gab es auf 24 Millionen Höfen nur 9 Millionen Pflüge und 8 Millionen Eggen. In Gebrauch waren noch 5 bis 6 Millionen altertümliche Hakenpflüge, Kunstdünger war fast unbekannt.

– Wegen der innerbetrieblichen Zerstückelung -das Land wurde im Rahmen der Dorfgemeinde immer wieder umverteilt- mußten sehr viele überflüssige Wege und Transporte in Kauf genommen werden.

Durch die NEP bildete sich auf dem Lande wieder eine soziale Differenzierung aus. Vor allem die Großbauern, die Kulaken, gewannen erneut an Bedeutung. Sie vergrößerten ihren Boden dadurch, daß sie den kleinen Bauern das Land wegpachteten. Deshalb beschloß die Regierung 1927 ein ganzes System von

Repressionsmaßnahmen: Die Bodenpacht und die Einstellung von Lohnarbeitern - auf die die Kulaken wegen der Größe ihrer Betriebe angewiesen waren - wurden erschwert, man verkaufte den Kulaken keine landwirtschaftlichen Geräte mehr und entzog ihnen Kredite und andere Unterstützungen. Sie durften kein Inventar mehr verleihen und keinen Handel mehr treiben. Statt dessen wurden kleine Betriebe gefördert. Das Hauptproblem blieb aber, daß die Bauern nicht genügend Industriegüter bekamen und deshalb ihre Vorräte zu horten begannen.

In den Jahren 1929/1930 machte die Regierung unter Stalin nun eine radikale Kehrtwende. Die obligatorische Ablieferungspflicht wurde wie unter dem Kriegskommunismus wieder eingeführt. Diese Maßnahme traf vor allem erneut die wohlhabenderen Bauern. Die Abgabenorm wurde oft so hoch angesetzt, daß diese Bauern Vieh, Hausrat, Möbel und sogar Gebäude verkaufen mußten, um die fehlenden Getreidemengen auf dem Markt hinzukaufen zu können. Die Höfe der Kulaken kamen massenweise zur Liquidation. Die Jagd nach Getreide war von Terror und Gegenterror begleitet, auf dem Lande herrschten teilweise wieder bürgerkriegsähnliche Zustände. Im Winter 1929/30 wurden Hunderttausende von Kulakenfamilien nach Sibirien und in den Fernen Osten deportiert, viele Menschen kamen dabei ums Leben.

Die Drangsalierung und Vertreibung der Kulaken war aber nur der Auftakt für die *Massenkollektivierung der Landwirtschaft* überhaupt. An und für sich lag es nahe, die strukturellen Probleme der Landwirtschaft durch die Einrichtung kollektiver Großbetriebe zu sanieren, weil schon der Einsatz von Traktoren und anderem landwirtschaftlichem Gerät auf diese Weise effektiver erfolgen konnte. Aber die Kollektivierung erfolgte unvorbereitet und überstürzt. In den ersten Monaten des Jahres 1930 nahm sie den Charakter einer irrationalen Heilsbewegung an, die der Kontrolle der Behörden entglitt, zumal klare Direktiven fehlten. Es fehlte an Gerät wie auch an Fachkräften. Daher ging die Leistungsfähigkeit der Landwirtschaft enorm zurück und im Winter 1932/33 kam es erneut zu einer schrecklichen Hungerkatastrophe mit etwa 10 bis 11 Millionen Toten. Folgerichtig ging auch die Industrieproduktion zurück, so daß die Volkswirtschaft wieder einmal am Rande des Abgrunds stand.

Nachdem die Kollektivierung abgeschlossen war, wurden 1933 für die meisten landwirtschaftlichen Produkte feste Ablieferungsnormen eingeführt. Dabei handelte es sich im Grunde um eine Naturalsteuer, weil nur minimale Preise gezahlt wurden, die - vor allem bei Getreide - weit unter den Produktionskosten lagen. Erschwerend kam hinzu, daß die Kollektivwirtschaften über kein eigenes Gerät mehr verfügen durften und dafür auf die staatlichen Maschinen- und Traktorenstationen angewiesen waren, deren Dienste mit Naturalentgelt bezahlt werden mußten. Mit diesem System konnte der Staat den Eigenverbrauch der Bevölkerung regulieren und die früher übliche Vorratsbildung verhindern. Das Ergebnis dieses neuen Systems war eine enorme Ausbeutung der Landbevölkerung zugunsten der Industrialisierungsprogramme. *„Durch die systematische Unterbewertung der Agrarerzeugnisse und ihren Verkauf zu hohen Einzelhandelspreisen an die städtische Bevölkerung erzielte der Staat in Form einer Umsatzsteuer höchste Gewinnspannen, die den eigentlichen Industrialisierungsbeitrag der kollektivierten Landwirtschaft darstellten"* (Lorenz, S. 333). Der Barlohn der Kollektivbauern war derart gering, daß sie sich im günstigsten Falle für ihren Jahreslohn ein paar Stiefel oder einen Wintermantel kaufen konnten.

Noch größere Schwierigkeiten als die Sanierung der Landwirtschaft bereitete den Sowjets die Industrialisierung des Landes. Lenin sagte 1920: *„Solange wir in einem kleinbäuerlichen Lande leben, besteht für den Kapitalismus in Rußland eine festere ökonomische Basis als für den Kommunismus. ... Erst dann, wenn das Land elektrifiziert ist, wenn die Industrie, die Landwirtschaft und das Verkehrswesen eine moderne großindustrielle technische Grundlage erhalten, erst dann werden wir endgültig gesiegt haben"* (zit. n. Lorenz, S. 310 f.). Anfangs gingen die Sowjets davon aus, daß ihre Revolution auch kommunistische Revolutionen in den übrigen westlichen Ländern zur Folge haben würde (*„Weltrevolution"*). Als dies nicht eintrat, brauchte man die Industrialisierung, um den *„Sozialismus in einem Lande"* gegen eine als feindlich angesehene Umwelt zur Not auch militärisch behaupten zu können. Zunächst rechneten die Sowjets mit Wirtschafts- und Finanzhilfe aus dem Westen. Alle diese Bemühungen scheiterten aber an der Forderung des Auslandes, die russischen Vorkriegs- und Kriegsschulden sowie die volle Rückerstattung des verstaatlichten ausländischen Eigentums anzuerkennen.

So entschloß sich die sowjetische Führung im Herbst 1929 zu einer neuen Industrialisierungspolitik. Die verfügbaren Mittel wurden auf einige Industriezweige - vor allem die Metallproduktion, den Maschinenbau und die Energieerzeugung - konzentriert. Forciert wurde dieser Prozeß durch die Einführung des ununterbrochenen Betriebsjahres und durch den Wettbewerb. Die Arbeiter arbeiteten fünf Tage und erhielten dann einen Ruhetag; da aber die Ruhetage der einzelnen Arbeitsgruppen nicht auf denselben Tag fielen, stand der Betrieb nie still. Der neuartige Wettbewerb wurde Mitte 1935 durch die sogenannte *„Stachanov-Bewegung"* inszeniert. Der Hauer Stachanov hatte - sorgfältig vorbereitet - in einer Grube des Donezbeckens während einer Schicht 102 Tonnen Kohle abgebaut und damit das Vierzehnfache seiner Norm erreicht. Von da an wurden die Normen erhöht und Wettbewerbe um das Übertreffen der jeweils gültigen Norm angestachelt.

Ende der 30er Jahre war der Ausbau der Schwerindustrie soweit fortgeschritten, daß die Sowjetunion unabhängig vom Ausland geworden war. Verbunden war dieser Erfolg allerdings mit einem ungeheuren Konsumverzicht.

Die Massenkollektivierung der Landwirtschaft und die einseitige Industrialisierung führten im Jahrzehnt von 1929 bis 1939 zu einer erheblichen Umschichtung der Sozialstruktur. Die Stadtbevölkerung nahm von 19% auf 33% zu, während die Landbevölkerung um 10 Millionen abnahm. Eine neue Arbeiterschaft hatte sich gebildet, die sich vom Lande losgesagt hatte und in der auch viele ehemalige Kulaken zu finden waren. Die Löhne waren enorm niedrig, wenn auch nach Leistung differenziert. Die gewaltigen Kosten für die neue Schwerindustrie konnten nur durch die Ausbeutung der menschlichen Arbeitskraft aufgebracht werden, - der Arbeiter wie der Landbevölkerung.

Die hier kurz skizzierte allgemeine soziale und ökonomische Entwicklung hatte natürlich auch Folgen für das Leben der Kinder. Nach der Revolution breitete sich in der Bildungspolitik wie in der außerschulischen Erziehung zunächst Euphorie aus, die sich aber bald als illusionär erwies. Vor allem zwei Probleme stellten sich den Behörden: der Analphabetismus und die Kinderverwahrlosung. Nach einer Volkszählung im Jahre 1926 waren etwa 60% der Bevölkerung Analphabeten, in den Städten weniger als auf dem Lande. Die erwähnte Neue Ökonomische Politik Lenins hatte unter anderem starke Kürzungen in den öffentlichen Haushalten zur Folge, die auch den Bildungshaushalt betrafen. Es gelang bei weitem nicht, allen Kindern eine Schulbildung anzubieten, zumal deren Finanzierung den örtlichen Behörden übertragen worden war. Am Ende der NEP-Periode konnte immer noch die Hälfte der Kinder weder lesen noch schreiben. Die eigentliche Massenschule war die zweijährige Grundschule, nur etwa ein Drittel aller Grundschulen war vierjährig, wie es eigentlich vorgesehen war. Die Revolution von 1917 und die nachfolgenden politischen Umwälzungen haben die Einführung der allgemeinen Schulpflicht keineswegs beschleunigt, sondern eher unterbrochen. Das änderte sich erst mit der von Stalin eingeleiteten „*Kulturrevolution*", die im Zusammenhang mit der forcierten Industrialisierung und der Kollektivierung der Landwirtschaft stand; sie gab der Schule - und übrigens auch der Familie, wie wir noch sehen werden - im Hinblick auf die Heranbildung qualifizierter Arbeitskräfte eine neue Bedeutung.

Das zweite kaum lösbare Problem war die Kinderverwahrlosung. Nach amtlichen Schätzungen streunten 1922 etwa sieben bis neun Millionen Kinder im Land umher. Die Wurzeln dieses Elends reichten bis in die Kriegsjahre zurück, aber erst der Bürgerkrieg 1918 - 1920 und dann die Hungersnot 1921/22 führten zur Katastrophe. Millionen Minderjährige strömten auf der Suche nach Brot aus den Hungergebieten in die Großstädte und in die südlichen Landesteile. Viele Bahnhöfe wurden zu Sammelpunkten dieser Verwahrlosten (Vgl. Anweiler 1964, S. 223 ff.). Die herumstreunenden Kinder waren Voll- oder Halbwaisen, stammten aus geschiedenen Ehen oder waren von ihren Eltern im Stich gelassen worden. In der Zeit der NEP konnte die Verwahrlosung keineswegs beseitigt werden.

Die Behörden waren auf dieses Ausmaß an Kinderelend nicht vorbereitet. Eine *Sonderkommission für die Verbesserung des Lebens der Kinder* unter dem Vorsitz von Felix Dzerzinskij übernahm im Januar 1921 die Bekämpfung der Verwahrlosung; der Vorsitzende war zugleich Leiter der Tscheka, der politischen Polizei. Der Erfolg war jedoch in den Jahren 1921-1924 bescheiden, zumal viele Kinderheime aus Kostengründen wieder geschlossen werden mußten. Als Folge der erwähnten Massenkollektivierung und der daraus resultierenden Hungersnot gerieten Anfang der 30er Jahre erneut Hunderttausende von Kindern ins Elend.

Im krassen Gegensatz zu diesem Elend und zu den politischen Brutalitäten, wie sie Krieg und Bürgerkrieg mit sich brachten, stand der pädagogische Optimismus, der Glaube an das Gute im Kinde, der zunächst die Sowjetpädagogik beherrschte. Vielen jungen Intellektuellen, vor allem auch Frauen, zu denen nicht zuletzt Lenins Frau, die Krupskaja, gehörte, schien die Zeit reif für die Aufnahme reformpädagogischer Ideen, wie sie in Europa und Nordamerika zu finden waren. Das Kind und seine Bedürfnisse sollten im Mittelpunkt des pädagogischen Interesses stehen, und erforscht werden sollte beides durch eine spezielle Wissenschaft, die *Pädologie*, die in den USA entstanden war und auch die junge Sowjetunion erreichte (Vgl. Depaepe). Mit Hilfe von Tests, Befragungen und anderen Untersuchungen sollte die Persönlichkeit der Verwahrlosten intensiv erforscht werden. Dieser pädagogische Zeitgeist erfaßte auch die sowjetische Rechtsprechung. Sie richtete im Jahre 1918 einen besonderen Zweig ein: das *Kinderrecht*. Minderjährige Rechtsbrecher bis zum 17. Lebensjahr wurden nun nicht mehr den Jugendgerichten zugewiesen, sondern besonderen Kommissionen, die diese Jugendlichen in Fürsorgeanstalten oder medizinische Heilstätten einweisen sollten. Konsequent wie nirgendwo sonst wurde der Strafgedanke durch den Erziehungsgedanken ersetzt; die Kommissionen sollten ihre Aufmerksamkeit auf die Person des Täters und die Umstände der Tat richten, nicht auf die Tat selbst. Nicht die Frage der Schuld sollte im Mittelpunkt stehen, sondern die nach der bestmöglichen Hilfe.

Alexander S. Zalkind, damals eine Autorität für Umerziehung, drückte es so aus:

„Keine einzige fertige Regel, keinerlei Anordnung von oben; nichts soll den Kindern aufgedrängt werden, alles wird mit der Zeit von selbst entstehen, wenn das Leben in der Arbeitskommune den Kindern ebenso verlockend erscheint wie auf der Straße. Die Atmosphäre einer solchen Anstalt wird durch völliges Vertrauen zwischen Erziehern und Zöglingen, ihre innere Annäherung im alltäglichen Umgang, durch die enge Gemeinsamkeit ihrer Interessen charakterisiert“ (zit. n. Anweiler 1964, S. 232).

Etwa ab 1925 gerieten diese pädagogischen Auffassungen zunehmend in die Kritik; sie seien sentimental, verhinderten Strenge und Disziplin in den Kinderheimen und Arbeitskommunen und führten nur zum Chaos. Im Jahre 1935 wurde die strafrechtliche Verantwortung der Minderjährigen auf 12 Jahre herabgesetzt, 1936 die „Pädologie" parteioffiziell verboten.

Leben und Werk

In diesem sozio-ökonomischen und pädagogischen Rahmen befand sich Makarenko, als er im Jahre 1920 in der Nähe von Poltava (Ukraine) eine Kolonie für jugendliche Rechtsbrecher als Leiter übernahm, die später *„Gorkij-Kolonie"* genannt wurde. Über diese Tätigkeit schrieb er das weltweit berühmt gewordene *Pädagogische Poem*, von dem noch die Rede sein wird. Damals war er bereits 32 Jahre alt. Er wurde am 13. März 1888 in Belopole (Ukraine) als Sohn eines Eisenbahners geboren, besuchte die Volksschule, absolvierte einen einjährigen pädagogischen Ausbildungskurs und war seit 1905 mit einigen Unterbrechungen an verschiedenen Schulen als Lehrer tätig.

Im Jahre 1928 mußte Makarenko diese Kolonie verlassen; kurz zuvor hatte der Schriftsteller Maxim Gorkij, den er sehr verehrte und der ihn auch zu seinen schriftstellerischen Arbeiten ermutigt hatte, die inzwischen nach ihm benannte Kolonie besucht. Die Gründe für seine Entlassung sind noch nicht hinreichend geklärt (Vgl. Hillig 1991), aber eine wesentliche Rolle dürften die ständigen Auseinandersetzungen mit seiner vorgesetzten Behörde, dem Kommissariat für Volksbildung, gespielt haben, das den erwähnten pädologischen Vorstellungen nahe- und seinen davon abweichenden pädagogischen Ideen und Praktiken fremd bis feindlich gegenüber stand. Angeblich soll eine Untersuchungskommission unter Vorsitz des schon erwähnten A. S. Zalkind in der Kolonie Gesetzesverstöße, u.a. den Einsatz der Prügelstrafe, aufgedeckt haben. Einen Teil der Gorkij-Zöglinge nahm Makarenko mit in die Dzerzinskij-Kommune, deren Leitung er schon vorher, seit ihrer Gründung 1927, übernommen hatte. Sie unterstand nicht dem Volkskommissariat für Volksbildung, sondern der GPU (vorher Tscheka genannt), also der politischen Polizei. Benannt war sie nach dem verstorbenen Gründer dieser Organisation, der zugleich - wie bereits erwähnt - Vorsitzender der zur Beseitigung des Kinderelends eingesetzten „Sonderkommission" gewesen war. Makarenko leitete diese Kommune zunächst als Gesamtleiter, ab 1932 nur noch als pädagogischer Leiter bis 1935. Im Unterschied zur Gorkij-Kolonie erhielt diese Kommune keine öffentlichen Mittel. Sie lebte von den Spenden der GPU-Mitglieder, die ein halbes Prozent ihres Lohnes dafür abgaben, in den ersten Jahren ärmlich. Das änderte sich erst, als die Kommune eine Fabrik baute, die auf abenteuerliche Weise finanziert wurde, sie aber nach und nach relativ wohlhabend machte, während die Gorkij-Kolonie im wesentlichen auf Landwirtschaft beruhte. Glanzstücke der Produktion waren der Nachbau des damals berühmten Fotoapparats Leica und der elektrischen Black-&-Decker-Bohrmaschine. Nach einigen Jahren war die Kommune auf fünfhundert Kommunarden angewachsen.

Die industrielle Produktion ließ sich jedoch nicht nur mit den Kommunarden betreiben. Fachleute von außerhalb mußten zusätzlich eingestellt werden. Dafür wurden die Erzieher, abgesehen von den Schullehrern, entbehrlich, die Selbsterziehungskraft der Kollektive und die sachlichen Anforderungen der Arbeit machten sie überflüssig. Aber auch hier geriet Makarenko bald in Schwierigkeiten. Der industrielle Erfolg der Kommune führte zur ständigen Versuchung, die ökonomischen Maximen über die pädagogischen zu stellen. Hartnäckig bestand Makarenko auf einer guten Berufsausbildung und auf angemessenem Schulbesuch. Es gelang ihm, vier Stunden Schulunterricht bei vier Stunden Arbeit täglich durchzusetzen. Erfolglos versuchte er zu verhindern, daß die Kommunarden Lohn bekamen, weil sich dadurch die Perspektive auf die unmittelbaren materiellen Interessen reduzieren könnte. Immerhin sorgte er dafür, daß den Kommunarden nur ein Taschengeld ausbezahlt wurde. Der Rest ging auf ein Sparkonto, so daß die Zöglinge, wenn sie die Kommune verließen, ein Startkapital zur Verfügung hatten. Nach einem Beschluß der Vollversammlung mußten die Kommunarden 10% ihres Lohnes in einen Fond einzahlen. Von diesen Mitteln wurden Stipendien vergeben für besonders begabte Kommunarden, die z. B. an der Arbeiterfakultät studieren wollten. Außerdem erhielt jeder Kommunarde eine Aussteuer, wenn er die Kommune verließ.

Vermutlich waren es neben der schon wegen der Größe des Unternehmens und seiner wirtschaftlichen Bedeutung zunehmenden Bürokratisierung gerade solche Konflikte, die 1932 zu seiner Ablösung als Gesamtleiter führten (Vgl. Hillig/Weitz1970). Der von Stalin forcierte Ausbau der Schwerindustrie im Zusammenhang mit der Kollektivierung der Landwirtschaft war in vollem Gange und die Produktionsleistung sollte u. a. durch Differenzierung der Leistungslöhne erhöht werden. Da blieb wenig Raum für dem entgegenstehende pädagogische Experimente.

Seit 1932 versuchte Makarenko vergeblich, die Leitung einer anderen Kolonie zu übernehmen, aber seine Vorgesetzten gaben ihn nicht frei, sondern versetzten ihn 1935 nach Kiew als stellvertretenden Leiter der Arbeitskolonien des NKVD, des Innenministeriums. Hintergrund dafür war die Tatsache, daß in diesem Jahr die Einrichtungen für die Umerziehung jugendlicher Rechtsbrecher dem Volkskommissariat für Volksbildung entzogen und dem NKVD unterstellt wurden. Er entwickelte für die pädagogische Verbesserung der Erziehungsheime ein einheitliches Konzept, richtete Fortbildungskurse für die Mitarbeiter ein und übernahm noch einmal eine verwahrloste Kolonie in der Nähe von Kiew, um sie in kurzer Zeit zu sanieren (Vgl. Hillig/Weitz 1994, S.105 f.). Aber seine pädagogischen Vorstellungen gerieten erneut, nun auch politisch-ideologisch, in Widerspruch zu denen seiner Vorgesetzten, weshalb er auch dieses Amt aufgeben mußte und 1937 als freier Schriftsteller mit seiner Familie nach Moskau zog.

Nun versuchte er, seine unter den besonderen Bedingungen von Umerziehungskolonien gewonnenen Erfahrungen auf die Erziehung im ganzen zu übertragen, denn er sah keinen wesentlichen Unterschied zwischen der Erziehung von verwahrlosten und sogenannten normalen Kindern. In diesem Jahr erschien sein *Buch für Eltern*, das auf weitere drei Bände geplant war, aber nur der erste Band ist erschienen. Hintergrund für dieses Projekt war die 1935/36 erfolgte radikale Änderung der sowjetischen Sozialpolitik, die unter anderem die Familie als Erziehungsinstitution rehabilitierte.

Makarenkos Wendung zur Familie ist deshalb bemerkenswert, weil er zumindest bis Anfang der 30er Jahre der Familie als Erziehungsinstitution eher ablehnend gegenüberstand. Statt dessen setzte er sich für eine Vermehrung der Kinderheime ein, die er für eine weitaus bessere Erziehungsmöglichkeit hielt. Damit stand er in den 20er Jahren nicht allein, es gab viele Stimmen, die aus der Not der herumstreunenden Kinder die Tugend einer neuartigen außerfamiliären, kollektiven Kindererziehung entstehen lassen wollten. Makarenko erarbeitete sogar einen Plan für eine Großkolonie mit 12000 Kindern unter seiner Leitung. Im Jahre 1931 schrieb er ganz in diesem Sinne:

„Schon jetzt steht vor uns allen die Frage nach der neuen Lebensweise, die neue Lebensweise aber erfordert vor allem, der Familie das Recht zur unqualifizierten Erziehung der Kinder zu nehmen ... Niemals wird die Frau dort völlig frei sein, wo die Familie als eine pädagogische Institution gilt“ (zit. n. Hillig 1988, S. 120 f.).

Makarenkos Frau Galina Stachievna gehörte in der Zeit der Gorkij-Kolonie zu seinen Vorgesetzten im Volksbildungsamt, wo sie zunächst zu seinen pädagogischen Gegnern zählte, dann sich aber auf seine Seite stellte. Seit 1929 lebten die beiden zusammen. Von 1932 bis zur Hochzeit 1935 arbeitete sie als Lehrerin an der Arbeiterfakultät der Dzerzinskij-Kommune, dann gab sie ihre Arbeit auf. Als nun Makarenko 1937 ebenfalls seine Tätigkeit in Kiew beendete, um als freier Schriftsteller in Moskau zu leben, mußte er ohne festes Einkommen eine vierköpfige Familie ernähren. In ihr lebte nämlich noch ein Sohn seiner Frau aus erster Ehe und eine Tochter seines Bruders, beide im heranwachsenden Alter. Sein Bruder Vittorij hatte am 1. Weltkrieg teilgenommen, sich im Sommer 1919 der „Weißen Armee“, also den Bürgerkriegsgegnern der Roten Armee, angeschlossen und mit dieser 1920 seine Heimat verlassen.

Makarenkos letzten beiden Lebensjahre in Moskau sind durch einen chronischen Geldmangel gekennzeichnet, zumal der schriftstellerische Erfolg ausbleibt. Das *Pädagogische Poem* findet zwar überwiegend Zustimmung, aber die Einkünfte daraus versiegen rasch. Das *Buch für Eltern* erhält wenig Resonanz. Um zu Geld zu kommen, muß er möglichst viel produzieren. Das *Poem* hat ihn zwar bekannt gemacht, er wird zu Vorträgen gebeten, in denen er versucht, seine pädagogischen Erfahrungen zu einer allgemeinen kommunistischen Erziehungstheorie zu systematisieren. Aber er verliert den Überblick, schließt Verträge mit Verlagen und Filmgesellschaften ab, die er nicht einhalten kann, arbeitet an manchen Projekten gleichzeitig und bringt nichts mehr richtig zu Ende. 1938 erscheint - teilweise hastig zusammengeschrieben - das Jugendbuch *Flaggen auf den Türmen*, - ein Roman über die Dzerzinskij-Kommune, über die er schon früher geschrieben hatte (*FD-1*; *Der Marsch des Jahres 30*). Das Buch wird von der Kritik ziemlich einhellig verrissen, die es am *Poem* mißt und ihm idyllische Schönfärberei vorwirft. Tatsächlich fühlte sich Makarenko noch nicht in der Lage, über diese Kommune ähnlich wie über die Gorkij-Kolonie zu schreiben. *„Die Geschichte der Dzerzinskij-Kommune hatte ihr eigenes Drama, nicht weniger heftig als das der Gorkij-Kolonie, aber über dieses Drama will ich noch nichts schreiben, werde warten, bis es sich in der Seele gesetzt hat"* (zit. n. Hillig 1988, S. 261), schrieb er an einen ehemaligen Zögling.

Die Kritik trifft ihn hart. Mit allem, was er nach dem *Poem* veröffentlicht hat, scheint er schriftstellerisch gescheitert zu sein. Vielleicht auch deshalb und nicht nur aus finanziellen Erwägungen bewirbt er sich im Februar 1939 mit Erfolg auf eine Direktorenstelle an einer Moskauer Schule. Bevor er jedoch dieses Amt antreten kann und bevor über seinen erst in dieser Zeit gestellten Antrag auf Eintritt in die kommunistische Partei entschieden worden ist, stirbt er am 1. April 1939 in einem Zug auf der Fahrt nach Moskau.

Makarenko war Pädagoge und Schriftsteller, und er schrieb keineswegs nur über pädagogische Themen. Vier Wochen vor seinem Tode erhielt er für seine schriftstellerischen - also nicht für seine pädagogischen - Verdienste den zweithöchsten sowjetischen Orden *„Rotes Arbeitsbanner"*, was angesichts der heftigen literarischen Kritik wohl auch ihn selbst überraschte. Zu seinen Lebzeiten galt der Verfasser des *Poems* in seinem Lande als interessanter pädagogischer Praktiker, aber die wissenschaftliche Pädagogik nahm so gut wie keine Notiz von ihm.

Nach seinem Tode sorgte seine Frau dafür, daß sein Werk nicht in Vergessenheit geriet und daß sein Nachlaß veröffentlicht wurde. So entstand die erste siebenbändige Gesamtausgabe seiner Werke, die in russischer Sprache 1950 - 1952 erschien und in der DDR ins Deutsche übersetzt wurde; nach ihr wird im folgenden auch zitiert. Diese Ausgabe sorgte für den weltweiten publizistischen Erfolg; vorher war nur das *Poem*, erschienen in den Jahren

1934-1936 in drei Teilen, auch außerhalb der Sowjetunion, vor allem durch eine englische Übersetzung des I. Teils, bekannt geworden; sie wurde unter dem Titel *Der Weg ins Leben* veröffentlicht und lehnte sich dabei an den Erfolg des gleichnamigen russischen Spielfilms von Nikolaj Ekk aus dem Jahre 1931 an. Bis in die 70er Jahre wurden das Poem und andere Werke Makarenkos in 37 Sprachen übersetzt (Vgl. Hillig 1980 a). In den Jahren 1983-86 erschien eine neue achtbändige Ausgabe seiner Werke in der UdSSR, die aber noch nicht ins Deutsche übersetzt ist. Seit 1976 erscheint in Deutschland eine auf 20 Bände projektierte zweisprachige, die „Marburger" Ausgabe, von der bislang 9 Bände erschienen sind.

Bemerkenswert ist, daß ein Autor, der zu Lebzeiten so umstritten war, wenige Jahre nach seinem Tode zum Klassiker der kommunistischen Pädagogik in der Sowjetunion werden konnte. Eine wichtige Rolle spielte sicher die Tatsache, daß das Konzept der Kollektiverziehung und die Thesen vom pädagogischen Wert der produktiven, also werteschaffenden Arbeit gut in den stalinistischen Kollektivierungs- und Industrialisierungswillen paßten; zudem war durch das Verbot der *Pädologie* eine Lücke entstanden. Die Edition seiner Werke mußte allerdings politische Rücksichten nehmen, er wurde auf ein ideologisches Podest gesetzt, das kritische Diskussionen weitgehend ausschließen sollte.

Diese biographische Skizze darf jedoch nicht darüber hinwegtäuschen, daß seine Vita und sein Wirken noch immer nicht hinreichend geklärt sind. Nicht nur wissen wir dank der sowjetischen Geheimhaltungspolitik immer noch wenig über bestimmte Phasen seines Lebens, und manches, was bekannt ist, beruht möglicherweise auf politisch motivierten Stilisierungen. Vielmehr muß das, was er - vom *Poem* angefangen - selbst geschrieben hat, immer auch unter dem Gesichtspunkt politisch-ideologischer Rücksichtnahme gelesen werden; denn es war die Zeit der *Schauprozesse* und der *Säuberungen*, in der jeder leicht der politisch-ideologischen Abweichung bezichtigt werden konnte. Zwischen 1920 und 1935, also dem Beginn der Gorkij-Kolonie und dem Ausscheiden Makarenkos aus der Dzerzinskij-Kommune, nahm die Sowjetunion eine soziale und politische Entwicklung, die eigentlich mehrerer Generationen bedurft hätte; die damit verbundenen Verwerfungen mußten auch bei einem Pädagogen wie Makarenko ihre Spuren hinterlassen und waren für eine Kontinuität von Überzeugungen nicht gerade ideal.

Die Gorkij-Kolonie

Makarenkos pädagogisches Werk entwickelte sich in drei biographischen Phasen. In der Gorkij-Kolonie (1920 - 1928) entsteht sein Erziehungskonzept in einer pädagogischen Nullsituation, - nicht durch Anwendung eines vorgefaßten pädagogischen Planes, sondern durch Beobachtung der Zöglinge, durch sich Einlassen auf Erfahrungen und durch Schlußfolgerungen daraus. Für die zweite Kolonie greift er im wesentlichen darauf zurück, und diese wird dort nicht nur durch seine Person, sondern vor allem auch durch die aus der Gorkij-Kolonie mit ihm übergesiedelten Zöglinge vorgegeben. Aus diesem Unterschied erklärt sich wohl auch die Faszination, die vom Bericht über die „unfertige" Gorkij-Kolonie - das *Poem* - im Unterschied zu den in der Tat weniger lebendigen Darstellungen des scheinbar funktionierenden Lebens in der Dzerzinskij-Kommune ausgeht. Die dritte Phase ist in der Vortragstätigkeit der Jahre 1937 bis 1939 zu sehen, als Makarenko versucht, seine praktischen Erfahrungen in die Form allgemeiner Schlußfolgerungen zu fassen, also in diesem Sinne theoretisch zu systematisieren. Dies ist ihm aber nur noch in Ansätzen gelungen. Im Unterschied zu Wichern, der fast protokollarisch über das Rauhe Haus berichtete, wählte Makarenko für die Darstellung des Lebens in den beiden Kolonien eine literarische Form, was zwar seine pädagogischen Überzeugungen zum Ausdruck bringt, uns aber nicht unbedingt auch zuverlässige Einblikke in das tatsächliche Geschehen verschafft.

Die generelle Frage war, wie der *„neue Mensch"*, der nach der Revolution in deutlicher Distanz zur zaristischen Zeit erzogen werden sollte, eigentlich beschaffen sein müsse und mit welchen pädagogischen Methoden man ihn schaffen könne; mit ihr beginnt auch das *„Poem"* und Makarenko hatte darauf zunächst keine Antwort. Die ersten Zöglinge ließen sich zwar verpflegen, akzeptierten das Dach über dem Kopf, gingen jedoch des Nachts ihrer Wege und begegneten Anweisungen mit Spott und Beleidigungen. Wie sollten aus ihnen die *„neuen Menschen"* entstehen, wie sie sich die euphorische sowjetische Reformpädagogik vorstellte? So begann die Umerziehung unrühmlich mit einer Ohrfeige, als die Zöglinge, statt Holz im Wald für die Heizung zu schlagen, eines Tages das Bretterdach des Schuppens abdeckten, um es zu verfeuern.

„In einem Anfall von Wut über die erlittene Beleidigung, aufgepeitscht bis an die Grenze der Verzweiflung und Raserei durch all die vorhergehenden Monate, holte ich aus und schlug Sadorow ins Gesicht. Ich traf ihn schwer, er konnte sich nicht halten und fiel gegen den Ofen. Ich schlug zum zweiten Male zu, packte ihn am Kragen, riß ihn hoch und versetzte ihm einen dritten Schlag ...“ (Bd. I, S. 30).

Zu seinem Erstaunen gehorchten die Zöglinge nicht nur, sondern bewunderten ihn auch noch für seine Tat. Ein Bann schien gebrochen, obwohl Prügeln streng verboten war und die Zöglinge ihn deswegen hätten anzeigen können. Aber offensichtlich konnte der „neue Mensch“, wie immer er beschaffen sein mochte, nicht einfach aus der Innerlichkeit seiner „alten“ Seele erwachsen. Er ließ sich auch nicht aus übergeordneten pädagogischen Maximen deduzieren, und Makarenkos praktische pädagogische Leistung bestand von nun an darin, gemeinsam mit den Zöglingen nach Antworten auf die pädagogischen Fragen zu suchen.

Sie führten ihn schnell in einen Gegensatz zu den reformpädagogischen Vorstellungen des damaligen Zeitgeistes und immer wieder in Konflikte mit den „pädologischen“ Intentionen seiner Vorgesetzten, die dann auch 1928 zum Bruch führten. Der Kern des Konfliktes bestand darin, daß seine Kontrahenten in der jeweiligen individuellen Psyche des Kindes nach Defekten fahndeten und der Ansicht waren, die Kinder würden von sich aus sozialfähig werden, wenn man ihnen mit Verständnis und Vertrauen begegne.

Dem setzte Makarenko die Erfahrung entgegen, daß aus diesem Wachsenlassen nur *„Unkraut“* hervorgehen könne und daß es darauf ankomme, den Zöglingen ein soziales Arrangement anzubieten, in dem es für sie zu leben lohnt, in dem sie anerkannt sind und Stolz und Selbstbewußtsein entfalten können. Dafür sind Formen der inneren Organisation, der Anforderungen und der Disziplin unentbehrlich. Ist diese Gemeinschaft, von ihm *„Kollektiv“* genannt, erst einmal etabliert, wofür der Erzieher zunächst zu sorgen hat, dann wird sie sich durch ihre Organe selbst regulieren, und der Erzieher kann sich darauf beschränken, in ihrem Namen die nötigen Ansprüche geltend zu machen.

Im *Poem* ist dieser Konflikt anschaulich geschildert. Makarenko wird, bevor er die Gorkij-Kolonie verläßt, zu seiner vorgesetzten Behörde zitiert und dort hält ihm ein Pädagogikprofessor entgegen:

„*Genosse Makarenko will den pädagogischen Prozeß auf der Idee der Pflicht aufbauen. Zwar fügt er das Wort 'proletarisch' hinzu, aber das, Genossen, kann das wahre Wesen seiner Idee nicht verschleiern. Wir raten dem Genossen Makarenko, die historische Genesis der Idee der Pflicht genau zu verfolgen. Diese Idee entstammt bürgerlichen Verhältnissen, es ist eine Idee rein merkantiler Ordnung. Die sowjetische Pädagogik strebt danach, die Persönlichkeit zu freier Betätigung ihrer schöpferischen Kräfte, Neigungen und Initiativen zu erziehen, aber unter keinen Umständen zum bürgerlichen Begriff der Pflicht.*

Mit tiefer Betrübnis und großem Erstaunen vernahmen wir heute ... die Forderung, dem jungen Menschen das Gefühl für Ehre einzupflanzen. Wir müssen gegen diese Forderung protestieren. Die sowjetische Öffentlichkeit vereint ihre Stimme mit der Wissenschaft, auch sie kann sich mit dem Wiederaufleben des Begriffes nicht abfinden, der uns so lebhaft an Offiziersprivilegien, Uniformen und Schulterstücke erinnert.

Wir können nicht auf alle Behauptungen des Genossen Makarenko eingehen, die die Produktion betreffen. Vom Standpunkt der materiellen Bereicherung der Kolonie mag das vielleicht von Nutzen sein, aber die pädagogische Wissenschaft kann die Produktion nicht zu den Faktoren erzieherischer Einwirkung rechnen und darum umso weniger die Thesen des Genossen Makarenko billigen, wie z. B.: 'Der Produktions- und Finanzplan ist der beste Erzieher'. Solche Thesen sind lediglich eine 'Vulgarisierung der Idee der Arbeitserziehung'" (Bd. I, S. 670).

Makarenkos Antwort lautete:

„*Ich verstehe Sie nicht: Ihrer Meinung nach ist z. B. Initiative eine Art Eingebung. Sie kommt von irgendwo, aus reiner, mit nichts ausgefüllter Tatenlosigkeit. Ich setzte ihnen nur zum drit-*

ten Mal auseinander, daß die Initiative nur entstehen kann, wenn eine Aufgabe, wenn Verantwortung für ihre Erfüllung, Verantwortung für die verlorene Zeit vorhanden ist, wenn das Kollektiv eine Forderung stellt. Aber sie verstehen mich trotzdem nicht und reden immer wieder von einer inhaltslosen, einer von der Arbeit losgelösten Initiative. Um Initiative zu entwickeln, genügt es ihrer Meinung nach, seinen eigenen Nabel zu betrachten ... „ (Bd. I, S. 670 f.).

Makarenkos pädagogisches Konzept, wie es sich aus den *„unrühmlichen Anfängen"* herausbildete, läßt sich im wesentlichen beschreiben durch die Stichworte *„Kommandeur-Pädagogik"*, *„Disziplin"*, *„Perspektive"* und *„Strafe"*.

Die innere Organisation ergab sich aus äußeren Notwendigkeiten, nämlich das Überleben zu sichern. Die Zöglinge mußten in der Gorkij-Kolonie unter primitiven Bedingungen soviel Lebensmittel wie möglich selbst produzieren; denn was ihnen von den Behörden zugewiesen wurde, reichte nicht aus. Der allgemeine Hunger hatte auch sie erreicht. Erst als die Kolonie in ein benachbartes verlassenes und heruntergekommenes Gut umziehen und einen ausgebildeten Agronomen einstellen konnte, verbesserte sich die Lage, weil nun fachmännisch und planmäßig gearbeitet werden konnte.

Makarenko schildert, wie das organisatorische Kernstück der Kolonie, die von den pädologischen Kritikern so genannte *„Kommandeur-Pädagogik"* (Bd. I, S. 213 ff.) 1923 von den Zöglingen selbst erfunden wurde. Eine optimale Organisation der Arbeit in der Werkstatt einerseits wie bei der Feldarbeit andererseits verlangte, daß bestimmte Gruppen bestimmte Arbeiten ausführten, für die ein Mitglied der Gruppe jeweils die Verantwortung übernehmen mußte. Einige Zöglinge kamen nun auf die Idee, dafür aus ihrer Revolutionsromantik stammende Bezeichnungen zu verwenden: Die Gruppe sollte *„Abteilung"*, der persönlich Verantwortliche *„Kommandant"* heißen. Aus dieser Idee entwickelte sich nun eine höchst komplexe Sozialstruktur. Es gab *„ständige Abteilungen"*, die für längerfristige Aufgaben zuständig waren, - z. B. für die Schweine, die Pferde, die Schmiede, die Schusterwerkstatt - und sogenannte *„Einsatzabteilungen"*, die kurzfristige Aufgaben - z. B. in der Landwirtschaft - zu übernehmen hatten und danach wieder aufgelöst wurden. Wiederum aus organisatorischen Gründen lag es nahe, mit den Kommandeuren regelmäßige Besprechungen abzuhalten, und auch dafür erfanden die Zöglinge einen anschaulichen Namen: *„Rat der Kommandeure"*.

„Dank diesem System konnte die Mehrheit der Kolonisten sich nicht nur als Arbeiter, sondern auch als Organisator betätigen. ... Die Rolle des Kommandeurs einer ständigen Abteilung war keineswegs überragend. Die ständigen Kommandeure ließen sich fast nie zu Kommandeuren von Einsatzabteilungen ernennen, in der Meinung, sie seien auch so schon zur Genüge mit Arbeit versehen. Der Kommandeur einer ständigen Abteilung trat in einer Einsatzabteilung als einfaches Mitglied zur Arbeit an und unterstand bei der Arbeit dem jeweiligen Kommandeur, der oftmals zu seiner ständigen Abteilung gehörte. Dies schuf ein sehr verflochtenes Netz von gegenseitigen Abhängigkeiten in der Kolonie, und dem einzelnen Kolonisten war es dabei nicht möglich, sich eine besondere Stellung zu verschaffen und sich über das Kollektiv zu stellen.

Das System der Einsatzabteilungen machte das Leben in der Kolonie spannend und interessant durch den ständigen Wechsel von Arbeits- und Organisationsaufgaben, durch den Wechsel von leiten und sich unterordnen, durch die Wechselwirkungen der kollektiven und persönlichen Interessen" (Bd. I, S. 220 f.).

Für diese offizielle, dienstliche Ebene der Kommunikation entwickelten sich besondere, ritualisierte, militärähnliche Formen des Umgangs, die Makarenko allerdings primär unter ästhetischen Gesichtspunkten sah. So erfolgte die „Meldung" der Kommandeure in Uniform und nicht in der üblichen Arbeitskleidung, und dabei wurde salutiert.

„Natürlich könnte man auch einfach den Bericht eines Jungen entgegennehmen. Doch bin ich der Ansicht, daß die Jungen von einer gewissen Rechtsgültigkeit dieses Berichts sehr begeistert sind. Die Rechtsgültigkeit besteht darin: Der Kommandeur hat zum Bericht in Uniform zu erscheinen, nicht in der Arbeitsbluse oder in der Kleidung, in der er den ganzen Tag umherläuft. Während der Berichterstattung muß der meldende Kommandeur salutieren, und ich darf die Meldungen nicht sitzend entgegennehmen. Alle Anwesenden müssen salutieren. Alle wissen genau, daß sie durch das Heben der Hand der Arbeit der Abteilung und des

ganzen Kollektivs ihren Gruß entbieten. Das unterstreicht die Ehre der Arbeit" (Bd. V, S. 135).

Aber der *„Rat der Kommandeure"* war eine relativ späte Erfindung, resultierend aus der Notwendigkeit effektiver Arbeitsteilung, das Hauptorgan der Selbstverwaltung der Zöglinge war von Anfang an die *Vollversammlung*, deren Beschlüsse auch für den pädagogischen Leiter verbindlich waren und die, je reifer die Kolonisten wurden, erzieherische Interventionen desto entbehrlicher machte.

Voraussetzung für das Funktionieren dieser Organisation war, daß die Zöglinge - und die Erzieher! - eine entsprechende *Disziplin* aufbrachten, aber nicht jene alte, sich unterwerfende der zaristischen Ära, sondern eine *„bewußte"*, die statt dessen aus Einsicht in die Notwendigkeiten des kleinen Gemeinwesens erwuchs, dessen Entwicklung jeder mitbestimmen konnte. Disziplin erwies sich, für alle unmittelbar einsichtig, als nötig, um die gemeinsamen Ziele besser erreichen zu können und damit jeder einzelne sich entsprechend seinen Fähigkeiten zu entfalten vermochte; sie verlangte aber auch Unterordnung von Einzelinteressen unter die des Kollektivs und bewährte sich schließlich erst, wenn sie auch Verzichte verlangte. *„Disziplin tritt nicht dann in Erscheinung, wenn der Mensch etwas ihm selbst Angenehmes tut, sondern dann, wenn er etwas Schwieriges verrichtet, etwas Unerwartetes, das bedeutende Anstrengungen verlangt"*. Aber sie fordert nicht nur etwas vom Einzelnen, sie gibt ihm auch etwas: nur der disziplinierte Mensch ist auch ein schöner Mensch. Disziplin *„ziert das Kollektiv und jedes einzelne Mitglied des Kollektivs. Disziplin bedeutet Freiheit, sie versetzt die Persönlichkeit in eine geschütztere, freiere Lage und schafft das Bewußtsein von eigenem Recht, von den Wegen und den Möglichkeiten, die sich jeder einzelnen Persönlichkeit erschließen"* (Bd. V, S. 40).

Nicht ohne Ironie berichtet Makarenko wiederholt über die Fassungslosigkeit seiner Vorgesetzten, wenn sie unangemeldet die Kolonie besuchten und statt der chaotisch schreienden Kinderhaufen, die sie sonst gewohnt waren, auf fröhliche, aber disziplinierte Zöglinge trafen.

Disziplin aber war nur zu erreichen durch hohe *Forderungen*, und Makarenko sah in der Kombination von Forderung und Achtung die Quintessenz seines pädagogischen Konzeptes.

„Wenn mich jemand fragt, wie ich das wesentliche meiner pädagogischen Erfahrung auf eine kurze Formel bringen könnte, so würde ich antworten: 'Möglichst hohe Forderungen an den Menschen und möglichst hohe Achtung vor ihm!' ... Unsere Forderungen an den einzelnen bringen auch die Achtung vor seinen Kräften und Möglichkeiten zum Ausdruck und umgekehrt, in unserer Achtung zeigen sich gleichzeitig die Forderungen, die wir an ihn stellen. ...Ich bin für konsequente, äußerste, entschiedene Forderungen, ohne Zurückweichen, ohne Korrekturen" (Bd. V, S. 154). Aber es dürfen nur solche Forderungen gestellt werden, die das Kollektiv auch begreift. *„Ich habe von meinem ersten Kollektiv nicht gefordert, daß nicht gestohlen würde. Ich sah ein, daß ich die Kinder in der Anfangszeit von gar nichts überzeugen konnte. Ich verlangte jedoch von ihnen, daß sie aufstanden, wenn aufgestanden werden mußte, und daß sie das taten, was getan werden mußte. Aber sie stahlen, und dabei sah ich ihnen einstweilen durch die Finger"* (Bd. V, S. 157).

Den ästhetischen Aspekten des Zusammenlebens widmete Makarenko überhaupt große Aufmerksamkeit, nicht nur im Falle der Disziplin. Selbst in der ärmlichen Anfangszeit bestand er darauf, daß die Tische im Speisesaal mit sauberen Decken versehen waren, sonst könnten die Zöglinge keine Tischmanieren lernen. Feste wie das *„Fest der ersten Garbe"*, der Erntebeginn, wurden mit großem Prunk gefeiert (Bd. I, S. 6o4 ff.), Stil und Ton des Umgangs ausdrücklich kultiviert (Bd. V, S. 199 ff).

Aber alle diese Teilstücke der sich aus der Erfahrung entwickelnden pädagogischen Konzeption: das gut gegliederte Kollektiv, hohe Anforderungen und bewußte Disziplin ergaben noch keinen Sinn. Was sollte letzten Endes die Zöglinge motivieren, ein so anstrengendes Leben zu akzeptieren, das im wesentlichen aus harter Arbeit und Schulunterricht bestand? Sie mußten ihr gegenwärtiges Leben als schön und befriedigend empfinden und für ihr künftiges eine interessante *„Perspektive"* entwickeln können.

„Ein wirklicher Antrieb im menschlichen Leben ist die Freude auf den morgigen Tag.... sie muß ins Leben gerufen, als eine

Realität geschaffen werden. Sodann müssen die einfachen Formen der Freude beharrlich in kompliziertere und menschlich bedeutungsvollere umgewandelt werden. Hier verläuft eine interessante Linie: Von der einfachsten, primitivsten Befriedigung bis zum höchsten Pflichtbewußtsein ... Den Menschen erziehen bedeutet bei ihm Perspektiven herausbilden" (Bd. V, S. 78). Diese müssen im Erziehungsprozeß aber ihren zeitlichen Horizont erweitern, von der *„nahen"* zur *„mittleren"* und schließlich zur *„weiten"* fortschreiten können.

„In einem Kinderkollektiv, das sich aus Menschen zusammensetzt, die noch nicht fähig sind, ihr Streben und ihre Interessen für lange Zeit vorauszubestimmen, muß der morgige Tag unbedingt besser erscheinen als der heutige. Je älter die Kinder werden, desto weiter rückt die notwendige Grenze der nahen optimistischen Perspektive. Bei einem Jugendlichen von fünfzehn bis sechzehn Jahren hat die Nahperspektive keine so große Bedeutung mehr wie bei einem Zwölf- bis Dreizehnjährigen. Einem Erwachsenen genügt je nach dem Stand seines Bewußtseins oder seiner politischen Entwicklung völlig die weite Perspektive" (Bd. V, S. 79).

Die mittlere Perspektive bezieht sich auf besondere Ereignisse in der Kolonie: Ein Festtag, die Verabschiedung von Zöglingen, die Sommerferien. Die weite Perspektive schließlich richtet sich über die Kolonie hinaus auf den Zusammenhang ihres Wachsens mit der Entwicklung der Sowjetgesellschaft im ganzen, in welche die Zöglinge ja einmal als tüchtige Mitglieder entlassen werden sollten. Die Perspektive ist in erster Linie immer die des Kollektivs, als individuelle für Makarenko nur denkbar in diesem Rahmen. Aber ihr Sinn ist nicht die Erreichung eines bestimmten Zieles, sondern ein lebenslanges Engagement für immer neue Ziele. *„Die Perspektiven haben eine interessante Besonderheit. Sie ziehen die Aufmerksamkeit des Menschen durch die allgemeine Aussicht auf Erfüllung an. In Wirklichkeit gibt es diese Erfüllung jedoch nicht. Wenn man ihr näher kommt, entstehen neue Zukunftspläne, und je anstrengender es ist, die verschiedenen Hindernisse zu überwinden, um so verlockender sind diese Pläne"* (Bd. V, S. 81).

Aber was geschah mit den Zöglingen, die solche Perspektiven nicht zu entwickeln vermochten, die überhaupt den Anforderungen des Kollektivs und der Disziplin nicht entsprachen? Welche Strafen hatten sie zu erwarten?

Strafen als pädagogisches Mittel waren damals verpönt, sie erinnerten zu sehr an die gerade überwundene Erziehung in der Zarenzeit. Aber Makarenko erkannte, daß kein Kollektiv ohne die Bestrafung von Regelverletzungen auskommen kann. Der Beschuldigte mußte sich vor der Vollversammlung rechtfertigen. Sie konnte es bei einem Verweis bewenden lassen, oder eine zusätzliche Arbeit anordnen, was bedeutete: eine zusätzliche Leistung für die Gemeinschaft. Gelegentlich wurden auch ironische Strafen verhängt; einem Faulenzer z. B. wurde an einem besonderen Tisch im Speisesaal ein besonders gutes Essen verabreicht (Bd. I, S. 597 f.); oder gegen einen Delinquenten wurde ein Boykott angeordnet und niemand durfte eine bestimmte Zeitlang mit ihm sprechen (Bd. I, S. 651 f.); später, in der Dzerzinskij-Kommune, wurden nur noch Ehrenstrafen beschlossen: Arrest im Dienstzimmer des Leiters; die Neulinge, die noch nicht in den Status der Kommunarden aufgenommen waren, konnten auch noch nicht bestraft, sondern nur gerügt werden.

Die Strafen erwuchsen nicht aus einer abstrakten moralischen Idee, als deren Repräsentant und Exekutor sich der Pädagoge verstand; vielmehr gingen sie von konkreten, anschaulich erfaßbaren Interessen des Kollektivs aus: Wer faul war, lebte auf Kosten der anderen, wer etwas stahl, was für alle bestimmt war, schädigte die Gemeinschaft. Sinn der Strafe war also, diese Abweichung vom Wohle des Kollektivs erlebbar zu machen; sie sollte jedoch keine physischen oder moralischen Leiden verursachen. *„Das Wesen der Strafe besteht darin, daß der Mensch es durchlebt, vom Kollektiv verurteilt zu werden, wobei er weiß, daß er falsch gehandelt hat. Das heißt, in der Strafe gibt es keine Depression, sondern es wird ein Fehler durchlebt, eine - wenn auch nur geringfügige - Lösung vom Kollektiv“* (Bd. V, S. 166). Deshalb hatte Strafen auch nur Sinn, wenn die öffentliche Meinung des Kollektivs dafür war. Wenn diese *„pädagogischen Einwirkungen“* alle nichts halfen, mußte sich die Kolonie von einem Zögling trennen; davon ist einige Male die Rede.

Resümee

1. Makarenkos wichtigste Erkenntnis war, daß Verwahrlosung primär ein soziales und erst sekundär ein psychisches Phänomen und deshalb auch nur mit sozialen Mitteln zu kurieren ist. Deshalb war die Herstellung einer verbindlichen Sozialität, die er Kollektiv nannte, folgerichtig, und deshalb interessierte ihn - im Unterschied zu Wichern - auch die Vorgeschichte seiner Zöglinge nicht; denn daraus hätte er keine pädagogischen Schlußfolgerungen ziehen können. Aber es handelte sich dabei nicht um irgendeine Gemeinschaft, und mit unseren heutigen Debatten über „soziales Lernen" hat sie wenig zu tun. Es war vielmehr die allgemeine Notlage, die dem Kollektiv einen Sinn seiner Existenz aufzwang: die möglichst effektive Organisation des ökonomischen Überlebens. Im Vergleich zur allgemeinen wirtschaftlichen Lage in der Sowjetunion brachten es die Kolonisten sogar zu einem relativen Wohlstand. Schon die Gorkij-Kolonie war nach den schwierigen Anfangsjahren wirtschaftlich aufgeblüht, ihr Prunkstück war die Schweinezucht. Ungefähr zweihundert Schweine und Zuchteber und einige hundert Ferkel befanden sich in einem Stall, der nach den damals letzten Errungenschaften der Technik gebaut war und z. B. einen geruchlosen Betrieb ermöglichte; die Dzerzinskij-Kommune konnte sogar nach einiger Zeit deutliche Gewinne machen. So ergab sich die ungewöhnliche Situation, daß ausgerechnet eine Kolonie von jugendlichen Rechtsbrechern vorbildhaft auf die soziale Umgebung wirken konnte, der sie hinsichtlich der effektiven Organisation und der Disziplin weitgehend überlegen war. Diese Erfahrung konnte das Selbstbewußtsein der Kolonisten stärken.

Die ökonomische Funktion war konstitutiv. *Ohne* sie hätte die jugendliche Gemeinschaft keinen Sinn ergeben, kein Zentrum ihrer Tätigkeit und ihres Bewußtseins gewinnen können. Anders als die Reformpädagogik und die von ihre beeinflußten Pädologen sah Makarenko also in der jugendlichen Gemeinschaft keinen Selbstzweck, sie wurde vielmehr für einen gemeinsamen Zweck benötigt, der jedem Mitglied einleuchtete. Warum sollte sonst eine innere Ordnung, eine dafür nötige Disziplin entstehen? Erziehung ist demnach eine *soziale* Tatsache, und wo entsprechende Anforderungen fehlen, kann sie auch nicht stattfinden. Dann ereignet sich irgend etwas anderes, vielleicht Therapie oder bloß gutes Zureden. In diesem Punkte hat Makarenko gegenüber den „Pädologen“, aus deren Diagnose des einzelnen Kindes sozial nichts weiter folgte, recht gehabt.

2. Der Begriff „Kollektiv“ ist bei uns verdächtig geworden, weil er zu einem festen Terminus der stalinistischen politischen Ideologie geworden ist. Makarenko meinte damit jedoch im Unterschied zu bloßen Freundschaften oder zu den uns bekannten freizeitorientierten jugendlichen Gesellungsformen eine Sozialität, die den Lebenskampf optimal plant und organisiert und die dafür eine „dienstliche“, jedenfalls emotional distanzierte und sachbezogene Beziehungsstruktur braucht. Dieses „Kollektiv“ wurde den Zöglingen nicht aufgezwungen, sondern von ihnen mit geschaffen und vor allem durch die Organe der *„Vollversammlung“* und des *„Rates der Kommandeure“* demokratisch verwaltet. Die naheliegende Frage, wie sicher zu stellen sei, daß das Kollektiv, das ja auch den einzelnen disziplinieren mußte, sich nicht irrt, stellte sich zumindest in der Phase der Gorkij-Kolonie kaum; das einzubringen, was die Zöglinge noch nicht wissen oder voraussehen konnten, war Aufgabe des erwachsenen Erziehers. Die Selbstverwaltung war keine „Demokratiespielerei“, falsche Beschlüsse konnten vielmehr rasch sichtbare Folgen für jedes Mitglied haben.

Die politische Instrumentalisierung kam später von außen, durch den Komsomol, durch Parteiorgane, also durch Menschen, die anderen Loyalitäten verpflichtet waren als der Vollversammlung der Kolonie. Nun erst wurde der interne Abweichler als genereller *„Feind“* (Bd. III, S. 452) definiert, griffen parteipolitische Phrasen um sich (Bd. III, S. 354) und veränderte sich der Umgang mit *„Kritikern“* (Bd. III, S. 369 ff.).

3. Makarenkos Maxime, *„höchste Forderungen“* mit *„höchster Achtung“* zu verbinden, hätte auch von Wichern stammen können, wenn man von den unvereinbaren ideologischen Gegensätzen einmal absieht. Wer von Kindern - z.B. in der Schule - nicht auch verlangt, was sie leisten könnten, mißachtet zweifellos dadurch ihre Persönlichkeit. Aber solche Forderungen ergeben nur einen erzieherischen Sinn, wenn sie nicht nur als innerlicher Ansporn hervorgerufen werden, sondern auch als sozial produktiv erlebt werden können, - sei es für künftige, z.B. berufliche Tätigkeiten, sei es für gegenwärtige im Rahmen des kindlichen Le-

bens, etwa in der Familie. Sonst kann der Zusammenhang von Forderung und Achtung nicht sozial erfahrbar werden, Forderungen werden dann eher als abstrakt, als von außen aufgezwungen erlebt, wie oft die Leistungsanforderungen in der Schule. Makarenko akzeptierte in seiner Forderungspädagogik die Zöglinge als mit den Erwachsenen gleichberechtigte *„Genossen"*, die je nach ihren alters- und begabungsbedingten Fähigkeiten in der Gemeinschaft mitwirken durften, aber auch mußten. Deshalb vor allem war er jeder kindertümelnden Psychologisierung abhold und hielt auch nichts vom warmherzigen Getue der *„Damenpädagogik"* seiner Vorgesetzten. *„Ich bin kein Kind... Ich bin ein Kolonist"* (Bd. I, S. 561), entrüstete sich ein Kleiner, als eine Dame des Volksbildungsamtes ihn als *„reizendes Kind"* bezeichnete.

4. Während Pestalozzi und Wichern für das außerschulische Aufwachsen der Kinder ein familiäres bzw. familienanaloges Sozialmodell verwendeten, setzte Makarenko auf die Gleichaltrigen-Gruppe unter pädagogischer Leitung. Eine solche Gruppe muß wie in der Familie einerseits ein befriedigendes Alltagsleben rund um die Uhr erleben können, andererseits aber auch über sich hinausweisen, weil sie ja nur ein biographisches Durchgangsstadium sein kann. *Privates* Verhalten in sozialer Nähe muß deswegen mit Formen der *öffentlichen* Kommunikation verbunden werden können. Normalerweise werden diese Verhaltensweisen durch den Umgang an unterschiedlichen sozialen Orten gelernt, die eine etwa in der Familie, die andere in der Schule. Makarenko mußte nun dafür sorgen, daß private und öffentliche Verhaltensweisen an ein und demselben Ort gelernt werden konnten, nämlich in der Kolonie. Für die öffentliche, dienstliche Kommunikation auch der Kinder untereinander entstanden Formen und Rituale, die erfahrbar werden ließen, daß menschliche Beziehungen eine unterschiedliche Bedeutung haben können und auch müssen, je nachdem, um welche Situation es sich dabei handelt. Die Kinder lebten also nicht einfach nur in Gruppen, sondern angesichts der Enge des Lebensraumes doch in relativ komplizierten Beziehungen miteinander. Auf diese Weise wurden nicht nur emotional problematische „Beziehungskisten" - auch zwischen Erziehern und Zöglingen - vermieden, vielmehr wurden die Sozialerfahrungen auch ortsunabhängig im Unterschied etwa zu den doch eher dumpfen, unaufgeklärten und noch von der Zarenzeit bestimmten agrarischen Sozialverhältnissen der Umwelt; daran gemessen

wurden die Zöglinge „städtisch“ erzogen. Allerdings ergab auch das nur Sinn unter der Voraussetzung, daß die Kolonie als soziale Gemeinschaft entsprechende Aufgaben lösen mußte. Wäre jeder Kolonist als abstraktes Rechtssubjekt in unserem heutigen Sinne „sozialhilfeberechtigt“ gewesen, hätte das alles keinen Sinn gemacht.

Aber warum wählte Makarenko dafür militärähnliche Formen, was ihm seine Kritiker schon damals vorwarfen, und nicht die des üblichen zivilen Umgangs? Die Zöglinge wollten es angeblich so, sie hätten Freude gehabt an dieser Art von Pfadfinderei. Hinzu kam aber wohl, daß durch die Revolution die überlieferten Weisen des zivilen Umgangs zusammengebrochen und neue noch nicht verbindlich geworden waren. An die feudalistischen Umgangsformen aus der zaristischen Zeit ließ sich nicht anknüpfen.

5. Makarenkos Kollektiv konnte jedoch nur funktionieren, wenn sich keine stärkeren anderen Bindungen ergaben. Er sorgte deshalb dafür, daß die Teilkollektive mindestens sieben Personen umfaßten, damit sie nicht mit Freundschaftsgruppen identisch werden konnten. Liebesbeziehungen waren nicht nur aus moralischen Gründen verpönt, sondern auch weil sie den sozialen Monopolanspruch des Kollektivs gestört hätten. Um dessen innere Geschlossenheit zu wahren, stand er auch der Tätigkeit des kommunistischen Jugendverbandes, des Komsomol, in seiner Kolonie zunächst skeptisch gegenüber und wurde dafür auch öffentlich kritisiert. Die Außenkontakte waren weitgehend kanalisiert: Besucher wurden in aller Form empfangen und zu Feiern und Festen eingeladen, und die Kolonisten beteiligten sich außerhalb der Kolonie an öffentlichen Veranstaltungen, z.B. an Aufmärschen. Mehr war auch zumindest in der Gorkij-Kolonie wegen der abseitigen Lage und der fehlenden Verkehrsmittel kaum möglich.

In diesen Bedingungen lag aber auch eine Grenze des Projekts; denn einmal blieben so die Kolonisten weitgehend auf sich selbst verwiesen, konnten einander und damit auch den vom Kollektiv ausgehenden Erziehungsansprüchen nicht ausweichen, zum anderen ergab sich daraus wohl auch eine gewisse Weltfremdheit. Jedenfalls wäre das pädagogische Konzept ohne diese Beschränkung kaum in der vorliegenden Form realisierbar gewesen, was seiner Übertragbarkeit deutliche Grenzen setzt.

6. Auffallend ist der unermüdliche *Aktivismus*. Er war nicht nur bestimmt durch die Notwendigkeit, möglichst viel für den Lebensunterhalt zu erwirtschaften; er war auch Bestandteil des pädagogischen Konzeptes selbst. Das Sozialsystem der Kolonie bedurfte offensichtlich hoher Anforderungsenergien, es vertrug keinen routinemäßigen Alltag. Die Gorkij-Kolonie war zunächst in einer ehemaligen zaristischen Fürsorgeerziehungsanstalt untergebracht; dann übernahm sie ein in der Nähe gelegenes Gut. Schließlich zog sie in eine verwahrloste andere Kolonie (*„Die Eroberung von Kurjash"*, Bd. I, S. 445 ff.) ein, um diese pädagogisch zu sanieren; im *„Poem"* nutzt Makarenko diese Gelegenheit, das Desaster einer falschen Sozialerziehung an ihrem Beispiel zu schildern. Der Begriff „Eroberung" ist wörtlich zu verstehen. Seine Vorgesetzten *„bestanden auf einem 'allmählichen Durchdringen'. Sie ... meinten, gute Knaben wirkten veredelnd auf schlechte Knaben. Aber ich wußte bereits, daß selbst die auserlesensten Knaben in brüchigen Organisationsformen des Kollektivs sehr leicht zu Bestien werden"* (Bd. I, S. 447). Deshalb mußte die Übernahme schlagartig erfolgen, bevor die dreihuntert verwahrlosten Zöglinge so recht merkten, was mit ihnen geschah.

Dieser letzte Umzug war wohl auch eine Flucht nach vorn. Ein Zögling hatte sich wegen Liebeskummer erhängt und Makarenko zog Bilanz: *„Alles liegt am Stillstand; im Leben des Kollektivs darf es keinen Stillstand geben ... ja, beinahe zwei Jahre standen wir nun auf einem Fleck; dieselben Felder, dieselben Blumenbeete, diese ewig gleiche Tischlerarbeit und derselbe Kreislauf des Jahres"* (Bd. I, S. 4o7). Deshalb bat er seine Vorgesetzten: *„Für uns ist es hier zu eng geworden, und unsere Arbeit ist hier getan. Ein halbes Jahr noch, und wir sind gemütskrank. Geben Sie uns etwas Großes, damit uns vor Arbeit schwindlig wird"* (Bd. I, S. 410). *„Perspektiven"* entstehen eben immer wieder neu, im Augenblick ihrer Erfüllung müssen sogleich weitere sichtbar werden. Wo man eigentlich Besinnung erwartet, richtet sich der Blick auf weitere Aktivitäten. Nun ist gewiß eine Jugendkommune kein Rentnerclub, und unsere heutige Neigung, schon Kinder zur psychischen Introspektion zu ermuntern, setzt, wenn dies überhaupt vernünftig ist, jedenfalls eine andere Sozialisationslage voraus. Andererseits sind wir schon aus den Erfahrungen der NS-Zeit und dann des SED-Regimes sensibel geworden gegenüber einer politischen Instrumentalisierung jugendlichen Tatendrangs.

Inwieweit dies in der Dzerzinskij-Kommune bereits geschah, ist nach unserer bisherigen Kenntnis schwer zu beurteilen. Unabhängig davon spricht jedoch viel dafür, daß gerade Kinder und Jugendliche in besonderem Maße Aktivitäten benötigen, um ihre Fähigkeiten entfalten zu können.

7. Makarenko hielt die *produktive*, werteschaffende *Arbeit* und deren Organisation für ein zentrales Element seiner Erziehungskonzeption und setzte sich damit deutlich von den in der sowjetischen wie europäischen Reformpädagogik herrschenden Vorstellungen von „Arbeitserziehung“ ab, nach denen Arbeit lediglich ein pädagogisches Mittel war, mit dem eigentlich andere Erziehungsziele erreicht werden sollten; eine ähnliche Auffassung finden wir auch bei Wichern. Makarenkos Kritiker ließen sich deshalb auch vom wirtschaftlichen Erfolg der Gorkij-Kolonie nicht sonderlich beeindrucken. Erziehung war für ihn *Begleitung* eines zunächst einmal unabhängig davon zu organisierenden befriedigenden Alltagslebens, in dem die möglichst produktive Arbeit im Mittelpunkt stand, und sie war Intervention in dieses Leben, wenn es nötig erschien, aber sie sollte es nicht konstituieren. Da andererseits aber die Arbeitszeit insofern begrenzt werden mußte, als ja die Fähigkeiten der Zöglinge dabei entwickelt und nicht verschüttet werden sollten, lag zwischen beiden Anforderungen ein schmaler Grat, der in der Gorkij-Kolonie wohl nicht überschritten wurde, aber spätestens in dem Augenblick, als in der Dzerzinskij-Kommune das Prinzip der Rentabilität eingeführt wurde. Wie Makarenko selbst erleben mußte, geraten dann pädagogische Überlegungen leicht ins Hintertreffen, müssen sich der betriebswirtschaftlichen Logik unterordnen. Pädagogisch begründete und deshalb auch zu begrenzende werteschaffende Arbeit ist unter modernen Marktbedingungen immer subventionsbedürftig, und an der Entwicklung der Dzerzinskij-Kommune läßt sich dieser Übergang ziemlich genau studieren. Würde man also bei uns heute Makarenkos Prinzip realisieren, wäre dafür ein subventionierter Arbeitsmarkt als Ergänzung zum üblichen erforderlich; sonst, nämlich ohne Subvention, könnte sich kein primär pädagogischen oder therapeutischen Zwecken dienendes Unternehmen am Markt halten.

8. In der Dzerzinskij-Kommune stieß Makarenko aber auch noch in anderer Hinsicht an seine Grenzen. Hier entstanden nämlich

Individualisierungsprozesse, die zwar auf einem relativ anspruchsvollen kulturellen Niveau abliefen, aber gleichwohl sich kollektiven Ansprüchen zu entziehen begannen, wobei gewiß eine Rolle spielte, daß diese Kommune nicht mehr nur aus Kolonisten, sondern auch aus Angestellten bestand, die dort teilweise mit ihren Familien wohnten und verständlicherweise ein eigenständiges Privatleben führten.

Die moderne Trennung von kollektiver Arbeit und individualisierter Freizeit setzte ein. In beiden Kolonien achtete Makarenko darauf, daß auch die Freizeit in Kollektiven verbracht wurde, mit Tätigkeiten, die er für pädagogisch wertvoll hielt, wozu vor allem kulturelle Angebote gehörten. Es gab ein großes Blasorchester, ein Theater, eine Bibliothek sowie eine Reihe sachorientierter anderer *„Zirkel"* - also Arbeitsgruppen - , und zweifellos waren die Kolonien ihrer Umgebung nicht nur in wirtschaftlicher, sondern auch in kultureller Hinsicht überlegen.

Aber in die Dzerzinskij-Kommune dringen nun die modernen Medien ein. Regelmäßige Filmvorführungen verdrängen die Laienspielarbeit (Bd. II, S. 120); in den Schlafräumen gibt es nun Rundfunkempfänger. Die Kommunarden waren bestrebt, *„allein zu spielen, sich abzusondern und sich im eigenen Winkel zu schaffen zu machen. Jeder machte das mit fröhlichem Gesicht, summte ein Liedchen dabei und war ausgezeichneter Laune. Es gab keine düstere Stimmung, keine Feindseligkeit den Kameraden gegenüber, und doch stand das persönliche Leben im Vordergrund. Die Rundfunkschwarzhörer hatten sich in ihren Ecken eingerichtet und schwelgten in den von ihnen eingefangenen Tönen ... im Erfinderzirkel machte sich jeder an seinem eigenen Modell zu schaffen, das keine Beziehung zu den Modellen der anderen hatte. Im Bibliothekszirkel vergruben sie sich förmlich in den Büchern..."* Diese Tendenz *„gefiel"* Makarenko *"nicht"* (Bd. II, S. 207).

Solche unscheinbar anmutenden Veränderungen - immerhin war das Fernsehen noch nicht erfunden - bedrohten jedoch, wie er richtig gesehen hat, die ursprüngliche pädagogische Konzeption. Das Auseinanderfallen von reglementierter kollektiver Arbeit und individualisierter Freizeit, ein wichtiges Merkmal gesellschaftlicher Modernität, hatte nicht nur die sich industrialisierende Sowjetunion im allgemeinen erreicht, sondern auch die pädagogische Enklave, und dies um so nachhaltiger, je moderner die Kommune als Wirtschaftsbetrieb wurde. Vielleicht war Makarenko in dem angesprochenen Konflikt, der zu seiner Beschränkung auf die pädagogischen Funktionen und zu seiner Ablösung als Gesamtleiter führte, unter diesem Aspekt sogar der „rückständigere" Partner?

9. Jedenfalls waren die Erziehungskolonien relativ „geschlossene Gesellschaften", und dies war eine wesentliche Voraussetzung für Makarenkos pädagogisches Konzept. Deren Arbeits- und Produktionsorientierung kann nicht darüber hinweg täuschen, daß es sich zumindest insofern doch um „pädagogische Provinzen" handelte, als das Erzieherische als ganzheitliche, keiner wesentlichen Konkurrenz unterliegende Einwirkung gedacht war; es beruhte noch auf nicht-pluralistischen Vorstellungen. Insofern waren seiner Übertragbarkeit auf andere pädagogische Felder von vornherein Grenzen gesetzt. Makarenkos Hoffnung, seine Kolonie-Erfahrungen als Grundmodell für die Erziehung in der sowjetischen Gesellschaft überhaupt verwenden zu können, konnte nicht in Erfüllung gehen, weil die für eine moderne Gesellschaft typischen arbeitsteiligen Ausdifferenzierungen und die damit notwendigerweise verbundenen normativen Pluralisierungen sich nicht mehr in einem einzigen pädagogischen Feld bündeln und als Exempel für alles übrige ausgeben lassen. Schon in seinen Kolonien trennte Makarenko strikt zwischen Schule und Produktion: Die optimale Organisation der Produktion sei etwas ganz anderes als die des Schulunterrichts, und es habe keinen Sinn, beides unter pädagogischen Gesichtspunkten im Stile der „*Komplexmethode*" aufeinander beziehen zu wollen. Die in ihren Zwecken auseinander strebenden Einzelfaktoren der Gesellschaft wie Familie, Schule, Betrieb und politische Organisationen wurden zwar in der Sowjetunion wie auch unter ihrer Führung in den Ostblockländern noch längere Zeit unter dem ideologischen Stichwort der „*sozialistischen Persönlichkeit*" scheinbar zusammengehalten, die sich überall nach denselben Maximen entwikkeln und bewegen sollte, tatsächlich jedoch konnte diese „Persönlichkeit", je mehr die gesellschaftliche Entwicklung fortschritt, um so weniger einfach an einem bestimmten sozialen Ort exemplarisch für alle anderen erzogen werden; vielmehr mußte sie sich zunehmend selbst formen in tätiger und zugleich reflexiver Auseinandersetzung mit unterschiedlichen Erwartungen. Der

nicht-pluralistische Kern dieses pädagogischen Konzeptes setzt seiner Übertragbarkeit auf moderne, westliche Industriegesellschaften deutliche Grenzen; Maßnahmen der Resozialisierung ließen sich selbst mit einem pädagogischen Genie wie Makarenko heute nicht mehr einfach im Stile der Gorkij-Kolonie inszenieren.

10. Unter diesem Aspekt gerät auch Makarenkos Auseinandersetzung mit den „*Pädologen*" in ein neues Licht, wenn wir unter diesem Begriff einmal grob diejenigen damaligen Konzepte zusammenfassen, die auf die psychische Diagnostik und damit auf die Innerlichkeit des Kindes setzten. Makarenko hatte in diesem Konflikt recht und unrecht. Die reformpädagogisch orientierte, individualisierende pädagogische Konzeption der „Pädologen" kam für die Verhältnisse der damaligen Sowjetunion um Jahrzehnte zu früh. Die Lebensverhältnisse, in die die Kinder entlassen wurden, boten wenig Raum für individuelle Autonomie. Die sowjetische Gesellschaft mußte sich erst hinreichend modernisieren, zu einer komplexen arbeitsteiligen werden, um den Menschen auch individuelle Entscheidungsspielräume zugestehen und abverlangen zu können. Den Ansprüchen einer derart individualisierenden Pädagogik hat sich Makarenko nicht mehr stellen müssen, was nicht heißt, daß er der Individualität seiner Zöglinge keine Beachtung geschenkt hätte, wie ihm schon damals zu Unrecht vorgeworfen wurde. Vielmehr war ihm klar, daß angesichts der tatsächlichen Lebensverhältnisse seine Kolonisten nicht ernsthaft etwas wollen konnten, was im Rahmen des Kollektivs keine soziale Resonanz gehabt und sie deswegen innerhalb und erst recht außerhalb der Kolonie zu Außenseitern gemacht hätte; als solche, nämlich als Rechtsbrecher, waren sie ja in die Kolonie gekommen. Vieles spricht dafür, daß die „pädologische" Pädagogik damals zu verheerenden Zuständen gerade auch in den Umerziehungskolonien geführt hat, weil sie auf der Suche nach den jeweils individuellen Ursachen der psychischen Defizienz die notwendigen sozialen Korrekturmaßnahmen nicht ergriff und deshalb die schon vorhandene Verwahrlosung eher noch vertiefte als korrigierte. Makarenkos Spott und Wut über seine pädagogischen Gegner ist deshalb durchaus verständlich, weil er mit deren praktischen Resultaten wiederholt konfrontiert wurde. Seine Kontrahenten sah er deswegen oberhalb der Realität, im „*Olymp*", im „Himmel" angesiedelt.

„'Im Himmel' wurde das Kind als ein Wesen betrachtet, das mit einem besonderen Gasgemisch gefüllt ist, für das man nicht einmal den Namen ausgedacht hatte. ... Es wurde angenommen (Arbeitshypothese), daß dieses Gas die Fähigkeit besitze, sich selbst zu entwickeln, man dürfe es nur nicht stören. Darüber wurden viele Bücher geschrieben, aber alle wiederholten im wesentlichen die Aussprüche Rousseaus: 'Habt Ehrfurcht vor dem Kinde ... ', 'Hütet Euch, der Natur im Wege zu sein'...

Das Hauptdogma dieser Glaubenslehre bestand darin, daß bei einem so ehrfürchtigen und zuvorkommenden Verhalten zur Natur aus dem erwähnten Gas unbedingt eine kommunistische Persönlichkeit entstehen müsse. In Wirklichkeit jedoch wuchs unter diesen reinen Naturverhältnissen, was naturgemäß wachsen mußte: gewöhnliches Unkraut" (Bd. I, S. 591 f.).

Gleichwohl muß gerechterweise hinzugefügt werden, daß der Konflikt zwischen Makarenko und den „Pädologen" zwei Grundrichtungen des pädagogischen Denkens zum Ausdruck bringt, die tatsächlich aufeinander angewiesen bleiben und nur in einer jeweils geeigneten Mischung gemeinsam auf Dauer Erfolg haben können. Die parteioffizielle Verdammung der „Pädologie" im Jahre 1936 hat für Jahrzehnte das pädagogische Denken in der Sowjetunion um seine psychologische Seite verkürzt.

Die pädagogische Beziehung

1. Im Unterschied zur fast pathetischen Väterlichkeit Pestalozzis und der protestantischen Innerlichkeit Wicherns ist der Kern der pädagogischen Beziehung zwischen Erwachsenen und Kindern in der Gorkij-Kolonie nicht auf den ersten Blick zu erkennen. Makarenko lehnte jedenfalls familiäre oder auch nur familienanaloge Konzepte dafür ab. Im Gegenteil sah er in der damaligen Familienerziehung keinerlei pädagogisches Vorbild. Zumindest bis Anfang der 30er Jahre stand er der Familie als Erziehungsinstitution - anders als Wichern, der seine Zöglinge nur ihrem verwahrlosten Familienmilieu entziehen, sie aber zum für intakt gehaltenen bürgerlichen hinführen wollte - grundsätzlich ablehnend gegenüber. Statt dessen setzte er sich für eine Vermehrung der Kinderheime ein, die er für eine weitaus bessere Erziehungsmöglichkeit hielt.

2. An die Stelle der bisher favorisierten familienanalogen Beziehungsstruktur trat bei Makarenko die *Gruppe der Gleichaltrigen.* Die Kinder und Jugendlichen in seinen Kolonien sollten sich nicht wie Geschwister zu einander verhalten, sondern wie (kleine) Genossen, die für einander und miteinander ihr Leben gemeinsam selbst in die Hand nehmen und dafür auch einander Rechenschaft schulden. Dafür wurden geeignete Institutionen geschaffen, in deren Rahmen die gemeinsame Verantwortung sich artikulieren und in Regeln fassen konnte. In diesem Sinne waren die Kolonien Gemeinwesen. Während bei Wichern die Gleichaltrigen und ihre Repräsentanten zur Durchsetzung des Erziehungswillens der erwachsenen Erzieher benutzt wurden und keine eigenständige Legitimation erhielten, waren sie bei Makarenko verantwortliche Subjekte ihres gemeinsamen Lebens. Auf diese Sozialstruktur konnten die Zöglinge nicht von allein kommen, dazu brauchten sie den erwachsenen Erzieher, aber dessen Eingriffe wurden in dem Maße überflüssig, wie das Kinderkollektiv sich stabilisierte und seine erzieherischen Ansprüche selbst geltend machen konnte.

3. Makarenko sah deshalb seine Beziehung zu den Zöglingen *professionell* und stand insofern Rousseau, von dem er im übrigen, wie wir sahen, wenig hielt, näher als Pestalozzi oder Wichern. Der professionelle Erzieher hat demnach zunächst die für die Selbsterziehung produktiven Arrangements zu inszenieren und die Kinder an deren Regeln zu gewöhnen. Dafür sind Rückgriffe auf deren psychologische bzw. biographische Vorentwicklung eher hinderlich, zumal wenn es sich um Rechtsbrecher handelt. Während Wichern diese Rückgriffe lediglich im Umgang der Kinder miteinander zu verhindern trachtete, selbst aber sich von deren Vorleben eine möglichst genaue Kenntnis verschaffte, um seine Einwirkungsmöglichkeiten zu erhöhen, hielt Makarenko gerade bei Kindern nicht die Vergangenheit, sondern deren Gegenwart und Zukunft für die entscheidenden Zeitkategorien: die Gegenwart muß als möglichst befriedigend erlebt werden und die Zukunft muß eine die Kräfte sammelnde Perspektive eröffnen können. Die dafür benötigten Fähigkeiten des Erziehers hielt er für lernbar. Die Pädagogik müsse das Leben und die Bedürfnisse der Kinder zu verstehen und ihre sozialen Beziehungen zu erforschen versuchen, um die „Technik“ pädagogischer Eingriffe ermitteln zu können; sind diese erkannt, können sie anderen, auch

Eltern, vermittelt werden. Makarenko war von der Möglichkeit überzeugt, analog dem optimalen Produktionsprozeß eine pädagogische Technik finden zu können, die es ermöglichen würde, Erziehungsprozesse wie solche der Produktion zu inszenieren und zu steuern. In dieser Fähigkeit bestand für ihn die Grundlage pädagogischer Profession. Andererseits lag ihm die Vorstellung fern, Menschen durch Erziehung im ganzen konditionieren zu können. Erziehung war für ihn *Intervention* in das kindliche Leben, dessen soziale Qualität letztlich ausschlaggebend war; diese sei nicht durch Erziehungsintentionen ersetzbar.

4. Mit dem Verzicht auf familienähnliche Beziehungsstrukturen ist folgerichtig verbunden eine *emotionale Distanz*. Sie schließt Verständnis für die Individualität des Kindes und für seine je persönlichen Sorgen und Schwierigkeiten und auch für seine Gefühle keineswegs aus. Aber diese sind nicht die Basis der erzieherischen Einwirkung. Vielmehr geht es in der Erziehung primär um *soziales Verhalten* und um dessen Unterstützung bzw. Korrektur, nicht um innerpsychische Appelle.

Der Erzieher hat deshalb *Vorbild* zu sein für ein der jeweiligen Situation angemessenes Verhalten, wobei die Angemessenheit sich in erster Linie nach den Bedürfnissen des jeweiligen Kollektivs richtet. Der Erzieher kann deshalb auch keinerlei Privilegien in Anspruch nehmen, alle sozialen, z.B. auch disziplinarischen Regeln gelten für ihn wie für die Kinder. Mit ihnen gemeinsam verfolgt er die Ziele des Kollektivs und ist insofern dessen Teil. Aber das ist nur der sinnfällige Ausgangspunkt. Die Maßstäbe dafür können nicht aus dem Kinderkollektiv selbst abgelesen werden. Sollen sie vielmehr Bestand haben und der Willkür zufälliger Meinungen enthoben sein, müssen sie sich mit den entsprechenden Prinzipien der gesamten Gesellschaft decken, die die Kinder noch nicht kennen können. Dafür brauchen sie den erwachsenen Erzieher, und der muß sie mittels „*pädagogischer Einwirkung*“ im Kinderkollektiv geltend machen. Die Kinder sehen von sich aus nicht über den Tellerrand ihrer unmittelbaren Existenz hinaus und wissen zunächst noch nicht, daß die übergeordneten sozialen Regeln auch ihnen selbst guttun. Darin besteht der Vorsprung des Erziehers vor den Kindern.

Diese rationale Dimension schließt emotionale Komponenten keineswegs aus, aber diese beziehen sich eher auf die Selbstbehauptung und Selbstdarstellung des Kollektivs. Der Erzieher darf zornig sein, wenn er Verletzungen des kollektiven Interesses zur Sprache bringt; das Kollektiv darf und soll sich seiner selbst in ästhetischem Prunk vergewissern. Makarenko beschreibt mehrmals eine Art von Initiationsritus bei der Ankunft neuer Zöglinge: Nachdem sie neu eingekleidet waren, wurden ihre alten Kleider öffentlich verbrannt, - ein Ritual, das wir in anderer Form auch schon bei Wichern kennengelernt haben.

5. Kernpunkt des pädagogischen Handelns war das *Arrangement eines befriedigenden Lebens*, dessen positive Elemente und Perspektiven der Erzieher zu repräsentieren hat. Die materielle Not erleichterte diese Strategie. In diesem Sinne war Makarenkos pädagogisches Konzept weniger ein Erziehungs- als vielmehr ein Sozialisationsprogramm: je stabiler die Kollektive wurden, um so entbehrlicher wurden die Erzieher. Deshalb kam die Dzerzinskij-Kommune, als sie entsprechend entwickelt war, ohne Erzieher aus und beschäftigte nur noch Lehrer. Das gemeinsame Leben mußte spielerische Elemente enthalten, aber auch ernsthafte Aufgaben stellen. *„Der Produktions- und Finanzplan ist der beste Erzieher"*, hielt er deshalb seinen pädologischen Kritikern entgegen. Andererseits verliert der Erzogene bald wieder die Maximen seiner Erziehung, wenn die regulierenden sozialen Stützen des Kollektivs zusammenbrechen. Zumindest Kinder können sie nicht so in ihrer Innerlichkeit verankern, daß sie labile soziale Verhältnisse zu überdauern vermögen. In diesem Punkte unterscheiden sich die Vorstellungen von Wichern und Makarenko fundamental; denn Wichern setzte ja gerade auf die *innere*, religiös motivierte sittliche Stabilität, *damit* der einzelne *unabhängig* von den jeweiligen Zuständen der sozialen Außenwelt seine sittlichen Überzeugungen durchs Leben tragen kann.

6. Abgesehen von dem erwähnten professionellen Vorsprung des Erziehers, der seine spezifische Verantwortung gegenüber den Kindern begründet, sind diese ihm als „kleine Genossen" *gleichgestellt*; sie müssen zwar noch lernen, was sie können sollen, aber davon abgesehen nehmen sie bereits am Leben der Erwachsenen teil. Die Gorkij-Kolonie war insoweit keine pädagogische Provinz, was die Kritiker damals auch monierten. In diesem Punkte ergeben sich Ähnlichkeiten mit der Position von Bosco und Wichern, wo die Gleichrangigkeit von Kindern und Erwachsenen

aus der gemeinsamen Gotteskindschaft resultierte. Makarenko jedoch konnte sich dafür nicht auf eine theologische Deduktion stützen, sondern mußte von einer lebenspraktischen Prämisse ausgehen. Dies machte die Sache aber auch fragil, wie sich spätestens in der Dzerzinskij-Kommune zeigte, wo - wie in der Sowjetunion überhaupt - die formelle Gleichheit von „Genossen" diese keineswegs vor Ausbeutung und Unterdrückung schützte. Wenn diejenigen Maximen, die Erzieher wie Zöglinge gleichermaßen binden sollen, nicht mehr religiös verankert werden können, sondern aus innerweltlichen Vorgaben resultieren, ergeben sich offensichtlich neue, spezifische Gefährdungen.

7. Im Unterschied zu Rousseau, Pestalozzi, Bosco und Wichern ging Makarenko bei seinem pädagogischen Konzept *nicht* von einer gesellschaftskritischen Prämisse aus. Die Revolution hatte neue Verhältnisse geschaffen und die Aufgabe der Pädagogik war, die damit verbundenen neuen Lebenschancen als positiv gestimmte Perspektiven zugänglich zu machen. Insofern konnte - im Unterschied zu Bosco und Wichern - der pädagogische Grundtenor optimistisch und offensiv sein. Es gab zwar noch viele ungelöste Probleme, deren Lösung etwa zwischen Makarenko und seinen „pädologischen" Vorgesetzten umstritten war, und auch Makarenko selbst war noch auf der Suche nach dem „neuen Menschen", den die Erziehung hervorbringen sollte und der die neuen Verhältnisse produktiv zu seinem Nutzen und zum Nutzen aller gestalten würde. Aber es fehlte die bei Wichern und Bosco spürbare Lagermentalität, die Grundstimmung, von mächtigen kulturellen Feinden umgeben zu sein, gegen deren Einflüsse die Kinder immunisiert werden müßten. Im Unterschied dazu standen Makarenkos Zöglinge vor offenen Horizonten und konnten sich - zumindest in den Zeiten der Gorkij-Kolonie - als Subjekte ihres Lebens fühlen, für das zu lernen und zu arbeiten lohnend erschien. Diese lebensoptimistische Grundlage bestimmte verständlicherweise auch die pädagogische Beziehung zwischen Erziehern und Zöglingen als eine gegenwartserfüllte und zukunftsorientierte: sie hatte eine gemeinsame Sache in Form gemeinsamer Aufgaben.

8. Diese Beziehung hatte zwar auch individuelle, beruhte im Kern aber auf kollektiven Dimensionen. Der Erzieher stand nicht je einzelnen Kindern gegenüber, die er als solche zu beeinflussen

trachtete, sondern er war führender Partner der Gemeinschaft und machte seinen pädagogischen Einfluß auf dem Weg über diese geltend. Er tat dies nicht, indem er sich einfach an den Diskussionen der Vollversammlung beteiligte und sein formell gleiches Stimmrecht einbrachte; vielmehr versuchte er, zumindest in wichtigen Fragen die *öffentliche Meinung* in der Kolonie zu beeinflussen, indem er z.B. die Wortführer bzw. die unter den Jungen besonders angesehenen Mitglieder von seinen Ansichten auch schon vor Beginn einer Vollversammlung zu überzeugen versuchte. Nur auf dem Hintergrund einer entsprechenden öffentlichen Meinung unter den Zöglingen versprachen pädagogische Einwirkungen Erfolg.

Individualisierungsprozesse waren in diesem sozialen Rahmen einerseits naturgemäß begrenzt, andererseits aber auch herausgefordert im Sinne besonderer Leistungsfähigkeiten und Begabungen, die etwa durch möglichst hohe Schulbildung und mit dem Zugang zum Studium an der Arbeiter- und Bauernfakultät auch gefördert wurden. In diesem Kontext war die pädagogische Beziehung gekennzeichnet durch eine eigentümliche sachliche Distanz, die - ganz anders als bei Wichern - das Innere der Persönlichkeit unangetastet ließ und sich im wesentlichen auf der Ebene des äußerlich erkennbaren Verhaltens bewegte. Erst nachdem dessen Notwendigkeit eingesehen war, sollte sich auch eine entsprechende innere Einstellung („bewußte Disziplin") ergeben. Makarenkos Aversion gegen psychologisierende Praktiken war also grundsätzlicher Natur und beruhte keineswegs nur auf persönlichen Animositäten.

6. Janusz Korczak: Das Kind als unterdrückter Mensch

Unser nächstes sozialpädagogisches Projekt findet fast zeitgleich mit der Gorkij-Kolonie und doch unter gänzlich anderen Voraussetzungen, Bedingungen und Folgen statt. Unter den Juden des Warschauer Ghettos, die am 5. August 1942 zum Verladeplatz getrieben wurden, um in das Vernichtungslager Treblinka transportiert zu werden, befand sich auch eine Gruppe von etwa 200 Waisenkindern. Unter ihnen konnte man einen alten, von Krankheit gezeichneten Mann in einem zerschlissenen Militärmantel erkennen. Es war Janusz Korczak, der Leiter des jüdischen Waisenhauses, in dem die Kinder bisher gelebt hatten. Ein Angebot von Freunden, ihn mit gefälschten Papieren aus dem Ghetto zu schmuggeln, hatte er abgelehnt; er wollte bis zuletzt bei den ihm anvertrauten Kindern bleiben. Die letzte Eintragung seines Tagebuches, das er seinen Freunden übergab, lautete:

„Ich gieße die Blumen, die armen Pflanzen des Waisenhauses, eines jüdischen Waisenhauses ... ein Posten sieht mir bei dieser Arbeit zu. Ob ihn diese meine friedliche Tätigkeit in früher Morgenstunde wohl reizt oder rührt? Er steht und schaut. Die Beine hat er breit gespreizt. Meine Glatze im Fenster - das wäre ein gutes Ziel. Er hat einen Karabiner bei sich. Warum steht er da und betrachtet mich friedlich? Er hat keinen Befehl. Vielleicht war er in Zivil Lehrer auf einem Dorf, vielleicht Notar, Straßenkehrer in Leipzig oder Kellner in Köln? Was würde er tun, wenn ich ihm zunickte? Ob er wohl freundlich winken würde? Vielleicht weiß er gar nicht, daß er ist, wie er ist? Vielleicht ist er erst gestern von weither hier angekommen ...“ (Korczak 1970, S. 345).

Leben und Werk

Seine Ermordung in Treblinka war keineswegs nur das tragische Ende eines im übrigen allseits anerkannten bürgerlichen Lebens.

Auch vorher schon hatte er unter seiner jüdischen Herkunft zu leiden. Warschau gehörte vor dem Ersten Weltkrieg zum Zarenreich und unterlag rigiden Russifizierungsbestrebungen. Zudem befand sich das Land im sozialen und wirtschaftlichen Umbruch von einer rein agrarischen Gesellschaft zu einer industriellen. Zehntausende armer Landbewohner strömten in die Stadt und suchten dort Arbeit, - die meisten vergeblich. Abgesehen von einer dünnen assimilierten Schicht, zu der auch Korczaks Eltern gehörten, war die jüdische Bevölkerung verarmt, aber gerade deswegen wurde sie von den polnischen Arbeitern als Konkurrenz um die Arbeitsplätze empfunden, und die religiösen Gegensätze - Katholizismus und Judentum - taten ein übriges, die Spannungen aufrecht zu erhalten oder gar zu verstärken.

Mit bürgerlichem Namen hieß Korczak Henryk Goldszmit; er wurde am 22. Juli 1878 oder 1879 - sein Vater verzögerte die Geburtsanmeldung beim Standesamt, so daß Henryk sein genaues Alter nicht wußte - als Sohn eines assimilierten jüdischen Rechtsanwaltes in Warschau geboren. Die Familie war zunächst wohlhabend, verarmte aber dann in Folge einer Geisteskrankheit des Vaters, der sich zudem durch Spielschulden ruiniert hatte, wie sich nach seinem Tod herausstellte. Henryk mußte mit Stundengeben neben dem Studium für sich, seine Mutter und seine Schwester den Lebensunterhalt verdienen. Diese Tätigkeit brachte ihn, der bis zum siebten Lebensjahr wie in seinen Kreisen üblich von Gouvernanten erzogen wurde und die Schule als einen Ort stumpfsinnigen Einpaukens, der Prügelstrafe und des Kasernenhoftons erlebte, in Kontakt mit bürgerlichen Kindern. Außerdem unterrichtete er während seines Medizinstudiums von 1898 bis 1905 Kinder in einem Warschauer Armenviertel. Dabei erwachte sein Interesse am Studium des Kindes und an der Kritik herkömmlicher Erziehungsmethoden. In seinem ersten Roman *Die Kinder der Straße* (1901) (Korczak 1992) schlugen sich seine Erfahrungen mit den armen Straßenkindern nieder. Größere Aufmerksamkeit erregte jedoch das soziale Gegenstück, sein zweiter Roman *Das Salonkind* (1904) (Korczak 1978), der die Schwierigkeiten des bürgerlichen Kindes beschreibt und deutliche autobiographische Züge trägt. Dieser Roman erschien bereits unter seinem Schriftstellernamen *Janusz Korczak*, den er vorher schon nach einer in Polen bekannten literarischen Gestalt als Pseudonym für eine literarische Wettbewerbsarbeit gewählt hatte und unter dem er von nun an leben wird.

Das medizinische Studium bringt ihn in radikale nationalistisch-demokratische und sozialistische Intellektuellenkreise. Er beteiligt sich an der von der zaristischen politischen Polizei verbotenen sogenannten „Fliegenden Universität", deren Vorlesungen in wechselnden Privatwohnungen stattfinden. Von 1904 bis 1910 ist er Arzt an einem Kinderkrankenhaus in einem Warschauer Arbeiterviertel, - unterbrochen durch seine Einberufung als Lazarettarzt im russisch-japanischen Krieg von 1904/5. Durch seine schriftstellerischen Arbeiten bereits bekannt, wird er in den bürgerlichen Salons herumgereicht und kann für die Behandlung reicher Patienten hohe Honorare nehmen, die er der Behandlung armer Kinder zugute kommen läßt.

Seinen Urlaub benutzt er zweimal, um in einer Ferienkolonie als Erzieher mitzuwirken, die von einem jüdischen Wohltätigkeitsverein für die ärmsten Kinder eingerichtet wurde. Seine teilweise desillusionierenden pädagogischen Erfahrungen mit diesen Kindern führen zu einer Entromantisierung seiner Vorstellungen über sie und zu der Vorstellung, versagt zu haben.

„Ich hatte viele Bücher über Kinderpsychologie gelesen. Aber trotzdem stand ich ratlos vor dem Geheimnis der Kollektivseele einer Kindergemeinschaft" (Korczak 1967, S. 243).

Er stellte den Kindern zuviel frei, setzte zu sehr auf ihre Bereitschaft zur Selbstregulierung, indem er ihnen z.B. die Wahl der Schlaf- und Tischplätze freistellte.

Im Jahre 1910 lernte er Stefania Wilczynska kennen, die ebenfalls aus einer wohlhabenden assimilierten jüdischen Familie stammte; sie hatte nach einem nicht abgeschlossenen Biologiestudium sich zur Kindergärtnerin ausbilden lassen und leitete ein jüdisches Waisenhaus in Warschau. Angeblich hatte sie eine Annonce aufgegeben (Vgl. Sachs, S.18), mit der sie einen Kinderarzt für die gesundheitliche Betreuung der Kinder suchte, auf die Korczak antwortete. Jedenfalls gab dieser im Jahre 1911 seine glänzend gehende Arztpraxis auf und übernahm gemeinsam mit „Stefa", wie sie im Heim genannt wurde, das nach seinem Entwurf errichtete jüdische Waisenhaus Dom-Sierot, in das die Kinder nun umzogen. Es existiert heute noch und sein Schicksal werden die beiden bis zum Ende ihres Lebens teilen. Ausschlaggebend für Korczaks beruflichen Wechsel war nicht zuletzt die Erkenntnis, daß die medizinische Hilfe im Krankenhaus dem anschließend sich wieder fortsetzenden Elend dieser Kinder nicht Einhalt gebieten konnte; vielmehr müsse man ihnen in ihrem Alltag befriedigende Möglichkeiten des Verständnisses und der Entfaltung gewähren.

Über seine inneren, persönlichen Motive, sich aus dem Glanz der bürgerlichen Öffentlichkeit in eine praktische Solidarität mit den Allerschwächsten der Gesellschaft zurückzuziehen, nämlich mit Kindern, die zudem noch arm, jüdisch und zudem teilweise Waisen waren, ist kaum etwas bekannt. Korczak selbst spricht über seine persönlichen Motive auch in seinen späteren Erinnerungen nicht. Sicher scheint jedoch zu sein, daß seine soziale Stellung als Jude dabei eine Rolle spielte. Als assimilierter, polonisierter Jude hätte er - wie sich zeigte - zwar durchaus Karriere machen können, aber er hätte nicht wirklich dazugehört, wäre nur ein geduldeter Fremder geblieben; zudem fühlte er sich in dem Milieu nicht wohl, in dem er sich bewegen mußte und wo er bald als kauziger Außenseiter galt. In seinen später im Ghetto verfaßten Erinnerungen beschreibt er, wie er als Kind zum ersten Mal mit seiner jüdischen Abstammung konfrontiert wurde, als er seinen geliebten Kanarienvogel begraben wollte:

„Ich wollte ein Kreuz auf seinem Grab errichten. Das Dienstmädchen sagte, das ginge nicht, weil es nur ein Vogel sei, also etwas weit niedrigeres als ein Mensch. Sogar um ihn zu weinen, sei Sünde. Soweit das Dienstmädchen. Und noch schlimmer war, daß der Sohn des Hausverwalters feststellte, der Kanarienvogel sei Jude gewesen. Ich auch. Ich bin auch Jude, und er - Pole und Katholik. Er würde ins Paradies kommen, ich dagegen, wenn ich keine häßlichen Ausdrücke gebrauchen und ihm immer folgsam im Haus stibitzten Zucker mitbringen würde, käme nach dem Tode zwar nicht gerade in die Hölle, aber irgendwohin, wo es ganz dunkel sei. Und ich hatte Angst in einem dunklen Zimmer. Tod - Jude - Hölle. Das schwarze jüdische Paradies. Es gab genug Grund zum Grübeln“ (Korczak 1970, S. 250 f.)

Auch in seiner Studienzeit wurde er wegen seiner Abstammung verspottet und gehänselt. Er saß gleichsam zwischen den Stühlen. Zu den orthodoxen Juden gehörte er nicht wegen seiner Assimilation und seines polnischen Patriotismus; die patriotischen nationalen Gruppen dagegen kreideten ihm seine jüdische Herkunft an; die Sozialisten, denen er sich eigentlich zugehörig fühlte, verstanden seine intellektuelle Skepsis nicht und monierten, daß er das Problem der ausgebeuteten Kinder nicht mit revolutionären Theorien verband. Nach dem Ersten Weltkrieg wurde der Antisemitismus zu einer fast offiziellen politischen Ideologie im nationalistischen Polen. Hinzu kamen persönliche Umstände; er fürchtete Zeit seines Lebens, wie sein Vater geisteskrank zu werden, und zudem blieben ihm die Spielregeln des öffentlichen Auftretens immer fremd. In gewisser Weise war die Welt der Kinder seine soziale Nische, in der er sich zu Hause fühlte. *„Ich bin deshalb Erzieher geworden, weil ich mich unter Kindern immer am wohlsten gefühlt habe"* (zit. n. Lifton, S. 85).

Im Ersten Weltkrieg wird Korczak als Chefarzt eines Lazaretts in die russische Armee einberufen. In Kiew, wo er sich längere Zeit aufhält, lernte er Maryna Falska, eine Polin, kennen, die dort ein Kinderheim leitete und die nach ihrer Rückkehr 1919 in Warschau ein Waisenhaus für *polnische* Kinder gründet, das *Nash Dom*, für das Korczak nun ebenfalls arbeitete. Seine Vorstellung, ein gemeinsames Waisenhaus für polnische *und* jüdische Kinder zu betreiben, war damals wegen der religiösen Gegensätze undurchführbar.

In diesem Jahr 1919 stirbt seine Mutter an Typhus, während er selbst, ebenfalls an der Seuche erkrankt, im Fieber liegt; er hatte sich unvorsichtig infiziert und sich in die Wohnung seiner Mutter zurückgezogen, um die Kinder im Waisenhaus nicht anzustecken. Wegen seiner Schuldgefühle wird er depressiv und trägt sich mit Selbstmordgedanken.

Während des Kriegsdienstes entsteht das Manuskript zu seinem ersten pädagogischen Buch mit dem Titel *Wie man ein Kind lieben soll*, das 1918 erscheint. Es enthält u.a. die berühmt gewordene „Magna Charta des Kindes".

„Ich fordere die Magna Charta Libertatis, als ein Grundgesetz für das Kind. Vielleicht gibt es noch andere - aber diese drei Grundrechte habe ich herausgefunden:

1. Das Recht des Kindes auf seinen Tod,
2. das Recht des Kindes auf den heutigen Tag,

3. das Recht des Kindes, so zu sein wie es ist"
(Korczak 1967, S. 40).

Die zunächst etwas verblüffende Formulierung vom Recht des Kindes auf seinen Tod meint die aus der Überängstlichkeit der Eltern resultierende Warnung vor allem, was gefährlich sein könnte.

„Wahr scheint mir ... zu sein, daß ein Kind umso ungünstigere Bedingungen für seine körperliche und geistige Entwicklung vorfindet, je mehr eine Mutter aus vermögenden Kreisen durch den Gedanken an einen möglichen Tod des Kindes erschreckt wird. Wie oft habe ich in einem mit weißer Ölfarbe gestrichenen Zimmer inmitten von weiß lackiertem Gerät, weiß gekleidet und von weißem Spielzeug umgeben, ein blasses Kind gesehen, und ich habe dabei quälend empfunden: in diesem unkindlichen Zimmer, das eher einem Operationssaal gleicht, muß ja eine blutleere Seele in einem blutarmen Körper aufwachsen" (Korczak 1967, S. 41).

Solche Überängstlichkeit betrügt das Kind folgerichtig auch um sein Recht auf den heutigen Tag.

„'Lauf nicht so, du gerätst noch unter die Pferde. Lauf nicht, denn du kommst ins Schwitzen. Lauf nicht, denn du machst dich schmutzig. Lauf nicht, denn mir tut der Kopf weh!' ... Diese ganze monströse Maschine ist Jahr für Jahr in Tätigkeit, um den Willen zu zerstören, die Energie zu zermahlen und die Lebenskraft des Kindes in Rauch aufgehen zu lassen. Um der Zukunft willen wird gering geachtet, was es heute erfreut, traurig macht, in Erstaunen versetzt, ärgert und interessiert. Für dieses Morgen, das es weder versteht noch zu verstehen braucht, betrügt man es um viele Lebensjahre. 'Kinder und Fische haben keine Stimme. - Du hast Zeit, warte, bis du groß bist ...' Und das Kind denkt: 'ich bin nichts - aber was sind die Erwachsenen! Nun bin ich schon ein bißchen älter und immer noch nichts. Wieviel Jahre soll ich noch warten? Wenn ich nur erst erwachsen wäre ...'. Es wartet und lebt so vor sich hin, es wartet und kann nicht frei atmen, es wartet und erwartet etwas, es wartet und schluckt seinen Speichel. Die schöne Kindheit - nein, sie ist nur langweilig; und wenn es ein paar schöne Augenblicke gibt, dann sind sie ertrotzt und öfter noch erlistet" (Korczak 1967, S. 45 f.).

Und im Vergleich dazu das weniger behütete Dorfkind:

„Andreas, das Dorfkind, kann schon laufen. Es hält sich am Türrahmen fest und steigt vorsichtig über die Schwelle aus dem Zimmer in den Hausflur. Von dort krabbelt es auf allen Vieren über zwei Steinstufen ins Freie. Vor der Hütte begegnet ihm die Katze: Sie starren einander ein Weilchen an und wenden sich dann wieder ab. Andreas stolpert über eine kleine Unebenheit, hält inne, schaut sich um. Er findet ein Stöckchen, hockt sich hin und stochert im Sand herum. Da liegt ein Stück Kartoffelschale, er steckt es zwischen die Zähne, verzieht das Mäulchen, spuckt und wirft das erdige Zeug fort. Wieder auf seinen Beinen, stößt er im Laufen mit dem Hund zusammen, der ihn rücksichtslos umwirft. Schon will er losheulen, aber nein: da fällt ihm etwas ein und er schluchzt bloß. Die Mutter geht Wasser holen; er hält sich an ihrem Rock fest und läuft schon sicherer. Ein paar ältere Kinder mit einem Wägelchen; er guckt: Sie jagen ihn weg, er bleibt abseits stehen und schaut wieder hin. Zwei Hähne kämpfen miteinander, er schaut zu: Die Kinder setzen ihn in das Wägelchen, ziehen los und werfen es um. Die Mutter ruft. Das ist die erste halbe Stunde von den insgesamt 16 Stunden des Tages. Niemand sagt ihm, daß er ein Kind ist; er fühlt selbst, was über seine Kräfte geht. Niemand sagt ihm, daß die Katze kratzt und daß er die Stufen noch nicht aufrecht hinabsteigen kann. Niemand erklärt ihm sein Verhältnis zu älteren Kindern" (Korczak 1967, S. 47 f.).

Das dritte Grundrecht des Kindes, nämlich so sein zu dürfen, wie es ist, wendet sich gegen alle Erziehungspraktiken, die das Kind an äußeren Normen messen wollen, etwa an den Wunschbildern der Eltern oder an den vermeintlichen Fortschritten anderer Kinder, oder auch an den Meinungen der Nachbarn.

Um diese drei Grundrechte gruppieren sich die weiteren Rechte, die ein Kind als Kind für sich beanspruchen kann: z.B. das Recht darauf, daß sein Sprechen ernst genommen wird; daß seine Bemühungen, die Welt zu entdecken, nicht verlacht werden; daß seine Gefühle: Trauer, Schmerz, Freude, Enttäuschung, die erste zaghafte Liebe, unbedingte Achtung finden. Genau genommen fordert Korczak für das Kind dieselben Rechte, die auch ein Erwachsener für sich beanspruchen würde - nur daß sie für das mit der harten Arbeit des Aufwachsens beschäftigte Kind meist eine noch größere Bedeutung haben, weil es die Verweigerung dieser Rechte in der Regel weniger gut als die Erwachsenen kompensieren kann.

In dieser ersten bedeutenden pädagogischen Veröffentlichung Korczaks tritt auch bereits die Methode seiner Analysen deutlich hervor. Sie besteht aus einer Kombination von genauer Beobachtung und hochentwickeltem Einfühlungsvermögen ins Detail. Diese detaillierte und individualisierende Einfühlung läßt es ihm unmöglich erscheinen, seinen Lesern irgendwelche pädagogischen Rezepte anzutragen, würde dies doch die Subsumption einmaliger Situationen und menschlicher Zustände unter irgendwelche allgemeinen Regeln und Gesetze bedeuten. Selbst das an der kindlichen Entwicklung, was exakt meßbar ist, nämlich die Zunahme des Gewichts und des Körperwuchses - und Korczak hat dies an seinen Zöglingen immer wieder akribisch gemessen und protokolliert - bestätigt ihm nur den individuellen Charakter des Heranwachsens: Man kann zwar Durchschnittswerte errechnen, aber es heißt gar nichts, wenn diese im Einzelfalle unter- oder überschritten werden.

Ferner berichtet das Buch von der pädagogischen Praxis des Autors in den Ferienkolonien und im Waisenhaus. Ähnlich wie Makarenko sein „Pädagogisches Poem“ mit einem Seufzer über die Unzulänglichkeit der pädagogischen Wissenschaft für die Praxis begann, warnt auch Korczak seine jungen Kollegen vor der Scheinsicherheit der Fachliteratur, indem er auf seinen eigenen Weg hinweist:

„Nicht ohne Mühe und nicht ohne Schmerz habe ich ihn gefunden, und auch erst dann, als ich begriffen hatte, daß alle Bücher, die ich studiert hatte, daß die Erfahrungen anderer und fremde Meinungen trügerisch waren. Verleger drucken manchmal goldene Worte großer Geister; wieviel nützlicher wäre es doch, eine Sammlung von irrigen Meinungen zu veröffentlichen, die von den Klassikern der Wahrheit und der Wissenschaft verkündet worden sind“ (Korczak 1967, S. 151 f.).

Korczak schreibt jedoch nicht nur für Erzieher über Kinder, sondern auch für diese selbst. Im Waisenhaus war er bekannt für seine phantasiereichen Geschichten und Erzählungen. Über seine Erfahrungen in den Ferienkolonien erzählt er in den Büchern *Die Mojsches, Joscheks und andere Lausbuben* (1910) und *Von den Joscheks, Jascheks und Franeks* (1911) (in: Korczak 1973). In den Jahren 1922 und 1923 erscheint seine Geschichte vom König Hänschen in zwei Teilen, unter dem Titel *König Hänschen I* und *König Hänschen auf der einsamen Insel.*

Im ersten Band erbt Hänschen als Kind den Thron seines Vaters. Die Nachbarstaaten nutzen die Gelegenheit zu einem Krieg. Hänschen kämpft als unerkannter Kindersoldat mit. Nach dem Sieg verzeiht er großzügig seinen Feinden und will Reformen einführen: Nicht nur die Erwachsenen sollen ihr Parlament haben, sondern auch die Kinder. In ihrem Parlament bringen die Kinder ihre Klagen gegen die Erzieher vor, aber auch ihre Vorurteile und Zänkereien gegeneinander. So wollen sie die Mädchen abschaffen, weil sie immer petzen, und die ganz kleinen Kinder, weil sie auf diese immer aufpassen müssen. Eines Tages beschließen sie, die Rollen der Kinder und der Erwachsenen auszutauschen: Die Erwachsenen sollen zur Schule gehen und lernen, die Kinder die Arbeit der Erwachsenen übernehmen. Ein Journalist, der sich Hänschen als Berater aufgedrängt hat, umgarnt ihn mit trügerischen Illusionen. Erst ein befreundeter König zeigt ihm, daß sein Land heruntergewirtschaftet und jedem Angreifer wehrlos ausgeliefert ist. Der journalistische Berater entpuppt sich als feindlicher Spion, der nun bei den Nachbarkönigen gegen Hänschen intrigiert, weil dieser angeblich eine Kinder-Internationale unter seiner Führung gründen wolle. Es kommt zum Krieg, Hänschen wird schnell besiegt, erst zum Tode verurteilt und dann zur Verbannung auf eine einsame Insel begnadigt.

Im zweiten Band soll Hänschen auf die einsame Insel verbannt werden. Ihm gelingt jedoch die Flucht. Unerkannt gelangt er in seine Hauptstadt zurück, wo eine hohe Belohnung auf seinen Kopf ausgesetzt ist. Er stellt sich der Versammlung der Könige, enttäuscht jedoch von den endlosen Zänkereien und vom Verhalten seiner Freunde und der Kinder geht er freiwillig auf eine einsame Insel.

„Ich habe gedacht, die Kinder sind gut und nur unglücklich. Dabei sind die Kinder böse. ... Ich auch. Ich bin böse und undankbar. Solange ich noch Furcht vor den Ministern, dem Zeremonienmeister, meinem Erzieher und allen möglichen anderen Leuten hatte, war ich folgsam. Sowie ich aber wirklich König wurde, habe ich eine Dummheit nach der anderen gemacht, und nun muß ich eben darunter leiden. Aber nicht nur ich leide darunter, sondern viele Menschen, die ganz unschuldig sind" (Korczak 1971, S.67).

Auf der Insel will er in Ruhe über alles nachdenken. Bald flieht er jedoch, der Bosheiten seiner Wachmannschaft und der Einsamkeit überdrüssig, zu den schwarzen Menschenfressern, die seine

Freunde geworden sind. In einem mit den weißen Königen geführten Krieg sind jedoch nur die Kinder übriggeblieben, die nun in einem großen Lager vom Hungertod bedroht sind. Hänschen setzt sein Leben aufs Spiel, indem er sich zu den Weißen durchschlägt, um Hilfe zu holen. Eine Solidaritätsaktion rettet die schwarzen Kinder, aber der junge König, Hänschens Hauptfeind schon im ersten Band, läßt ihn entführen und in ein Straflager bringen. Vor der dort herrschenden Brutalität schützen ihn einige gutgesinnte Menschen, die ihm auch zur Flucht verhelfen. Auf seinen Thron zurückgekehrt, schreibt er seinem Feind, dem jungen König, einen Brief, um Frieden zu schließen.

„*Obwohl der junge König mir viel Böses wünscht, bin ich ihm nicht böse. Ich habe viel gelernt und viel verstanden. Ich will mich nicht rühmen, muß aber sagen, daß ich zwar der kleinste König bin, aber mehr weiß als so mancher Erwachsene. Denn Kinder sind nicht dümmer als die Erwachsenen, sie haben nur keine Erfahrung. Daher bin ich dem jungen König sogar dankbar, weil ich durch ihn Erfahrung gewonnen und meinen Willen gestählt habe. Der junge König kennt die Generäle, aber ich kenne auch die Soldaten, er kennt die ordentlichen Menschen, ich habe auch die Verbrecher kennengelernt, der junge König kennt die Erwachsenen, ich kenne auch die Kinder. Der junge König kennt das Volk, wenn es sich vor ihm verbeugt und 'Vivat' ruft, ich aber weiß, wie es lebt und arbeitet, wie es sich streitet und wieder verträgt, wie es ein Waisenkind in Schutz nimmt*“ (Korczak 1971,S. 170).

Es gelingt ihm, den Frieden wiederherzustellen. Nun verzichtet er endgültig auf seinen Thron, um als einfacher Arbeiter in einer Fabrik zu arbeiten, wo er tödlich verunglückt, als er seinem Freund helfen will.

Dieser Kinderroman ist sehr stark von autobiographischen Zügen durchsetzt, und er verarbeitet Korczaks pädagogische Prinzipien und Kritiken. Mit auch Kindern verständlicher Ironie werden die Fehler und Schwächen der Erwachsenen dargestellt, so wenn etwa der Leiter eines Waisenhauses sich aufplustert:

„*Meine Herrschaften, ich bin ein gelehrter Erzieher, ich habe viele kluge Bücher über Kinder geschrieben. Eins trägt den Titel: 365 Arten, den Kindern das Lernen abzugewöhnen. Dann habe ich ein zweites Buch geschrieben: Was ist besser, Blech- oder Hornknöpfe? Mein drittes pädagogisches Buch heißt: Die Schweinezucht in den Internaten. - Sie müssen nämlich wissen, daß überall dort, wo es viele Kinder gibt, große Mengen von Kartoffelschalen und Abwaschwasser anfallen. Und das darf doch nicht verkommen. In meinem Internat wird selbst aus einem ganz mageren Ferkel ein ausgezeichnetes Schwein. ... Ich brauche ein Kind nur einmal anzuschauen, dann weiß ich, was es wert ist"* (Korczak 1971, S.41).

In einfachen Situationsschilderungen werden den Kindern politische Zusammenhänge erklärt und ihre eigenen Vorurteile und Bosheiten anschaulich vorgehalten. Die Kriege, in die Hänschen verwickelt wird, sind nur die unmittelbare Folge menschlicher Bosheit und deren wichtigste Manifestation.

Im Jahre 1924 erscheint *Der Bankrott des kleinen Jack* - das einzige Buch, das zu Lebzeiten des Autors (1935!) ins Deutsche übersetzt wurde (Korczak 1972). Jack lebt als Schüler der 3. Klasse in New York, - scheu, zurückhaltend und Anerkennung suchend; diese stellt sich ein, als er die Leitung einer Bibliothek in seiner Klasse übernimmt. Das Projekt erweitert sich zu einem Gemeinschaftsladen für Kinder. Aber eines Tages droht der Bankrott, der jedoch dank der Hilfe seiner Eltern, der Lehrer und der Klassenkameraden verhindert werden kann. Es folgen u.a. *Wenn ich wieder klein bin* (1925) (Korczak 1973), *Das Recht des Kindes auf Achtung* (1928) (Korczak 1970) und *Die Regeln des Lebens. Eine Anleitung zur Erziehung für junge Menschen und für Erwachsene"* (1930) (in Korczak 1970). Immer geht es Korczak darum, die Probleme, Schwierigkeiten und Rechte und nicht zuletzt die gedanklichen Fähigkeiten der Kinder ernstzunehmen.

Der Titel der Schrift *Die Regeln des Lebens* geht auf die Bemerkung eines Jungen zurück: Die Kinder hätten viel Kummer, weil sie die Regeln des Lebens nicht kennen. Nur manchmal würden die Erwachsenen sie einem in Ruhe erklären, aber meistens seien sie kurz angebunden und ungeduldig. So entschließt sich Korczak, einige solcher Regeln aus der Umwelterfahrung des Kindes abzuleiten und zu belegen.

Nach dem Ersten Weltkrieg erhielt Polen wieder seine Unabhängigkeit, was überall im Land große Begeisterung hervorrief, aber auch erhebliche Schwierigkeiten praktischer Art zur Folge hatte. Die früheren Teilungen hatten ihre Spuren hinterlassen. *„Es gab vier verschiedene Rechtssysteme, sechs verschiedene Währungen und drei Eisenbahnsyteme, deren unterschiedliche Schienengrößen die Verbindungen symbolisierten, die noch herzustellen waren, wenn das Land wirklich vereint werden sollte"* (Lifton, S. 135). Der Patriot Korczak engagierte sich auf seine Weise, indem er in einer Zeitschrift eine Kolumne *Was geschieht auf der Welt?* übernahm, in der er den Kindern die politischen Veränderungen zu erklären versuchte. Sie wurde so erfolgreich, daß Lehrer sie als Unterrichtsmittel für die Erklärung politischer Zusammenhänge verwandten.

Ab 1926 gibt Korczak für die zionistische Zeitung *Unsere Rundschau* eine freitags erscheinende Kinderbeilage *Kleine Rundschau* heraus, in der er selbst, vor allem aber auch Kinder zu Wort kommen. Auch dieses Unternehmen entwickelte sich erfolgreich. In wenigen Wochen kamen hunderte von Zuschriften aus dem ganzen Land. Innerhalb eines Jahres wurde die Beilage von zwei auf vier Seiten erweitert, und sie konnte sich auf zweitausend Kinderkorrespondenten stützen. Die besten Schreiber wurden nach Warschau zum Kinobesuch eingeladen. Aber der Erfolg wurde auch kritisiert: Rechtschreibfehler und Grammatik wurden ebenso moniert wie Eitelkeiten der kleinen Autoren. Korczak gab die Redaktion 1930 an seinen damaligen Sekretär Ivor Newerly ab mit der Begründung, jüngere Leute müßten die Sache nun übernehmen.

Korczak hat mehrere Reisen unternommen, u.a. 1906/7 für ein Jahr nach Berlin, wo er fürsorgerische und kinderärztliche Einrichtungen z.B. an der Charité besuchte, ferner nach England, Paris und Zürich. Immer ging es ihm im wesentlichen darum, seine pädagogischen und medizinischen Kenntnisse zu erweitern.

Zwei Reisen unternahm er 1934 und 1936 auch nach Palästina. Dem Zionismus gegenüber blieb er skeptisch, aber er bewunderte die Aufbauleistung der jüdischen Einwanderer und Siedler. Er spielte mit dem Gedanken, selbst dorthin auszuwandern, zumal der Antisemitismus in Polen Mitte der Dreißiger Jahre nach dem Tode des ersten polnischen Staatspräsidenten Pilsudski (1935) sich erheblich verstärkt hatte. Ein Jahr zuvor war die rechtliche Gleichstellung der Minderheiten, u.a. auch der Juden, wieder aufgehoben worden. Korczak bekam diese Entwicklung auch selbst zu spüren.

Im polnischen Rundfunk hatte man ihm 1934 eine 15 minütige Sendereihe angeboten, die er aber mit Rücksicht auf die antisemitische Stimmung im Lande nur unter dem Pseudonym *Der alte Doktor* gestalten konnte (in Korczak 1970). Als seine wahre Identität herauskam, mußte er die Sendung 1936 beenden, obwohl sie sehr erfolgreich war. Zudem wurde ihm der Gutachterposten am Jugendgericht entzogen, den er zur Verteidigung von Kindern genutzt hatte. Schließlich endete auch unter nicht ganz geklärten Umständen seine Mitarbeit an dem erwähnten polnischen Waisenhaus Nasz Dom. Maryna Falska war zwar selbst nicht antisemitisch, mußte aber entsprechende Rücksichten nehmen. Zudem verschärften sich pädagogische Meinungsverschiedenheiten. Sie hielt nicht für richtig, daß die Kinder über sich und das Verhalten der Erzieher abstimmen sollten und daß es ihnen erlaubt war, Erwachsene vor dem Kindergericht anzuklagen,- wovon noch die Rede ein wird. Maryna belohnte lieber die Kinder für gutes Betragen. Beide blieben jedoch einander freundschaftlich verbunden, und Maryna hielt für ihn einen falschen Paß bereit, um ihn aus dem Ghetto herauszuholen. Jedenfalls war Korczak in dieser Zeit deprimiert und zweifelte, ob sein Entschluß, sich fremden Kindern zu widmen und auf eigene zu verzichten, richtig gewesen sei. Zudem hatte er die Hoffnung aufgegeben, daß die Juden in Polen eine Chance zur Integration erhalten würden. Er hatte die Vorbereitungen für seine Auswanderung weitgehend abgeschlossen, zögerte sie aber immer wieder hinaus; schließlich schuf der deutsche Einmarsch in Polen am 1. Sept. 1939 neue Fakten.

Am 30. Nov. 1940 mußte das jüdische Waisenhaus *Dom Sierot*, dessen Leiter er immer noch war, in das von den Deutschen errichtete Ghetto umziehen. Die Zeit bis zu seiner und der Kinder Deportation und Ermordung am 5. August 1942 nutzte er u.a. zur Abfassung seiner Erinnerungen. Das Leben im Ghetto war geprägt von einer zunehmenden Verelendung und dem unermüdlichen Kampf gegen den Hunger, aber auch von Versuchen, den Alltag der Kinder so gut und so freundlich wie möglich zu gestalten. Bald ließ Korczak sie nicht mehr aus dem Haus, schon um sie vor Seuchen zu schützen.

Das jüdische Waisenhaus „Dom Sierot"

Korczaks Pädagogik im Waisenhaus ist ohne die schon erwähnte „Stefa" nicht denkbar. Er war zwar der offizielle Leiter, von dessen pädagogischen Ideen die Arbeit lebte, aber Stefa war der ruhende Pol, zuständig für Ordnung, Stabilität und die alltäglichen Besorgungen. Offiziell fungierte sie als Hauswirtschaftsleiterin und stellvertretende Leiterin. Da sie im Unterschied zu Korczak kaum schriftliche Aufzeichnungen hinterlassen hat, bleibt sie in seinem Schatten. Aber man darf davon ausgehen, daß sie, die während einer Reise nach Zürich Maria Montessori kennengelernt hatte und von deren pädagogischen Vorstellungen sehr beeindruckt war, schon durch die tägliche Verantwortung einen wesentlichen Einfluß auch auf das pädagogische Konzept hatte. In den Jahren des Ersten Weltkriegs, als Korczak wegen seines Militärdienstes nicht zur Verfügung stand, hatte sie ohnehin die Gesamtverantwortung. Sie war es, der die Kinder täglich begegneten, während Korczak sich nur an einigen Tagen der Woche im Hause aufhielt, weil er ja auch noch im Nash Dom der Maryna Falska tätig und im übrigen darüber hinaus auch durch seine publizistischen Arbeiten in Anspruch genommen war. Stefa schuf Regeln für den täglichen Ablauf und ritualisierte sie, übertrug den Kindern Aufgaben, richtete tägliche Ordnungsdienste ein, leitete zur Hausarbeit an, kümmerte sich um die Schulaufgaben, versorgte und tröstete die Kranken. Später im Ghetto, als Korczaks Gesundheitszustand sich mehr und mehr verschlechterte, übernahm sie in diesem Maße faktisch auch die Gesamtverantwortung. Sie war in den dreißiger Jahren dreimal in Palästina, allerdings nie gleichzeitig mit Korczak, weil einer von beiden ja im Waisenhaus bleiben mußte, und stand zionistischen Ideen wohl näher als dieser. Sie hoffte, mit ihm und den Kindern dorthin auswandern zu können, und hätte, als die Lage sich 1939 zuspitzte, durchaus dort bleiben können, kam aber, um Korczak nicht allein zu lassen, im April 1939 zurück (Vgl. Sachs).

Das pädagogische Konzept des Waisenhauses beruhte im wesentlichen auf den schon erwähnten Rechten des Kindes, wie Korczak sie immer wieder, vor allem aber in *Wie man ein Kind lieben soll* und *Das Recht des Kindes auf Achtung* formuliert hat. Man muß sich vergegenwärtigen, daß es in Polen damals so gut wie keine staatliche Kinderwohlfahrt gab. Alles, was nötig war, mußte von privaten Organisationen getan und auch finanziert werden. Daraus folgte u.a., daß die Mittel immer knapp waren, aber auch, daß es kaum pädagogische Konzepte gab, die auf die Bedürfnisse von Kindern zugeschnitten waren. Wenn Kinder überhaupt eine Chance des außerfamiliaren Aufwachsens bekamen, dann beschränkte sich diese Aktivität im wesentlichen auf deren notdürftigste Versorgung und äußere Disziplinierung. Für gebildete Menschen wie Korczak und Stefa konnte dies durchaus eine Herausforderung bedeuten, nämlich pädagogisches Neuland zu betreten. Insofern überrascht nicht, wenn für viele pädagogisch interessierte moderne Geister das *Dom Sierot* als Experimentierfeld einer neuen Sozialpädagogik angesehen wurde. Seit etwa der Jahrhundertwende hatten Gedanken der Reformpädagogik, wie sie schon bei Makarenko eine Rolle spielten, internationale Verbreitung gefunden. Sie basierten im wesentlichen auf der Würde des einzelnen Menschen, auf der Achtung vor ihm und seiner Anerkennung als einmaliger Persönlichkeit, auf Werten also, die auch schon dem Kind zugeschrieben werden sollten.

Als die Kinder aus dem alten, ärmlichen Waisenhaus in das neue, daran gemessen komfortable, z.B. mit Elektrizität, Zentralheizung und fließendem Wasser ausgestattete und eigens für sie errichtete *Dom Sierot* im Jahre 1911 umzogen, begann wider Erwarten das schwierigste Jahr für Korczak und Stefa.

„Das Haus hätte im Juli fertig sein sollen, es war im Oktober noch nicht vollendet. Und dann kamen an einem dämmerigen, regnerischen Nachmittage mit großem Tumult, erkältet, erregt, müde, mit Stöcken und Knüppeln bewaffnet, die Kinder aus ihrer ländlichen Umgebung in das noch von den Handwerkern angefüllte Gebäude. ... Ich rechnete damit, daß die Kinder in der neuen Unterkunft, unter den neuen Lebensbedingungen und einer verständnisvollen Betreuung sofort auch die neuen Regeln ihres Zusammenlebens annehmen würden. Aber sie sagten mir den Kampf an, noch bevor ich mir über die Situation im klaren werden konnte. Ich hatte geglaubt, meine Erfahrungen in den Sommerkolonien würden mich vor Überraschungen schützen. Ich hatte mich geirrt...

Meinen Forderungen begegneten die Kinder mit bedingungslosem Widerstand, den man mit Worten nicht zu brechen vermochte, und Zwang konnte ihre Abneigung nur noch verstärken. Das neue Haus, von dem sie ein ganzes Jahr lang geträumt hatten, wurde ihnen verhaßt".

Der Wechsel wirkte offenbar wie ein Kulturschock, und die Kinder sehnten sich nach den alten Verhältnissen zurück, in denen sie sich irgendwie eingerichtet hatten.

„In der mangelnden Ordnung, in dem zigeunerhaften Elend ihrer Lebensbedingungen und bei der Dürftigkeit der vorhandenen Mittel war ein Betätigungsfeld für ihre freie Initiative vorhanden gewesen: es hatte den Aufschwung von einzelnen Anstrengungen, allerdings nur für kurze Dauer, gegeben, die Phantasie eines überschäumenden Mutwillens, die Bravour eines Kraftaktes, die Notwendigkeit kameradschaftlichen Verhaltens und die Sorglosigkeit im Blick auf den morgigen Tag. Dank der Autorität einiger weniger hatte es hin und wieder Ordnung für kurze Zeit gegeben. Hier nun sollte eine dauerhafte Ordnung kraft einer unpersönlichen Notwendigkeit herrschen" (Korczak 1967,S. 282 f.).

Unter diesen Bedingungen erlahmten auch die früheren Tonangeber unter den Kindern, mit deren Mithilfe Korczak besonders gerechnet hatte. Die Reinigungswerkzeuge, die nun zur regelmäßigen Benutzung vor den Zimmern standen, wurden verachtet, obwohl Korczak ihren Gebrauch dadurch schmackhaft zu machen versuchte, daß er sie in den Rang von „Kunstwerken" erhob.

Erst allmählich im Laufe eines ganzen Jahres glätteten sich die Wogen, und die pädagogische Arbeit konnte sich konsolidieren. Verschärft wurde die Anfangsphase noch dadurch, daß in kurzer Zeit neben den 50 Kindern, die aus dem alten Waisenhaus übernommen wurden, weitere 50 aufgenommen wurden. Jeder frei werdende Platz wurde neu besetzt, und das waren etwa 20 pro Jahr. Frühestens mit 7 Jahren kamen die Zöglinge - Jungen und Mädchen - ins Haus und mit 14 Jahren mußten sie es wieder verlassen.

Wurde ein Kind ins *Dom Sierot* aufgenommen, dann war das ein Privileg angesichts seiner sonstigen Perspektiven und keineswegs Zeichen einer Diskriminierung, wie sie unserem Begriff der „Jugendhilfe" immer noch anhaftet. Über die Aufnahme entschied Korczak selbst. Behinderte und emotional gestörte Kinder schieden grundsätzlich aus. Die Zöglinge kamen aus dem jüdischen Proletariat und Subproletariat, waren entweder Waisen oder Halbwaisen oder kamen aus Familien, die z.B. wegen der großen Kinderzahl zur Erziehung nicht in der Lage waren. Aus jeder Familie wurde jedoch nur *ein* Kind aufgenommen. Wegen der von

Läusen ausgehenden Typhusgefahr wurden die Neuen beim Eintritt ins Heim kahl geschoren, - was vor allem Mädchen als demütigend empfanden; der Arzt Korczak tröstete zwar in solchen Fällen, konnte jedoch von der Entscheidung mit Rücksicht auf alle anderen nicht abweichen.

In den ersten drei Monaten hatte jedes Kind einen „Beschützer" zur Seite, ein älteres Kind, das ihm half, sich zurechtzufinden, und das auch die Verantwortung für den Neuling übernahm.

Nach einem Monat wurde mit drei Stimmkarten über einen Neuling abgestimmt, die mit einem Plus, einem Minus oder einer Null versehen waren. Auf diese Weise wollte Korczak die soziale Verantwortung der Kinder stärken, aber vor allem auch selbst einen Eindruck vom Neuling erhalten; denn vom Urteil der Kinder hielt er sehr viel, es gab ihm die Möglichkeit, einzelnen zu helfen. Nach sechs Monaten wurde erneut abgestimmt und danach einmal pro Jahr.

Der Tagesablauf war streng gegliedert. Korczak war davon überzeugt, daß eine präzise Struktur für Kinder von hohem Wert sei, solange sie ausreichend Freiraum hatten, zumal seine Zöglinge aus recht ungeordneten Verhältnissen kamen.

„Das Haus lief ab wie ein Uhrwerk. Für Korczak hatte die Uhr den gleichen wichtigen Stellenwert wie Waage und Thermometer. Ein Mensch, der sich seine Zeit nicht exakt einteilte, war in seinen Augen nicht fähig zu ordentlicher Arbeit.

Jeden Morgen pünktlich um sechs war Wecken. Jenen, denen das Aufstehen schwerfiel, wurde noch eine viertel Stunde eingeräumt. Die aus dem Bett sprangen, erhielten Pluspunkte, die ewig Langsamen bekamen irgendwann eine Eintragung.

Nachdem sich die Kinder gewaschen, angezogen und ihre Betten gemacht hatten, gingen sie nach unten, wo um sieben Uhr gefrühstückt wurde, im allgemeinen Kakao, Brot, Obst und manchmal ein Ei. Wenn sie dann aus dem Haus in die Schule gingen, kamen sie an einem großen Korb mit Pausenbroten vorbei, Mittagessen im Heim war erst wieder gegen zwei Uhr. ...

Mittags nach der Schule gab es die Hauptmahlzeit: Suppe mit einem Stück Fleisch drin, Kascha, Nudeln oder Kartoffeln und ein Gemüse. ... Nachdem die Tische abgeräumt waren, nahmen die Kinder ihre Plätze wieder ein, machten ihre Schularbeiten und kümmerten sich anschließend um ihre Aufgaben im Heim. Am späteren Nachmittag gab es dann verschiedene Aktivitäten wie Sport, Spiele und Musikunterricht" (Lifton, S. 164 f.).

Die Kinder gingen außerhalb des Heimes in unterschiedliche jüdische Schulen.

Korczak entwickelte im Rahmen dieser Arbeit eine Reihe teilweise bis heute außergewöhnlicher pädagogischer Ideen.

Strafen versuchte er möglichst zu vermeiden. Essenentzug kam grundsätzlich nicht in Frage, Prügel kamen nur in Grenzfällen vor. Waren sie unvermeidlich, dann sollten sie *„niemals ohne Warnung und auch nur als einmalige notwendige Verteidigungsmaßnahme"* und *„ohne Wut"* erfolgen (zit. n. Lifton, S. 173). Während der Verabreichung sollte der Erzieher ruhig und entschieden vorgehen, niemals aber zornig.

Üblich war dagegen, daß er einem zu bestrafenden Kind mitteilte, daß er ihm bis dann und dann böse sei, und solange sprach er nicht mit ihm; notwendige Mitteilungen ließ er über andere Kinder überbringen.

Korczak machte *das geschriebene Wort* geradezu zu einer pädagogischen Institution. Er hielt die Kinder an, Tagebücher zu schreiben, damit sie sich über ihre Probleme klar würden und ihre eigene Entwicklung besser ins Bewußtsein nehmen könnten. Ferner erschien jede Woche eine mit den Kindern gemeinsam gestaltete Zeitung, die mangels geeigneter Vervielfältigungsmöglichkeiten vorgelesen wurde und zu der Korczak selbst fast immer den Leitartikel schrieb. Die schriftliche Kommunikation, so vermutete Korczak, schaffe gerade in der distanzlosen Atmosphäre eines Waisenhauses Abstand von unmittelbaren Gefühlsausbrüchen und von zuviel Intimität. Wie bedeutsam die schriftliche Kommunikation zwischen den Kindern sein konnte, zeigt eine längere von Korczak abgedruckte Passage. Hier geht es darum, daß ein neunjähriger, schwieriger und noch nicht integrierter Junge seiner zwölfjährigen Betreuerin sein Tagebuch zeigt, während sie die Eintragungen jeweils mit schriftlichen Kommentaren versieht.

„Bitte rate mir, ob ich mich mit Dora, Helia oder Mania verheiraten soll. Ich weiß nämlich nicht, wen ich zur Frau nehmen soll. Gute Nacht. Anmerkung der Betreuerin: Dora hat gesagt, daß Du

eine Rotznase bist. Mania ist dagegen, und Hela hat nur gelacht. - Ich habe ja nicht darum gebeten, daß Du fragen sollst, sondern nur geschrieben, wen ich liebe. Jetzt gräme ich mich und muß mich schämen; ich habe doch nur geschrieben, wen ich lieb habe. Was wird jetzt daraus? Ich schäme mich ja, zu ihnen zu gehen. Bitte sag mir, an welchem Tisch ich sitzen soll, damit ich mich gut betrage, und schreib mir irgend ein langes Märchen auf. Und bitte, keinem zeigen, denn ich habe Angst davor, viel zu schreiben. Und ich möchte sehr gern wissen, wie ein Australier aussieht, wie sie da überhaupt aussehen. Anmerkung der Betreuerin: Wenn die Mädchen sich nicht schämen, dann schäme Du Dich auch nicht. Märchen kann man in einem so kleinen Heftchen nicht aufschreiben. Wenn die anderen Dich aufnehmen, dann setz Dich an den dritten Tisch. Ich werde mich bemühen, Dir einen Australier zu zeigen. Dein Tagebuch werde ich keinem zu sehen geben" (Korczak 1967, S. 299).

Korczak vermeidet nach Möglichkeit spontane Entscheidungen, wenn die Kinder etwas von ihm wollen. Sie sollen vielmehr ihr Anliegen zunächst schriftlich über seinen *Briefkasten* vorbringen.

„Der Briefkasten bringt den Kindern folgendes bei:
1. Auf eine Antwort zu warten: Sie nicht sofort, nicht auf Zuruf zu erhalten.
2. Geringfügige und vorübergehende Kümmernisse, Sorgen, Wünsche und Zweifel von wichtigen zu unterscheiden. Es bedarf eines Entschlusses, um sich hinzusetzen und zu schreiben (und auch dann noch möchten die Kinder oft einen bereits eingeworfenen Brief wieder zurückziehen).
3. Er lehrt sie denken und begründen.
4. Er lehrt zu wollen und zu können" (Korczak 1967, S. 289).

Den Einwand, dieser Weg sei zu unpersönlich und zu förmlich, wies er zurück:

„Ich behaupte, daß ein Briefkasten eine mündliche Verständigung mit den Kindern nicht erschwert, sondern erleichtert. Ich suche mir die Kinder aus, mit denen ein längeres, vertrauliches, herzliches oder ernstes Gespräch notwendig ist, und ich wähle dazu einen für mich und für das Kind günstigen Augenblick. Der Briefkasten hilft mir, Zeit einzusparen, und so wird mein Tag länger. Unzweifelhaft gibt es Kinder, die nicht schreiben mögen, aber manchmal auch

ausschließlich solche, die fest auf ihren persönlichen Einfluß und auf die Wirkung ihres Lächelns, eines Kusses, ihres Charmes, auf besondere Rücksichten und einen gütlich gewählten Moment rechnen. Sie wollen nicht bitten, sie wollen erzwingen. Wer sich seiner selbst gewiß ist, setzt nur auf die Billigkeit und auf die Rechtmäßigkeit seines Anliegens, stellt seinen Antrag und erwartet in Ruhe eine Entscheidung" (Korczak 1967, S. 289 f.)

Über ein *Schwarzes Brett* verliefen auch wichtige Kommunikationen der Kinder untereinander und zum Zwecke der Arbeitsorganisation; wer noch nicht lesen und schreiben konnte, sollte ein anderes Kind um Hilfe bitten.

Die Erzieher, im wesentlichen studentische Praktikanten, sollten ein Tagebuch führen, in dem sie ihre Tätigkeiten beschreiben und die Probleme skizzieren, die dabei auftauchten. Stefa las diese Eintragungen und kommentierte sie.

Eine weitere pädagogische Institution im Waisenhaus war das *Gericht*, das über die Erzieher ebenso urteilte wie über die Kinder. Mit Kinder- und Jugendgerichten wurde überall in der Reformpädagogik experimentiert (Vgl. Kamp). Die besondere Bedeutung des Gerichts bei Korczak besteht jedoch darin, daß es nicht in erster Linie das Allgemeininteresse gegenüber dem einzelnen Kind vertritt, sondern umgekehrt vor allem der Ort ist, wo das einzelne Kind anklagt, um zu seinem Recht zu kommen.

„Das Kind hat ein Recht darauf, daß seine Angelegenheit ernsthaft behandelt und gebührend bedacht wird. Bis jetzt hing alles vom guten Willen und von der guten oder schlechten Laune des Erziehers ab. Das Kind war nicht berechtigt, Einspruch zu erheben. Dieser Despotismus muß ein Ende haben" (Korczak 1967, S. 3o4).

Es gab Gesetze von 1 bis 1000, die allerdings nicht alle ausformuliert waren und ab § 100 in Hunderterfolge fortschritten. § 900 war die letzte Verwarnung vor dem Hinauswurf, der mit § 1000 beschlossen wurde.

Zunächst wurden jede Woche 5 Richter ausgewählt. Nach den Artikeln 1 - 99 wurde den Kindern sofort vergeben.

„Wenn jemand etwas Böses getan hat, so ist es am besten, ihm zu verzeihen. Wenn er es getan hat, weil er es nicht besser wußte, so weiß er es jetzt. Wenn er unabsichtlich etwas Böses getan hat, so

wird er in Zukunft vorsichtiger sein. Wenn einer etwas Böses getan hat, weil es ihm schwerfällt, sich anzupassen, wird er sich nun damit Mühe geben. ... Aber das Gericht muß die Stillen beschützen, damit die Starken ihnen nicht das Leben schwer machen; das Gericht muß die Gewissenhaften und die Arbeitsamen gegen die Nachlässigen und Faulpelze in Schutz nehmen... (Korczak 1967, S. 204 f.).

Artikel 100 war die Grenze zwischen Vergeben und Verweis. Von 200 - 800 wurde der Name des Kindes am Schwarzen Brett bekannt gegeben oder ihm wurden für eine Woche sämtliche Privilegien entzogen und die Familie wurde benachrichtigt.

Einen Kindergerichtshof hatte Korczak schon in seinen Sommerkolonien eingerichtet, war damit aber nicht sehr erfolgreich. Seine Jungen *„konnten sich einfach nicht vorstellen, daß ein Gerichtsverfahren wirksamer seine sollte, als ein Hieb auf die Nase, und es paßte ihnen nicht, petzen zu sollen"* (Lifton S. 73).

Auch im *Dom Sierot* waren die Kinder zunächst überfordert. Statt Gerechtigkeit entstanden eher Unordnung und Durcheinander. Für die einen war es ein Spiel, zu Gericht zu sitzen, für die anderen eine unangenehme Pflicht, wieder andere machten sich darüber lustig. So wurde das Gericht aufgelöst und nach einiger Zeit wieder eröffnet, allerdings mit drei Neuheiten:

1. Eine Entscheidung sollte nach drei Monaten in die Revision gehen können.
2. Ein Rechtsausschuß aus zwei Kindern und einem Erwachsenen wurde in geheimer Wahl für drei Monate gewählt; er sollte die schwierigsten Fälle verhandeln. Auf diese Weise wurde ein wesentlicher Mangel der ursprünglichen Konstruktion behoben, daß nämlich die Richter ständig wechselten und keine Kontinuität entstand.
3. Die Kinder sollten das Recht haben, auch die Erwachsenen zu verklagen. Diese Bestimmung war eine wirkliche Neuheit und führte folgerichtig auch zu internen Auseinandersetzungen.

Dennoch blieb diese Institution des Waisenhauses brüchig, wie Korczak selbst feststellte.

„Anstatt der Wahrheit zu dienen, verleitete das Gericht zum Lügen, anstatt Aufrichtigkeit zu lehren, erzog es zur Feigheit, an-

statt das Denken anzuregen, machte es die Kinder träge. ...Es kam noch schlimmer: die Richter kamen überein, entweder gar nicht zu verurteilen oder ganz milde Urteile zu sprechen. Denn das war bequemer. Schließlich kam es dazu, daß ein Richter einen anderen schlug, weil der so geurteilt hatte, wie es ihm das Gewissen befahl" (Korczak 1967, S. 330 f.).

Erfolgreicher waren solche Erfindungen, welche Probleme der Kinder und mit ihnen auf eine humorige Art zu lösen versuchten. Eine davon war das „Spielkasino". Dort schlossen die Kinder mit Korczak Wetten darüber ab, wie häufig sich ihre schlechten Angewohnheiten wie Fluchen oder Prügeln in der nächsten Woche wiederholen würden. Gewannen die Kinder die Wette, dann bekamen sie eine kleine Belohnung, im anderen Falle wurden sie ermutigt, realistischere Wetten auf ihre Fehler abzuschließen. Raufereien waren grundsätzlich gestattet, aber mit der Auflage, daß man sich vorher dafür eintragen mußte und daß die Gegner gleich stark waren.

„Wenn du einen hauen mußt, dann tu das - aber nicht zu fest, wenn du die Beherrschung verlieren mußt, dann tu das, aber bitte nur einmal am Tag" (zit. n. Lifton, S. 169).

Die Kinder mußten sich an der *Arbeit* im Heim beteiligen. Dafür wurde ein System von einzelnen Diensten entwickelt, die die Kinder sich grundsätzlich aussuchen konnten und die am Schwarzen Brett bekannt gegeben wurden. Da das Ansehen der einzelnen Dienste zumindest in den Augen der Kinder unterschiedlich war, waren sie bestrebt, eine möglichst hohe Position zu erreichen. Die Dienstleistungen wurden nach Arbeitseinheiten bewertet, Grundeinheit war eine halbe Stunde Arbeit für das Heim. Für 500 Einheiten gab es als Belohnung eine Gedenkpostkarte, die ebenso für andere gute Taten vergeben wurde. Darüber entschied die Vollversammlung der Kinder.

Wegen des noch fast kindlichen Alters (14 Jahre) fiel den Kindern der Auszug aus dem Heim oft schwer, zumal sie selten Verwandte hatten, auf die sie sich verlassen konnten. Sie konnten nun zwar meist fließend polnisch sprechen, aber ihre Perspektiven für die *„lange Reise, genannt Leben"*, waren nicht rosig. Korczak sprach mit einem Elternteil oder sonstigen Verwandten über die Zukunft des Kindes, es erhielt noch einige Kleidungsstücke zur Überbrükkung, eine Erinnerungspostkarte und eine Abschiedsbotschaft, die Korczak allen Kindern mit auf dem Weg gab:

„Leider können wir dir nichts anderes geben als diese wenigen armen Worte. Wir können dir keine Liebe zu deinen Mitmenschen geben, weil es keine Liebe ohne Verzeihen gibt, und Verzeihen ist etwas, was jeder lernen muß. Wir können dir nur eins geben: die Sehnsucht nach einem besseren Leben, das es jetzt vielleicht noch nicht gibt, eines Tages aber geben wird - ein Leben voller Wahrheit und Gerechtigkeit. Vielleicht wird dich diese Sehnsucht zu Gott, Vaterland und Liebe führen. Lebewohl, und vergiß nicht" (zit. n. Lifton S. 189 f.).

Obwohl Korczak und Stefa sich Mühe gaben, ihnen ein Unterkommen zu verschaffen, hatten sie vom Leben im allgemeinen nicht viel zu erwarten; die Jungen wurden vielleicht Verkäufer oder Boten, die Mädchen Gouvernanten, Haushälterinnen oder Kindermädchen. Als Juden waren ihnen viele Berufe ohnehin versperrt.

Als das Waisenhaus und sein „Doktor" in Fachkreisen berühmt wurden, fanden sich dort zunehmend Studenten ein, um eine Ausbildung zu erhalten. Wegen der finanziellen Engpässe und des Mangels an hauptberuflichem pädagogischen Personals, das sich auf Korczak und Stefa beschränkte, waren sie auch willkommen. Sie wohnten in kleinen „Bursen" im Waisenhaus; sie arbeiteten kostenlos bei freier Verpflegung und übernahmen stundenweise den Dienst im Haus nach einem festen Dienstplan, für den Stefa zuständig war. Ohne besondere Einweisungen wurden sie sofort in die Verantwortung genommen. Pädagogik könne man nicht lehren, glaubte Korczak, vielmehr müsse jeder seine eigene Beziehung zu den Kindern finden. Die Erfahrungen wurden in gemeinsamen Sitzungen mit Korczak und Stefa diskutiert und kritisiert. Im übrigen hatten die Studenten die gleichen Aufgaben zu erfüllen wie die Kinder, z.B. Fußböden schrubben, Fenster putzen, Kartoffeln schälen. Die Kinder durften nach drei Monaten über ihren Verbleib abstimmen und sie mußten sich gegebenenfalls auch vor dem Kindergericht verantworten. Die Praktikanten mußten tägliche Aufzeichnungen über ihre Erfahrungen mit den Kindern machen und ihre Beobachtungen der einzelnen Kinder protokollieren.

Resümee

1. Im Vergleich zu Makarenkos Gorkij-Kolonie - das *Pädagogische Poem* empfahl Korczak seinen Studenten nachdrücklich - fällt auf, daß das *Dom Sierot* weit weniger überzeugend strukturiert war. Das lag vor allem daran, daß es dafür keine vergleichbaren ökonomischen Notwendigkeiten gab. Zwar mußten auch hier die Kinder im Rahmen der Hauswirtschaft mitarbeiten, und in ihrer Ferienkolonie in der Nähe von Warschau betrieben sie auch ein wenig Landwirtschaft, aber da die Ressourcen ausschließlich auf Spenden und Zuwendungen von außen beruhten und nichts außer dem pfleglichen Umgang mit dem Vorhandenen selbst erwirtschaftet werden mußte, konnten die Kinder dabei auch kaum Hand anlegen.

2. Dieser Unterschied zeigte sich vor allem im Hinblick auf die Organe der Selbstverwaltung. Das Kinderparlament (Seijm) blieb doch eher unbedeutend im Vergleich zu der Rolle, die in der Gorkij-Kolonie die Vollversammlung einnahm, von deren Beschlüssen viel für den Alltag der Zöglinge abhing. Korczaks Gedanke, ein Gericht zum Schutz des schwächeren Kindes und für dessen Rechte gegenüber den stärkeren Kindern und den Erwachsenen einzurichten, war zwar im Prinzip richtig, vernachlässigte aber den kollektiven Aspekt, der bei Makarenko im Vordergrund stand. Das Kindergericht war primär eine *moralische* Institution, ein pädagogisches *Mittel*, um allgemeine sittliche Grundsätze zur Geltung und zur Einsicht zu bringen, und es hatte wenig zu tun mit dem eigentlichen *politischen* Sinn einer solchen Einrichtung. Der besteht darin, daß die *Gemeinschaft* vor dem Rechtsbrecher geschützt wird und auf diese Weise mittelbar auch das schwächere Mitglied dieser Gemeinschaft. So kann kaum verwundern, daß auch die Kinder das Gericht nicht so recht ernst nahmen. Schließlich fehlte ihm die von der Gemeinschaft und nicht vom einzelnen her zu legitimierende Macht, Urteile auch durchzusetzen, nicht zuletzt daran ist es wohl auch gescheitert.

Überhaupt hatte Korczak für die soziale Dimension des Zusammenlebens im Waisenhaus ein relativ geringes Interesse. Das faktische Sozialverhalten seiner Zöglinge zu verstehen fiel ihm schwer, die z.B. Streitfragen anders regeln wollten und von ihrer sozialen Herkunft her zu regeln gewohnt waren, als er es sich vorstellte. Zwar legte er Wert auf ein gedeihliches und friedliches Zusammenleben der Kinder, aber im Blick hatte er doch eher ihr individuelles Verhalten und Empfinden. Die soziale Dimension war ihm mehr eine notwendige Bedingung und Voraussetzung als eine eigenständige pädagogische Aufgabe. Die soziale Umwelt in Gestalt der anderen Kinder sollte zwar auf den einzelnen z.B. durch Abstimmungen einwirken und ihm das Maß seiner Akzeptanz bei den anderen bewußt machen, aber ein plausibles Konzept der Sozialerziehung lag dem nicht zugrunde. Es hätte ja auch nicht aus der inneren Bedürftigkeit der Kinder abgeleitet werden können, sondern nur aus von außen herantretenden z.B. gesellschaftlichen Forderungen.

3. Die eigentliche Leistung Korczaks besteht auch nicht in der Organisation des Waisenhauses, die ohnehin weitgehend von Stefa bestimmt war, sondern in seiner pädagogischen Schriftstellerei. Niemand hat in diesem Jahrhundert so subtil und so einfühlsam über die Probleme, Ängste und Verwirrungen der Kinder, über ihre subjektive Sicht des Lebens geschrieben, und zwar in allen denkbaren publizistischen Variationen. Es ging ihm darum, den Kindern, diesem *„Proletariat auf kleinen Füßen"*, wie er sie nannte, zu ihrem Recht zu verhelfen, ihnen Anerkennung und Achtung zu verschaffen, ihre Existenz als Kinder zu akzeptieren und nicht nur als künftige Erwachsene. Die Idee des Klassenkampfes, die damals in Polen wie auch sonst in Europa in ihrer Blüte stand, übertrug er auf das Verhältnis von Erwachsenen zu Kindern. Dabei dachte er keineswegs nur an die Kinder der Armen; in seiner Tätigkeit als Kinderarzt und als Nachhilfelehrer hatte er genügend Einblicke in bürgerliche Familien gewonnen, um zu wissen, in welchem Ausmaß Unverständnis und Dummheit auch dort ein Kind quälen konnten. Die Erziehungspraktiken armer Leute schienen ihm in mancher Hinsicht sogar vernünftiger.

Er hat sich selbst richtig eingeschätzt, wenn er einmal sagte, er sei Arzt von Beruf, Pädagoge aus Zufall, Schriftsteller aus Leidenschaft und Psychologe aus Not. Mißt man den Tiefgang seiner Texte an anderen reformpädagogischen Arbeiten, etwa an Ellen Keys berühmtem Buch *Das Jahrhundert des Kindes*, dann wird der Unterschied deutlich. Korczak verzichtete auf jegliches Pathos und romantisierte die Kinder nicht, auch nicht auf Kosten der Erwachsenen. Gewiß spielen dabei autobiographische Aspekte eine Rolle. Seitdem wir vor allem durch die sorgfältige Biographie von Lifton über viele Einzelheiten informiert sind, können wir mit guten Gründen vermuten, daß Korczak in seiner konsequenten Hinwendung zum Kind auch seine eigene Lebensgeschichte und vor allem seine eigene Kindheit abgearbeitet hat.

In diesem Kontext liegt natürlich auch eine Grenze. Das Leben seiner Zöglinge jenseits der Kindheit interessierte ihn kaum. Im *Dom Sierot* verschaffte er ihnen eine pädagogische Provinz in Distanz zu ihrem Herkunftsmilieu, in das sie allerdings später zurückkehren mußten. Erst Stefa kam, nach ihren Erfahrungen mit der Kindererziehung im Kibbutz, auf den Gedanken, daß es vielleicht ratsamer sei, den Kontakt zu den Angehörigen zu intensivieren, oder, wenn dies nicht möglich sei, die Kinder in kleinen familienähnlichen Einrichtungen zu betreuen. Der erwähnte Streit mit Maryna Falska betraf auch die zu strenge Abgeschlossenheit des Waisenhauses von der Außenwelt. Maryna wollte das Heim öffnen, was allerdings mit ihren polnischen Kindern auch eher möglich war als mit den jüdischen Bewohnern des Dom Sierot.

4. Schon Mitte der 30er Jahre wurde an seinem Erziehungssystem im Waisenhaus Kritik laut, weil es notwendige Anpassungen an veränderte Verhältnisse nicht leisten könne. Sie kam vor allem aus zionistischen und kommunistisch-sozialistischen Kreisen, denen auch seine Erzieherstudenten teilweise angehörten. Auch wohlwollende Kritiker wiesen darauf hin, daß die Zöglinge, die das Heim verließen, wenig praktischen Sinn und Initiative entwickeln konnten, schüchtern waren und ein zu hohes Gefühl für Menschenwürde im Kampf ums Dasein zeigten.

5. Obwohl Korczak als junger Mann keineswegs unpolitisch war, sich vielmehr an der national orientierten „Fliegenden Universität“ beteiligt hatte, reflektierte er die politisch-ökonomischen Bedingungen seiner Arbeit nicht weiter. Vermutlich hätte er auch, wenn er anders gedacht hätte, seinen Zöglingen dadurch keine bessere Perspektive und seinem Heim keinen pädagogischen Gewinn verschaffen können. Aber weil er kein zutreffendes Bild von der Gesellschaft hatte, in der sich seine Zöglinge letztenendes doch bewähren mußten, gab er der psychischen Innerlichkeit der Kinder eine übertriebene Bedeutung. Auch dies war übrigens ein Grund für das Scheitern des Kameradschaftsgerichts, weil dieses keine Möglichkeit hatte, sich gegen die Fülle der „Anzeigen“ durch eine objektivierende Selektion der Ansprüche zu wehren.

Subjektiv, aus dem Gefühl des Kindes heraus, war natürlich alles gleich wichtig.

6. Korczak hat wie kein anderer Pädagoge dieses Jahrhunderts die Pädagogen seiner Zeit kritisiert. Neu daran ist nicht diese Tatsache als solche, sondern daß die Kritik sich keineswegs - wie sonst bis heute üblich - gegen die pädagogisch Andersdenkenden richtet, sondern gegen alle, - sich selbst eingeschlossen; über seine Fehler berichtet er immer wieder. Er warf den etablierten Pädagogen vor, die Kinder nach von außen gesetzten Zwecken formen zu wollen, anstatt sie im Rahmen ihrer jeweiligen Möglichkeiten und Grenzen zu respektieren.

„Ich kann Normen aufstellen für Wahrhaftigkeit, Ordnung, harte Arbeit und Ehrlichkeit, aber ich werde aus diesen Kindern nichts anderes machen können als das, was sie sind. Eine Birke wird immer eine Birke sein und eine Eiche eine Eiche, eine Distel eine Distel. Es mag mir gelingen, was verborgen ist, hervorzuholen, aber ich werde nichts Neues schaffen können" (zit. n. Lifton, S. 168).

Die pädagogische Beziehung

1. In den dreißiger Jahren wurde Korczak vor allem von sozialistisch orientierten Studenten vorgeworfen, er interessiere sich in Wahrheit gar nicht für die Kinder, sondern sehe sie in erster Linie mit den Augen des Wissenschaftlers, der die Kinder aufmerksam beobachte, um alles mögliche an ihrem Befinden und Verhalten in Tabellen zu notieren und zu erfassen. In der Tat hat er entsprechende Aufzeichnungen bis zum Schluß angefertigt. Zudem waren die Kinder das Thema seiner schriftstellerischen Arbeiten, ohne seine Erfahrungen mit ihnen hätte er über sie auch nicht schreiben können. Fügt man hinzu, daß er ganz offensichtlich auch seine eigene Existenz mit ihnen verband, sie zum Mittelpunkt seines Lebens machte, läßt sich zumindest folgern, daß er selbst auch etwas vom Umgang mit ihnen hatte, im strengen psychologischen Sinne also keineswegs uneigennützig mit ihnen umging.

Aus dieser fast totalen Identifikation wäre jedoch nur dann eine Kritik abzuleiten, wenn sich zeigen ließe, daß die Kinder daran Schaden genommen hätten. Davon kann aber nicht entfernt die Rede sein. Vielmehr verschaffte er den Kindern im Waisenhaus -

vor allem im Vergleich zu jener realen Umwelt, in der sie sonst hätten aufwachsen müssen - ein Leben voller Verständnis und Güte. An der tiefen humanen Qualität seiner unmittelbaren Beziehung zu ihnen kann kein Zweifel bestehen.

Allerdings fehlte ihm dafür im Unterschied zu Wichern, Bosco und Makarenko ein überpersönlicher, objektivierbarer, z.B. religiöser oder politischer Hintergrund, aus dem sich Ziele und Inhalte der pädagogischen Beziehung hätten ableiten lassen. Deshalb mußte er - sieht man von allgemeinen moralischen Maßstäben ab - die Maximen seines Handelns und seiner Beziehung im Kind selbst suchen, in seinen Menschenrechten im allgemeinen und in seiner individuellen Bedürftigkeit im besonderen. Diese Basis steht jedoch auf schwankendem Grund, der nichts Pädagogisches lehrbar macht und in einem hohen Maße auf Spontaneität und Intuition sowie auf situative Einfühlung angewiesen bleibt. Auf diese Weise reagiert der Erzieher eher auf die Zöglinge, anstatt führend und um die Anforderungen der Welt wissend das Heft in die Hand zu nehmen. Der Maßstab der Innerlichkeit des je einzelnen Kindes erweist sich zudem schnell als unergründbar, wie Korczak immer wieder feststellen mußte. Die Suche nach der wahren Bedürftigkeit des Kindes im Unterschied zu den nur geäußerten führt leicht ins Bodenlose. Im strengen und traditionellen Verständnis handelte es sich hier gar nicht mehr oder nur noch teilweise um ein *erzieherisches* Verhältnis im umfassenden Sinne. Diese konsequente Wendung zum Subjekt markiert jedoch gerade die Modernität Korczaks, seine Einmündung in die Reformpädagogik des 20. Jahrhunderts, die wir so z.B. bei seinem Zeitgenossen Makarenko nicht finden konnten.

2. Er verstand sich weniger als Erzieher im herkömmlichen Sinne, sondern eher als verantwortlicher *Arrangeur* derjenigen Bedingungen, welche die Kinder für ein befriedigendes Aufwachsen nach seiner Überzeugung unbedingt brauchten. Maßstab dafür war deren physische und moralische Gesundheit. Dafür hatte er die nötigen Bedingungen bereitzustellen und seine Person erschien ihm dabei von sekundärer Bedeutung.

3. Diese Zurückhaltung schützte ihn auch davor, ehrgeizige pädagogische Programme im Namen des Fortschritts auf dem Rükken der Kinder zu formulieren. *„Er handelte nicht im Auftrag einer höheren Instanz. Die einzige Instanz, die er anerkannte, war*

das Kind, und die Gebote, die er befolgte, waren die unzähligen Imperative des Alltags" (Pelzer, S. 57).

Nach seinen politischen Einmischungen und Erfahrungen in jungen Jahren war Korczak insofern unpolitisch geworden, als er sich keiner politischen Partei und Bewegung seiner Zeit verschrieb, - auch nicht dem Zionismus. Sie alle erfüllten nicht seinen politischen Traum, als Jude gleichberechtigt ein Mitglied der polnischen Nation sein zu dürfen. Statt dessen wandte er sich einem pädagogischen Traum zu, transzendierte seine Beziehung zu den Kindern in ein Allgemeines, nämlich in die Pestalozzi'sche Hoffnung, durch Erziehung, wie er sie verstand, auf die Dauer die Welt positiv verändern zu können, während von den politischen Strömungen seiner Zeit selbst keine nachhaltige Besserung zu erwarten sei.

4. Bei aller liebevollen Zuwendung zu jedem einzelnen Kind war seine Beziehung zu ihnen doch eher emotional distanziert, jedenfalls nicht besitzergreifend. Deshalb ist das deutsche Wort „Liebe" hier leicht mißverständlich, auch wenn es den Titel seines pädagogischen Hauptwerkes ziert. Vielleicht kommt das Wort „Solidarität" der Sache noch am nächsten: Korczak war fast bedingungslos solidarisch mit den Kindern gegen ihre Umwelt, aber auch mit jedem einzelnen, wenn es von anderen ungerecht behandelt wurde. Schon aus dieser Grundeinstellung ergab sich eine gewisse Distanz zur Subjektivität des Kindes; so emphatisch er sich für die Rechte der Kinder publizistisch einsetzte, so trat er ihnen im persönlichen Umgang nicht zu nahe. Von Pestalozzis pathetischer Väterlichkeit ist er weit entfernt, wie er überhaupt sich nicht in die Rolle eines Ersatzvaters drängen ließ. Wie die betonte Schriftlichkeit des Umgangs zeigt, versuchte er seine Beziehung zu den Kindern zu differenzieren: nur wenn die Kinder z.B. traurig waren und seines Trostes bedurften, trat er ihnen auch emotional näher, umarmte und küßte sie, aber im normalen Alltag bestand er auf gefühlsmäßiger Distanz. Diese Haltung folgte aus seinem Respekt vor den Gefühlen des Kindes, die nicht pädagogisch benutzt werden dürften.

5. Für moderne pädagogische Professionalität war Korczak jedoch kein Vorbild. Wer in geradezu mönchischer Ausschließlichkeit, ohne jede private Bedürfnisgestaltung und die dafür notwendigen Zeitvorbehalte rund um die Uhr mit dem Leben der ihm anvertrauten Kinder verbunden sein will, kann niemanden ausbil-

den, ein Gleiches zu tun. So waren die Studenten, die als Erzieher eingesetzt wurden, zwar meist beeindruckt von den Besprechungen mit ihm, aber eine lehrbare oder auch nur halbwegs systematisierte Ausbildung kam dabei nicht heraus. Seine eigenen forschenden Fragen interessierten ihn immer mehr als systematisierbare Antworten darauf. Er war eine Ausnahmeerscheinung, die sich nicht „auf Serie legen" ließ, und ohne Stefa wäre er wohl auch pädagogisch gescheitert. Den Mangel an Professionalisierung teilt er mit Pestalozzi, Bosco, und Wichern. Auch sie verraten uns nicht oder nur andeutungsweise, wie und mit welcher wissenschaftlichen oder handwerklichen Ausstattung „normale" Menschen unter den Bedingungen der Neuzeit einen pädagogischen Beruf erfolgreich ausüben sollen und können und wie sie dafür auszubilden seien.

II. Die reformpädagogische Wende

Den bisher beschriebenen sozialpädagogischen Einrichtungen war gemeinsam, daß sie für das Aufwachsen der Kinder mehr oder weniger geschlossene Lebensräume rund um die Uhr und über Jahre hinweg anboten. Die Herkunftsfamilie spielte in diesem Zusammenhang kaum eine oder gar keine Rolle, und der Schulunterricht fand - abgesehen von Korczaks Waisenhaus - ebenfalls im eigenen Bereich statt. Wegen des sozial und kulturell weitgehend geschlossenen Charakters dieser Einrichtungen läßt sich die eigentümliche menschliche Beziehung zwischen den Zöglingen und den jeweils zuständigen Erwachsenen in diesen Fällen auch besonders gut beschreiben. Gleichwohl handelte es sich hier um pädagogische Sondersituationen. Aus ihnen läßt sich nicht schließen, wie der pädagogische Umgang mit Kindern *außerhalb* dieser Einrichtungen beschaffen war. Ausführlicher informiert uns nur Wichern darüber, der das Hamburger Armenviertel regelmäßig besuchte und seine Beobachtungen notierte.

Normalerweise wuchsen nämlich auch im 19. und frühen 20. Jahrhundert die Kinder in ihren Familien auf, gingen außerhalb ihrer Familien zur Schule, lebten in ihrer Nachbarschaft und waren vielleicht über ihre Eltern auch Mitglied einer Kirche. Jedenfalls hatten sie Beziehungen zu unterschiedlichen Erwachsenen (Eltern, Lehrer, Geistliche), die ihrerseits unterschiedliche Ansprüche ihnen gegenüber repräsentierten. Im Vergleich zu den Heimkindern hatten sie es also mit *mehreren* pädagogischen Beziehungen zu tun, je nachdem, auf welche Erwachsene in welcher Funktion sie jeweils trafen, und die Frage ist, ob diese Beziehungen weitgehend übereinstimmten oder ob sie einander widersprachen. Stimmten sie im wesentlichen überein, dann ergab sich auch ein einheitlicher Erziehungswille gegenüber diesen Kindern; stimmten sie nicht überein, dann war das Kind unterschiedlichen Erziehungsansprüchen ausgesetzt, je nachdem, an welchem sozialen Ort (z.B. Familie oder Schule) es sich jeweils befand. In diesem Falle wäre zu fragen, inwiefern die bisher beschriebenen pädagogischen Beziehungen für ihre Zeit überhaupt repräsentativ waren. Von einer weitgehend einheitlichen erzieherischen Haltung können wir wohl ausgehen, wenn die Kinder *und* die zuständigen Erzieher einem einheitlichen Milieu, z.B. dem des Adels oder des Bürgertums, angehörten. Dann handelten die unterschiedlichen Erwachsenen wohl weitgehend nach den gleichen Maximen im Umgang mit dem Nachwuchs, obwohl das 19. und erst recht das 20. Jahrhundert nachhaltige kulturelle Veränderungen mit sich brachten.

Anders verhielt es sich jedoch mit denjenigen Kindern, die in den beschriebenen sozialpädagogischen Einrichtungen aufwuchsen. Von Pestalozzi bis Korczak ging es um Kinder *armer* Eltern, sei es, daß diese Eltern über mehrere Generationen bereits verarmt waren, sei es, daß sie - wie teilweise in Stans - durch Kriegsereignisse verarmten, sei es, daß sie im Zuge der durch die Industrialisierung bedingten sozialen Umschichtungen nach unten abgedrängt worden waren und deshalb in ihrer Familiengeschichte bessere Zeiten erlebt hatten. Jedenfalls lebten die Zöglinge so oder so in einem proletarischen oder subproletarischen Milieu mit ihren Eltern oder anderen Erwachsenen zusammen, aber darüber hinausgehende pädagogische Intentionen z.B. durch Lehrer oder Geistliche kamen aus einem anderen, in der Regel *bürgerlichen* Milieu.

In ihrem eigenen Milieu wuchsen die Kinder nun durchaus irgendwie auf und lernten sich legal oder illegal durchzuschlagen, wie sich unter anderem den genauen Berichten Wicherns entnehmen läßt. Aber um die sozio-kulturellen Mauern dieses Milieus durchbrechen zu können, brauchten diese Kinder eine Emanzipation von ihrer sozialen Herkunft. Diese wiederum war nur möglich durch eine optimale Schulbildung einerseits und durch eine Erziehung andererseits, die eine entsprechende Lebensperspektive aufscheinen ließ, wie sie das Herkunftsmilieu nicht in sich trug. Erziehung mußte also die Emanzipation von der kulturellen Dumpfheit des Herkunftmilieus ins Visier nehmen, und das war nur möglich von einem pädagogischen Standpunkt außerhalb seiner Grenzen; sie hatte in diesem Sinne also gegen die milieuspezifische Sozialisation anzutreten.

Die erwähnten Sozialpädagogen taten dies auf unterschiedliche Weise. Pestalozzi setzte auf schulischen Elementarunterricht und eine damit verbundene sittliche Erziehung, weil er davon ausging, daß die armen Kinder im allgemeinen zeitlebens im Stande der Armut würden leben müssen; aber dies sollten sie auf eine menschenwürdige Weise tun können. Wichern und Bosco machten religiöse Maximen gegen das Herkunftsmilieu geltend und Makarenkos pädagogische Gegner waren einmal das rückständige Bauernmilieu und zum anderen die durch Revolution überwundene zaristische feudale Untertanenmentalität. Immer ging es darum, Erziehung als eine Maxime ins Feld zu führen, die das Lebensfeld, aus dem die Kinder kamen, überschreiten sollte.

Dazu wiederum bedurfte es des Bildes einer gelungenen Kindheit, das ebenfalls nicht aus dem Herkunftsmilieu genommen werden konnte, sondern dieses gerade überwinden sollte. Die verschiedenen Kindheitsbilder, die uns bisher begegnet sind, sind gleichsam das pädagogische Potential, das zum Leitmotiv für die Überwindung des für nicht kindgemäß gehaltenen Milieus avanciert. Indem die genannten Erzieher von Pestalozzi bis Korczak die tatsächliche Kindheit ihrer Zöglinge durch ein darüber hinausweisendes Bild zu überwinden trachteten, schufen sie in ihren Einrichtungen neue Bedingungen und Perspektiven für deren Aufwachsen. Deshalb muten uns ihre pädagogischen Vorstellungen im Vergleich zu den sonst in ihrer Zeit üblichen auch durchaus modern an, so verschieden von einander ihre Leitbilder auch gewesen sind. Pestalozzi ging zwar auf das Grundmodell eines gelungenen Familienlebens zurück, das er in Stans zu realisieren versuchte, aber dies war verbunden mit einem tiefen, nicht zuletzt an Rousseau geschulten Verständnis für die Zöglinge, das seiner Zeit weit voraus war. Wichern und Don Bosco rekurrierten auf das in ihren Augen überzeitliche Fundamentum der Gotteskindschaft des Menschen und damit auch des Kindes, was theologisch keineswegs neu, bei ihnen aber ebenfalls mit hohem Einfühlungsvermögen in die kindlichen Bedürfnisse verbunden war. Makarenko hielt sich dagegen an die Diesseitigkeit des Menschen, sah im Kind das Mitglied eines seinen Lebensunterhalt weitgehend selbst bestreitenden und sein Zusammenleben selbst organisierenden Kollektivs, aber auch diese Vorstellung war verbunden mit einem Verständnis der kindlichen Bedürfnisse, das seiner Zeit weit vorauseilte. Das gilt auf andere Weise auch für

Korczak, der seinen Zöglingen in einer ihnen feindlich oder zumindest verständnislos gegenübertretenden Umwelt ein Aufwachsen ermöglichte, das ihre Bedürfnisse und Fähigkeiten weitgehend berücksichtigte. In allen diesen Fällen war es das Bild einer besseren Kindheit, das gegen die empirisch vorfindbare Wirklichkeit durchgesetzt werden sollte.

Dabei repräsentierten die bisher behandelten Pädagogen verschiedene Phasen der Entwicklung zur modernen Industriegesellschaft. Rousseau und Pestalozzi befanden sich an deren Anfang, als die weitere Entwicklung noch kaum deutlich erkennbar war, aber gesellschaftliche und damit verbundene geistige Umbrüche bereits zu spüren waren. Wichern und Bosco erlebten die erste Phase der Industrialisierung und Makarenko bewegte sich gleichsam in einer verspäteten Nachholperiode, wie sie sich in der jungen Sowjetunion abspielte. Alle waren sie mit ihren pädagogischen Vorstellungen, auch mit ihren ideellen Kindheitsbildern, bei aller relativen Modernität doch auch ihrer Zeit verhaftet. Bei allen Unterschieden im einzelnen war ihnen fraglos klar, daß sie als Erwachsene wußten, zu welchem Ziel ihre Erziehung zu führen habe; die führende Rolle des Erwachsenen in der pädagogischen Beziehung war ihnen selbstverständlich. Lediglich für Korczak galt das so zweifelsfrei nicht mehr. Bei ihm wendet sich der Blick von den objektiven Erziehungsansprüchen, die der Erzieher gegenüber dem Kind geltend zu machen habe, konsequent auf die subjektive Seite des Kindes. Diese entschiedene Wendung hatte nicht nur mit seiner persönlichen Einstellung zu tun, sie erwuchs auch aus seiner eigenen ungesicherten Position als assimilierter Jude zwischen den Stühlen der damaligen politischen Parteien und Bewegungen in Polen einerseits und seiner religiösen Aufgeklärtheit andererseits; auf diesem Hintergrund hatte er außer allgemeinen humanitären Prinzipien keine objektiven Erziehungsansprüche zur Verfügung, die er hätte geltend machen können.

1. Die reformpädagogische Bewegung

Mit seiner Position kommt Korczak jener internationalen pädagogischen Bewegung besonders nahe, die am Ende des vergangenen Jahrhunderts entstand und allgemein als *reformpädagogische* bezeichnet wird. Sie revolutionierte das Denken über Erziehung insofern, als sie diese Blickwendung zur Subjektivität *generell* vornahm, dabei allerdings das traditionelle pädagogische Denken und Handeln keineswegs abschaffen konnte, sondern in der Praxis nur in einen Wettbewerb mit ihm trat und überhaupt in manchen Ländern wie in Deutschland eher eine Sache pädagogischer Theoretiker und vereinzelter pädagogischer Praxisversuche blieb, bis der Nationalsozialismus ihr ohnehin ein Ende bereitete.

Angesichts der Facetten, in denen die reformpädagogische Bewegung sich präsentiert, fällt es nicht leicht, ihre Erscheinungsformen auf einen gemeinsamen Nenner zu bringen. Ihre Verbreitung in allen westlichen Industriegesellschaften verweist jedoch darauf, daß sie eine Reaktion war auf einschneidende Änderungen in diesen Gesellschaften. Diese können hier nur kurz skizziert werden.

1. Die Freisetzung der kapitalistischen Produktivkräfte aus den früheren Beschränkungen der bäuerlichen und handwerklichen Produktionsweise führte zur Erweiterung und schließlich zur Internationalisierung der Märkte.

2. Diese Entwicklung wurde unterstützt durch technologische Fortschritte, die im Vergleich zu früher als durchaus revolutionär bezeichnet werden können.

3. Beide Prozesse führten zu erheblichen sozialen Umschichtungen, je nachdem, wer von den neuen Entwicklungen den größten Nutzen bzw. den größten Schaden hatte. Frühere Eliten wurden an den Rand gedrängt oder verarmten gar, neue Gruppen, die die Gunst der Stunde wahrzunehmen wußten, kamen nach oben. Tra-

ditionelle Berufsgruppen wie Handwerk und Landwirtschaft gerieten durch billigere Importe bzw. durch industrielle Massenproduktion unter Druck; schnelle wirtschaftliche Erfolge der einen waren begleitet von ebenso geschwinden Konkursen anderer.

4. Diese technisch-ökonomischen Umwandlungen blieben nicht folgenlos für das kulturelle Selbstverständnis der Menschen, wozu ja auch die Erziehung des Nachwuchses zu rechnen ist. Die kulturellen Werte und Normen, nach denen sich die Erziehung bisher richtete, verloren ihre Selbstverständlichkeit. In Frage gestellt wurden dabei auch diejenigen Maßstäbe, an denen sich Pestalozzi, Wichern und Bosco orientiert hatten, ganz zu schweigen von denjenigen traditionellen Vorstellungen, von denen diese Pädagogen sich schon zu ihrer Zeit abgesetzt hatten.

5. Was nun in der außersubjektiven Welt, in eben solchen traditionellen Maßstäben nicht mehr verankert werden konnte, wurde nun in die Subjektivität des Kindes verlegt. Sein inneres sittliches Potential, die Entfaltung seiner individuellen geistigen Fähigkeiten trat nun um so mehr in den Vordergrund, als die gesellschaftliche Zukunft ebenso offen geworden war wie die Position, die das Kind später einmal in ihr wahrnehmen konnte. Offene wirtschaftliche, berufliche und soziale Horizonte vertragen sich im allgemeinen nicht mit traditionellen Erziehungsmaximen, die sich unter ganz anderen gesellschaftlichen Voraussetzungen gebildet und behauptet haben.

6. Erst in diesem neuen gesellschaftlichen Zusammenhang kam nun Rousseaus Konstruktion der Kindlichkeit des Kindes voll zur Geltung. In deren Namen machte die Reformpädagogik Front gegen die traditionellen pädagogischen Einrichtungen, vor allem gegen die Schule. Ihr wurde vorgeworfen, die kindlichen Fähigkeiten und Bedürfnisse nicht nur zu ignorieren, sondern auch zu unterdrücken. Die Schule sei lehrerzentriert und verdamme den Schüler zur Passivität; sie sei lehrplanorientiert, einseitig an Wissensstoffen und deren Abprüfung interessiert; spezialisiertes und unverbundenes Fächerwissen verdecke die unmittelbare Begegnung mit den Dingen; sie fördere Untertanengeist, Autoritätsgläubigkeit und damit Flucht vor der Verantwortung.

Dagegen wurde die Bedeutung der kindlichen Eigenwelt ins Spiel gebracht. Das Kind bringe schon vieles in die Schule mit, woran anzuknüpfen sei; es müsse sich aus eigenen Motiven entfalten können; seine spezifische Lebensform sei das Spiel; das Kind habe altersspezifische Erlebnis- und Ausdrucksformen, die sich von denen der Erwachsenen unterschieden.

In diesem Denken bekamen die Altersphasen der Kindheit und der Jugend eine neue Bedeutung. Sie wurden nun verstanden im Rahmen der zeitgleichen allgemeinen Emanzipationsprozesse. So wie sich das Bürgertum, die Arbeiterschaft, die Frauen von traditionellen Benachteiligungen befreiten, so mußten nach Meinung vieler auch die Kinder und Jugendlichen sich von den überlieferten Beschränkungen, wie sie sich insbesondere im Erziehungsverhalten ausdrückten, emanzipieren.

Äußerer Ausdruck dieser Entwicklung war die Entstehung von Jugendbewegungen um die Jahrhundertwende in jeweils nationalen Variationen, z.B. die Pfadfinderbewegung in England, die sich schnell international ausbreitete, und der Wandervogel in Deutschland. Diese Bewegungen erhoben einen begrenzten Anspruch der Selbsterziehung jenseits von Familie und Schule und brachen damit das Erziehungsmonopol der Erwachsenen. In Deutschland zumal verbündeten sich die Jugendbewegung und die reformpädagogische Bewegung ideell, aber auch praktisch, insofern aus der Jugendbewegung viele Erzieher hervorgingen, die sich als Lehrer und Sozialpädagogen reformpädagogischen Intentionen verschrieben.

Mit der Entdeckung des kindlichen und jugendlichen Subjekts einerseits und dem Selbsterziehungsanspruch der Jugend andererseits bekam nun auch die pädagogische Beziehung zwischen Erwachsenen und Jugendlichen bzw. Kindern eine neue Dimension. Zum einen entstand nun eine spezifische pädagogische Beziehung unter den jugendlichen Gleichaltrigen selbst, insofern ja in ihren Gruppen Führungs- und Leitungspositionen ausgebildet werden mußten, die mit einer eigentümlichen Verantwortlichkeit für andere verbunden waren; diese mußten sich wiederum unterscheiden von jenen Verantwortlichkeiten, wie sie Eltern oder Lehrer als Erwachsene trugen. Zum anderen veränderte sich die Beziehung zwischen Erwachsenen und Nichterwachsenen z.B. in den Schulen dahingehend, daß anstelle der früheren autoritären Erwartung ein eher kameradschaftliches Verhältnis trat, das Führung durch den Erwachsenen nicht ausschließen sollte, aber doch

Möglichkeiten der Diskussion und des Einbringens eigener Ideen durch die Jugendlichen eröffnete. Allerdings waren das zunächst einmal nur Gedanken und Postulate, die von einer Minderheit formuliert wurden und sich jedenfalls in Deutschland nie voll durchsetzen konnten, wie die spätere nationalsozialistische Erziehung zeigen sollte.

Die reformpädagogische Phase war also gekennzeichnet durch das Nebeneinander verschiedener Variationen der pädagogischen Beziehung, - je nachdem, um welche pädagogische Einrichtung es sich handelte; in den reformpädagogischen Landerziehungsheimen sah das anders aus als in einem durchschnittlichen deutschen Gymnasium. Auch politische Unterschiede sind erkennbar, denn die kameradschaftliche Beziehung zwischen Erwachsenen und Kindern galt nicht zu Unrecht als eine demokratische Erfindung, wovon folgerichtig antidemokratische politische Positionen wenig wissen wollten. Auch in den Jugendbewegungen selbst gab es in Deutschland erhebliche Unterschiede etwa zwischen völkisch-nationalistischen Gruppen und solchen der Arbeiterbewegung.

Wie groß diese Spannweite selbst in der deutschen Arbeiterbewegung war, mögen folgende beiden Beispiele verdeutlichen.

Das Kind als kleiner Genosse

Die deutsche Jugendbewegung begann als eine bürgerliche, nämlich 1904 mit der Gründung des *Wandervogel*, die von Gymnasiasten ausging. Aber auch Arbeiterjugendliche schlossen sich wenn auch zunächst nicht wie die Gymnasiasten zur Verbringung gemeinsamer Freizeit, sondern zur Durchsetzung ihrer Interessen als junge Arbeiter zusammen. Schon vor dem 1. Weltkrieg gründeten jedoch die Erwachsenenverbände der Arbeiterbewegung, SPD und Gewerkschaften, eigene Jugendgruppen (Vgl. Giesecke 1981). Dazu gehörte auch die *Kinderfreundebewegung*, die schon vor dem 1. Weltkrieg in Österreich entstand und sich danach auch in Deutschland ausbreitete. Sie richtete für Kinder von Arbeiterfamilien an Wochenenden und in den Ferien Freizeitangebote im Stile der Jugendbewegung ein. Notwendigerweise tauchte dabei die Frage auf, wie in diesen Veranstaltungen die Beziehungen der erwachsenen Betreuer zu den Kindern und die der Kinder unter einander zu gestalten seien. Da die Arbeiterbewegung im ganzen sich als politische und wirtschaftliche Emanzipationsbewegung gegen das Bürgertum verstand, wollte sie in ihren pädagogischen Maßnahmen die z.B. in der Schule noch weit verbreiteten autoritären Beziehungsmuster verständlicherweise nicht übernehmen.

Vor allem in den mehrwöchigen Ferienmaßnahmen, die als *Kinderrepubliken* organisiert waren, konnten sich neue pädagogische Vorstellungen entfalten, die sich unter der Formel *Das Kind als kleiner Genosse* zusammenfassen lassen. In Deutschland war Kurt Kerlöw-Löwenstein, zeitweise Stadtschulrat in Berlin, der organisatorisch und pädagogisch führende Kopf der Bewegung. Seine Vorstellungen zur pädagogischen Beziehung lassen sich etwa folgendermaßen zusammenfassen.

Ausgangspunkt der Überlegungen war, daß das Arbeiterkind täglich erlebe, daß es ihm im Vergleich zu bürgerlichen Kindern schlechter gehe und daß es auch als „schlechter" angesehen werde. Es übernehme diese Interpretation und lerne sich selbst als minderwertig fühlen, es entwickle Minderwertigkeitskomplexe. Das einzelne Kind könne sich dem nicht entziehen, aber in der Gemeinschaft der Kindergruppen ließen sich gegenteilige Erfahrungen machen. Die Hebung des Selbstwertgefühls wird nun verbunden mit der inneren Demokratisierung der Gleichaltrigengruppe, mit einem Lebensstil also, der sich erheblich von dem der sonst üblichen bürgerlichen Erziehung unterscheidet. Mitbestimmung und Mitverantwortung sind die tragenden Motive.

„Es ist selbstverständlich, daß grundsätzlich persönliche Autoritäten abgelehnt werden. Auch der Helfer der Kindergruppen ist nur ein Funktionär neben den Funktionären aus den Reihen der Kinder. Daß Helfer und Kinder durchgängig sich mit dem Vornamen und dem demokratischen 'Du' anreden, entspricht der gleichen Tendenz. Durch die Übertragung befristeter Funktionen, von deren gewissenhafter Durchführung oft genug das Wohlbefinden der Gruppe abhängt, wird Verantwortlichkeitsbewußtsein herangezogen. In der Kinderfreunde-Bewegung wird stark unterschieden zwischen Pflichterfüllung einer autoritativ und meistens auch persönlich aufgetragenen Aufgabe und der Verantwortung in der selbständigen Durchführung eines von der Gruppe festgelegten Zweckes. In der Mannigfaltigkeit der sich natürlich gebenden Aufgaben wird allgemein der Grundsatz verfolgt, die Kinder

an die Formen demokratischen Lebens zu gewöhnen und sie als verantwortliche Glieder in Gemeinschaftsaufgaben einzuordnen" (Löwenstein 1929, S. 145).

Auch Löwenstein mobilisierte also wie die anderen bisher erwähnten Pädagogen ein Kindheitsbild, das gegen die empirisch vorfindbare Realität der Kinder ins Feld geführt wird, nämlich das des kleinen Funktionärs, der in einer Gemeinschaft der grundsätzlich Gleichberechtigten ein Mandat übertragen bekommt und in dieser Funktion - nicht generell - auch den Erwachsenen gleichgestellt ist. Damit wird die pädagogische Beziehung situativ differenziert: es kommt auf die Situation an, wie diese Beziehung zu verstehen ist; hat das Kind ein Amt im Rahmen der Gemeinschaft übernommen, schuldet ihm auch der Erwachsene insofern den gebührenden Respekt und hat sich grundsätzlich der daraus resultierenden Kompetenz zu fügen. Das Amt bzw. die Funktion heben das Kind gleichsam aus seiner bloßen Kindlichkeit heraus. Es bekommt einen Autonomiespielraum zugebilligt, den es bereits mit seinen Kräften ausfüllen und verantworten kann. Damit verband sich die Hoffnung, daß es auf diese Weise eine Erfahrung von demokratischer Teilhabe gewinnt, die es später - als Erwachsener - auch politisch werde geltend machen. Es gehörte jedoch zu diesem Kindheitsbild, daß unmittelbare politische Beeinflussung oder gar Agitation grundsätzlich pädagogisch verpönt waren; sie galten nicht als kindgemäß, sollten Aufgabe der Erwachsenen bleiben. Immerhin aber nahm auch diese pädagogische Reform ihren Ausgang von einer politischen Kritik der bestehenden Gesellschaft, wie wir es seit Rousseau kennengelernt haben.

Bemerkenswert ist, daß die *Kinderfreunde* mit ihrer Vorstellung vom Kind als kleinem, aber vollwertigen Genossen bzw. Funktionär die pädagogische Beziehung ähnlich definierten wie Makarenko, obwohl beide Seiten keine Kenntnis von einander haben konnten. Ein wichtiger Unterschied besteht allerdings darin, daß die *Kinderfreunde* auf Freizeitveranstaltungen beschränkt blieben, ihre Gemeinschaften also nicht wie die der Gorkij-Kolonie um ihr wirtschaftliches Überleben kämpfen mußten.

Das Kind als Klassenkämpfer

Die pädagogischen Grundsätze der *Kinderfreunde* hielt die *Kommunistische Partei Deutschlands (KPD)* zur gleichen Zeit aufgrund ihrer marxistischen Klassenkampfkonzeption für illusionär. Nach ihrer Auffassung könne eine neue, demokratische Pädagogik sich erst dann entfalten, wenn der ökonomische und politische Klassenkampf zugunsten der Arbeiterklasse entschieden worden sei. Vorher dienten pädagogische Unternehmungen wie die von Kurt Löwenstein und wie die bürgerliche Reformpädagogik überhaupt lediglich der Verschleierung dieser Auseinandersetzung. Angesagt sei vielmehr eine kompromißlose ideologische „Entlarvung" solcher bürgerlicher Konzepte und offener Klassenkampf, in den auch die proletarischen Kinder einzubeziehen seien, z.B. durch Schulstreiks und durch Agitation in den Schulen und auf öffentlichen Kundgebungen. Edwin Hoernle, in der Weimarer Zeit pädagogischer Chefideologe der KPD, verband damit sogar ein Programm für die Mobilisierung des verwahrlosten und kriminellen Proletarierkindes, indem er dessen Verhalten als eine Art von Vorstufe des bewußten politischen Kampfes deutete.

„Das kämpfende proletarische Kind war schon lange vorhanden, ehe es einen Kommunisten gab, der sich seiner annahm. Der Kampf des Kindes ist so alt wie die Ausbeutung des Kindes, wie die Unterdrückung und Brutalisierung des Kindes. Er ist die natürliche Reaktion der Kinder gegen das Verbrechen, das der Kapitalismus, das unverständige Eltern, reaktionäre Lehrer Tag für Tag an Seele und Körper der Arbeiterkinder verüben.

Allein dieser Kampf verlief bisher regellos, vereinzelt und unglücklich. Das proletarische Kind kämpfte, kämpfte aus innerer und äußerer Not, kämpfte, ohne Weg und Ziel zu wissen, ohne Hilfe, Rückhalt und Verständnis bei den Erwachsenen zu finden. Es ging aus diesem Kampf hervor, geistig verkrüppelt, moralisch geknickt; nur wenige heilten später die Wunden aus. Das ausgebeutete, mißhandelte, systematisch vom Dienstherrn, von Eltern, vom Lehrer gequälte Kind wehrt sich, so gut es kann. Es sucht die Schule zu hintergehen (schwänzt), es ersinnt tausend kleine Tükken und Listen, Ausreden und Beschönigungen, um die Strafe abzuwenden, es flüchtet zu dem unsauberen Mittel des Petzens, des Spitzeltums, um für sich selber eine günstige Position zu schaffen.

Die besten Kinder werden trotzig, bockig, verschlossen... Ist es ein Wunder, daß unsere Kinder als geistige Krüppel, als moralisch defekt diese Schulen und Werkstätten und das ach so 'traute Heim' verlassen? Ist es ein Wunder, daß sie unehrlich, diebisch, tückisch und hinterlistig werden? Sie müssen es ja, um unter der Peitsche der Ausbeutung und der Sklaverei, um in Not und Fron nicht ganz zugrunde zu gehen! ... Das Neue, daß wir Kommunisten aussprechen, ist dies: Der Kampf der Kinder darf sich nicht länger bewegen im Dunkel des Unterbewußtseins, in der Vereinzelung, in der ungeleiteten, regellosen, verzweifelten und deshalb demoralisierenden Art tierischer Selbsthilfe. Nein, der Kampf unserer ausgebeuteten, unterdrückten, mißhandelten Kinder soll ans Licht gezogen, soll bewußt organisiert und solidarisch geführt werden, als Teilkampf im Klassenkrieg der arbeitenden Klasse. Er soll mitgeführt werden von dem gesamten revolutionären Proletariat. Erst dadurch retten wir unsere Kinder vor dem Untergang in Lüge, Tücke, Feigheit, Duckmäuser- und Stänkertum, Verzweiflung und Verbrechen, indem wir eine neue Lebensbejahung in ihnen wecken, das große Erlebnis der Arbeitersolidarität, des solidarischen Kampfes gegen die Unterdrücker" (Hoernle 1958, S. 82 ff.).

In diesem Konzept ist nichts von den eben beschriebenen Grundsätzen der Reformpädagogik enthalten. Nicht die Individualität des Kindes und die Entfaltung seiner persönlichen Fähigkeiten stehen zur Debatte, es wird vielmehr gesehen als Teil einer sozialen Schicksalsgemeinschaft, nämlich seiner Klasse. Erst wenn diese die Macht errungen hat, kann sich auch das Kind individualisieren; bis dahin müssen entsprechende pädagogische Konzepte vertagt werden. Auch darin steckt ein Kindheitsideal, das der schlechten Wirklichkeit gegenübergestellt wird; allerdings kann es nicht gegenwärtig zum Zuge kommen - das wäre politisch illusionär - , sondern muß die politisch-ökonomischen Bedingungen seiner Möglichkeit erst abwarten. Unter den gegenwärtigen gesellschaftlichen Klassenverhältnissen sind die real existierenden pädagogischen Beziehungen in Familie, Schule und in den sozialpädagogischen Einrichtungen lediglich Teil des allgemeinen politischen Unterdrückungssystems.

Das Konzept einer politischen Mobilisierung gerade auch verwahrloster Kinder und Jugendlicher mit dem Ziel, auf diese Weise auch deren persönliche Defizite zu beheben, hat Anfang der 70er Jahre noch einmal Furore gemacht, als Gruppen der Studentenbewegung die Freilassung von Zöglingen aus Fürsorgeanstalten erzwangen, um sie - im ganzen vergeblich - in Wohngemeinschaften mit Studenten zu resozialisieren. Im übrigen blieb diese radikale klassenkämpferische Position, die von der Kindlichkeit des Kindes nahezu vollständig absah, zwar Episode, aber ihre kritischen Attacken gegen den „bürgerlichen" Charakter der pädagogischen Beziehung überhaupt wurden in den 70er Jahren - wenn auch nicht immer unter Berufung auf die frühere KPD - wieder aufgegriffen (Vgl. Gamm).

Kinderrepubliken

Die Idee der *Kinder- und Jugendrepubliken*, wie wir sie eben am Beispiel sozialistischer Ferienmaßnahmen kennen gelernt haben, war ein typisches Produkt der Reformpädagogik und keineswegs auf eine bestimmte politische Grundposition beschränkt. Sie ist bis heute wirksam. Selbstverwaltung und Selbstregulierung der Gleichaltrigen stehen in ihrem Mittelpunkt. Im Zusammenhang unseres Themas sind die Kinderrepubliken deshalb von besonderer Bedeutung, weil in ihnen eine neue Dimension der pädagogischen Beziehung zum Ausdruck kommt, die in den Einrichtungen von Pestalozzi, Wichern und Bosco nicht zu finden war. Dort handelten die Kinder, wenn sie denn überhaupt an der Verwaltung beteiligt waren, *im Auftrag* und *auf Weisung* der Erzieher. In den Republiken jedoch behielten zwar schon aus rechtlichen Gründen die Erzieher weiterhin die Oberaufsicht, aber sie setzten damit nur einen Rahmen für die eigenverantwortliche Gestaltung des Gemeinschaftslebens durch die Kinder selbst. Auf diese Weise differenzierte sich die pädagogische Beziehung zwischen Erziehern und Zöglingen, sie bewegte sich nun gleichsam auf unterschiedlichen Ebenen. Auf der rechtlichen Ebene der Gesamtverantwortung ging es um wenige grundsätzliche Vorgaben und Interventionen, die dem Schutz des einzelnen Kindes sowie dem Wohl der Einrichtung dienten, wozu auch deren Ansehen in der Öffentlichkeit gehörte. Innerhalb dieser Grenzen jedoch konnte die Beziehung nun andere Färbungen annehmen, etwa solche der Freundschaft, der Kameradschaft, der Beratung, des Vorbildes. Die Kinder andererseits fanden nun Spielraum, sich selbst zu führen, für einander Verantwortung zu übernehmen, sogar teilweise den Unterhalt für sich und die Gemeinschaft zu erwirtschaften, - sei es durch produktive Arbeit wie in der Gorkij-Kolonie, sei es wenigstens durch Mitwirkung in der Hauswirtschaft wie in Korczaks Dom Sierot. Der pädagogische Nutzen eines solchen Arrangements für die Entwicklung von Selbstbewußtsein und für die Einsicht in die eigenen Fähigkeiten und Grenzen liegt auf der Hand. Die Gorkij- Kolonie und das Dom Sierot lassen sich bereits als moderne Kinderrepubliken verstehen. Sie waren jedoch nicht die einzigen Beispiele, die sich nennen ließen, allerdings sind es diejenigen, die durch die literarische Produktivität ihrer Erfinder am bekanntesten geworden sind.

Zunächst entstanden solche Einrichtungen als Notbehelfe für Kinder, die als Waisen oder aus sonstigen Gründen nicht in ihrer Familie aufwachsen konnten. Dazu zählen die großen klassischen Beispiele, zu denen neben den genannten auch Boys Town in den USA gehört; Father Flanagan, ein katholischer Priester, hat dieses Gemeinwesen für Jungen 1917 gegründet und es existiert heute noch (Vgl. Kamp, S. 545 ff.). Aber auch andere wären zu nennen, von denen wir heute wenig wissen (Vgl. Liegle 1989). Nach dem 1. Weltkrieg versuchte man in Deutschland, Fürsorgeerziehungsheime nach entsprechenden Grundsätzen zu gestalten (Vgl. Wilker).

Der durch die Jugendbewegung forcierte Gedanke einer Selbstverwaltung des jugendlichen Gemeinschaftslebens in Zusammenarbeit mit den zuständigen Erziehern ergriff aber auch „normale" pädagogische Einrichtungen. Die übliche Halbtagsschule tat sich schwer damit, weshalb einzelne Schulen oder Schulverbände auf dem Lande S*chullandheime* erwarben oder Jugendherbergen nutzen, um ihre Klassen zeitweise dorthin zu schicken, weil auf diese Weise das Zusammenleben rund um die Uhr ganz anders gestaltet werden konnte als ein üblicher Schulvormittag. Ein weiterer Ausweg war die Gründung von *Landerziehungsheimen*, von Internaten also, wie sie etwa Hermann Lietz, Kurt Hahn, Gustav Wyneken und Paul Geheeb vornahmen, in denen der Schulunterricht sich zu einer umfassenden Erziehungsgemeinschaft im Sinne einer *Schulgemeinde* erweitern konnte (Vgl. Scheibe; Springer). Ein weiteres Beispiel sind die Kibbuzim in Israel; sie entstanden dort in der Pionierzeit, als die Erwachsenen vollauf mit der Bearbeitung des kümmerlichen Bodens und mit Aufgaben der Verteidigung beschäftigt waren und die Kinder gemeinschaftlich erzogen werden mußten (Vgl. Liegle; Liegle/Bergmann; Melzer).

Zu den bekanntesten Nachkriegsgründungen gehört die inzwischen durch ihren Zirkus berühmt gewordene Kinderrepublik Bemposta in Spanien. Allerdings sind die darüber zugänglichen Informationen höchst widersprüchlich (Vgl. Fitz-Radl; Kamp; Möbius; Poschkamp/ Schnyder).

Viele Projekte einer Kinderrepublik überlebten nicht lange, weil sie gebunden waren an bestimmte Persönlichkeiten. Gemeinsam war ihnen jedoch eine demokratische Grundintention, - sei es, daß die Zöglinge lernen sollten, in eine bereits bestehende demokratische Republik der Erwachsenen hineinzufinden wie in den USA, sei es, daß die Erziehung eine solche vorwegnehmen sollte wie bei den erwähnten *Kinderfreunden*.

2. Alexander S.Neill: Das Kind als Selbstregulierer

Unter den Reformpädagogen nimmt A. S. Neill wegen seiner radikalen Position eine Sonderstellung ein. Sie soll hier auch deshalb etwas ausführlicher dargestellt werden, weil sie in den 70er Jahren bei uns eine beachtliche Wirkung gefunden und das pädagogische Denken bis heute nachhaltig beeinflußt hat. Neills Vorstellungen über Erziehung - oder besser gesagt: über Nicht-Erziehung - durch Erwachsene ging weit über die schon bei Korczak zu findende Relativierung der Erwachsenenrolle in der pädagogischen Beziehung hinaus. Als theoretische Grundlage dienten ihm dafür Elemente der psychoanalytischen Theorie.

Leben und Werk

Alexander Sutherland Neill wurde am 17. Oktober 1883 geboren und wuchs im schottischen Kingsmuir auf, wo sein Vater Dorfschullehrer war.

„Wir waren alles andere als reich. Das Gehalt meines Vaters überstieg nie mehr als 130 Pfund im Jahr, und wie sie acht Kinder großzogen und drei von uns auf die Universität schickten, ist ein Geheimnis. Nur große Aufopferung kann das erklären. Meine Mutter erhöhte unser mageres Einkommen dadurch, daß sie Federn färbte und eindrehte, und mein Vater gab für sich selbst nichts aus“ (Neill 1973, S. 23).

Bei ihm erlernte er ab Mai 1899 bis Juli 1903 in einer Art Handwerkslehre den Lehrerberuf, nachdem er vorher zwei Jahre lang vergeblich versucht hatte, in anderen Berufen Fuß zu fassen. Seine Prüfungsergebnisse waren jedoch so schlecht, daß sie nur zu Hilfslehrer-Stellungen berechtigten. Zunächst war er drei Jahre in der Nähe von Edinburgh als Lehrer tätig und unterschied sich nicht von anderen seines Berufes, die die Kindern prügelten und von ihnen Gehorsam, gute Manieren und militärische Disziplin forderten. Neill war in dieser Zeit ein eifriger Konservativer und versuchte, Anschluß an die bürgerliche Gesellschaft und ihre Kultur zu gewinnen. Ende November 1906 begann er eine Lehrertätigkeit in Newport, einem südlichen Vorort von Dundee, nachdem er endlich das Hilfslehrerexamen bestanden hatte. In dieser Schule änderte er sein Verhalten zu den Kindern und unternahm mit seiner Klasse Naturbeobachtungen und Wanderungen, zeichnete und malte mit ihr. Er fand hier auch Kontakt zur feinen Gesellschaft und ihrer Kultur, lernte Benehmen und gute Manieren.

Im Oktober 1908 begann er, nachdem er die Eingangsprüfung bestanden hatte, an der Universität in Edinburgh Chemie und Naturphilosophie zu studieren, wechselte aber nach einem Jahr zur Anglistik. Er beteiligte sich aktiv an der Studentenvertretung, gab ein Studentenmagazin heraus, in dem er seine ersten journalistischen Arbeiten veröffentlichte, und wandte sich sozialkritischen Autoren wie Nietzsche, Wells, Ibsen und vor allem Shaw zu.

„Er kam zu sozialistischen Ideen und sah sich als Sozialreformer im Shawschen Sinne, bekannte sich zur Gleichheit aller Menschen, zur Frauenemanzipation und freien Liebe, lehnte die herrschende Religion und Institutionen wie Kirche, Ehe, Familie, Staat und Schule scharf ab und verurteilte gute Manieren, Tradition, Rassismus und soziale Klassentrennung" (Kamp. S. 312).

Auch das damalige Universitätsleben kritisierte er, zum Beispiel das Prüfungssystem und die Vernachlässigung des selbständigen Denkens sowie die große Distanz zwischen Professoren und Studenten. Im Juli 1912 erwarb er den Magistergrad in Anglistik und arbeitete als Redakteur in verschiedenen Verlagen. Seine berufliche Zukunft sah er im Journalismus, nicht in der Pädagogik.

„Ich hatte meinen akademischen Grad und wußte nicht, was ich damit anfangen sollte. Ich wußte nur das eine: Ich wollte kein Lehrer werden. Der Gedanke, ich sollte mein Leben als Englisch-Pauker an irgendeiner zweitrangigen Provinzoberschule oder Akademie hinbringen, machte mich schaudern. Nein, das Lehramt würde meine letzte Zuflucht sein, wenn alle anderen Stricke rissen" (Neill 1973, S. 112).

In der Zeit des Studiums war Neill von einem Versager und Trottel der Familie und entschiedenen Vertreter der konservativen

Gesinnung seiner Eltern zu einer gesellschaftskritischen Haltung gelangt.

„Neill war nun zeitlebens von einer feindlichen Abneigung gegen Religion, Schule, Bildungserwartung und Lernzwang, überhaupt Zwängen jeglicher Art geplagt, unter denen er in Kindheit und Jugend gelitten ... hatte. Diese tiefsitzenden Abneigungen bestimmten sein Lebenswerk ebenso wie seine Überzeugungen" (Kamp, S. 313).

Die journalistische Laufbahn war jedoch nicht erfolgreich, und ab Oktober 1914 vertrat er in Gretna Green den zum Militär eingerückten Schulmeister. Hier machte er sich zum ersten Mal Gedanken über Erziehungsfragen. Sein Vorgänger hatte die Schule autoritär geführt und auch Neill benutzte zunächst den Lederriemen als Disziplinierungsinstrument, ließ aber bald davon ab.

„Aus der stillen Schule wurde ein Gartenlokal voller Lärm und Gelächter. Aber wir hielten die üblichen Unterrichtsstunden ab, und sie lernten vermutlich nicht weniger, als wenn sie Angst vor mir gehabt hätten, ... jedenfalls fand ich es ziemlich nutzlos, Kindern die Geographie Indiens beizubringen, wenn sie dann doch nur auf die Bauernhöfe gingen" (Neill 1973, S. 122). Die Kinder durften nun während des Unterricht reden und ohne besondere Erlaubnis den Raum verlassen; jeder konnte sich mit den Themen befassen, die ihn interessierten. Einen Tag hatten die Schüler frei, die Hausaufgaben wurden abgeschafft. Über diese Schultätigkeit erschien 1915 sein erstes Buch, das *Tagebuch eines Schulmeisters (A Dominie's Log)*. Darin schrieb er, daß Erwachsene ihre Werte nicht den Kindern aufdrängen dürfen, daß die Kinder nicht urteilen, sondern verstehen lernen sollen. Außerdem beklagte er, daß jegliche Erwähnung von Sexualität die sofortige Entlassung aus der Staatsschule bedeuten würde. Seinen Schülern wollte er eine bestimmte Haltung zum Leben beibringen; sie sollten zweifeln und Fragen stellen und nicht demütig und unterwürfig sein. In seinem 1917 erschienenen zweiten Buch *Hinauswurf eines Schulmeisters (A Dominie Dismissed)* erzählt er eine fiktive Geschichte über seinen Hinauswurf aus der Schule, der aber nie erfolgte. Die Schulen sollten Spielplätze statt Gefängnisse sein, das Kind solle vor allem lernen, ein Rebell zu sein. Lesen lernen sollten die Schüler erst dann, wenn sie es wollen, und der Lehrer

sollte den Schülern auf Wunsch helfen, sie beraten und im übrigen mit ihnen gemeinsam lernen.

Im 1. Weltkrieg wurde Neill Soldat und brachte es bis zum Offizierspatent. Während der Grippeepidemie Mitte 1918 erkrankte er - wie auch Korczak - sehr schwer und erlitt anschließend einen Nervenzusammenbruch. Von einem der behandelnden Ärzte, der seine Träume analysierte, erfuhr er zum ersten Mal von Freuds psychoanalytischer Theorie.

Während der Militärzeit wurde Neill auf das von Homer Lane geleitete *Little Commonwealth* aufmerksam, das er besuchte; nach Kriegsende wollte er dort als Lehrer tätig werden, aber da war es bereits geschlossen. Das *Little Commonwealth* war eine Einrichtung für verwahrloste Jungen und Mädchen, das Homer Lane, der amerikanischer Staatsbürger war, nach dem Scheitern eines ähnlichen Versuches in den USA 1913 in England gegründet hatte (Vgl. Kamp S. 254 ff.). Bemerkenswert an diesem Experiment waren die aus Amerika mitgebrachte Idee der Selbstverwaltung der Zöglinge und das psychoanalytisch begründete Nichteingreifen der Erwachsenen in die aggressiven Verhaltensweisen der Zöglinge. Die dem zugrunde liegenden emotionalen Impulse sollten nicht machtvoll unterdrückt werden, sondern sich ausleben können. Damit war die Hoffnung verbunden, daß sich die zunächst antisozialen Regungen in der Gruppe selbst regulieren und sich so auf eine höhere, altruistische Ebene der Gesittung hinbewegen würden. Das *Little Commonwealth* wurde 1918 wegen eines Skandals geschlossen; Lane war danach als Psychoanalytiker tätig und starb im Jahre 1925 (Vgl. Kamp, S. 271 ff.).

Neill betrachtete die Begegnung mit Homer Lane als Wendepunkt seines Lebens. Seine bisherige Vorstellung, er müsse auf seiten der Kinder stehen, war eher intuitiv und instinktiv gewesen. Nun lieferte ihm die Psychoanalyse dafür eine Theorie. Der Blick wandte sich von den Verhaltenserwartungen auf die unbewußten Motive. Homer Lane wurde sein Freund, er ließ sich von ihm analysieren und lernte von ihm die Theorie der Psychoanalyse. Diese Wende spiegelt sich wider in seinem 1921 erschienenen Buch *A Dominie in Doubt*: Bisher hatte Neill seine sozialreformerischen Positionen seinen Schülern beizubringen versucht, nun forderte er die Entwicklungsfreiheit des Schülers ohne jede Vorgabe.

„Niemand ist weise genug, um einem anderen dessen Lebens-Ziele vorschreiben zu können. Die Psychoanalyse kann zwar Vergangenheit aufklären und alte Blockaden beseitigen, nicht aber verbindliche Ziele für die Zukunft definieren. Er sah die Zeit der Erziehung bereits als einen vollwertigen Teil des Lebens, nicht nur als die Vorbereitung auf ein erst später stattfindendes Leben.

Erziehung und Schule sollten das Kind natürlich machen, sollten und könnten es aber nicht gut machen. Der von Erwachsenen im Kind geschaffene Konflikt zwischen dem eigentlichen, ursprünglichen, natürlichen, wenngleich noch amoralischen Willen des Kindes und dem, was das Kind nach dem Willen des Erwachsenen wollen soll (gut sein, Moral, Manieren etc.), bezeichnete Neill (wie Lane) als die Erbsünde der Erziehung, aus der alle weiteren schlechten Gewohnheiten von Kindern entstehen. Darum brauche das Kind ganz allgemein Freiheit und Ermutigung, aber keinesfalls Lehrer-Autorität, Beschränkung und Passivität. Moral und gutes Benehmen könnten und würden Kinder nur aus eigener Erfahrung selbst lernen. Antisoziale Kinder sollen deshalb ihren Kameraden überlassen werden" (Kamp, S. 318).

Anfang Januar 1919 wurde Neill Lehrer an der *King Alfred School* in Hampstead, einem Londoner Stadtteil, - einer sehr fortschrittlichen, modernen und freien Schule. Es gab keine körperlichen Züchtigungen, keine Noten, keinen Wettbewerb. Ein Selbstregierungsgremium aus gewählten Repräsentanten der Lehrer und Schüler erließ Schulgesetze und setzte sie durch. Gleichwohl war Neill diese Schule noch nicht fortschrittlich genug. Die Distanz der Erwachsenen zu den Kindern war nicht aufgehoben und trotz der Koedukation war das Klima prüde. Neill dagegen versuchte, die Schüler zu allem Verhalten, auch zu antisozialem, zu ermutigen und wollte sie ihre eigenen Erfahrungen machen lassen. Nur so würden die Nachteile des antisozialen Verhaltens erfahrbar und glaubhaft werden können. Diese radikale Haltung führte zum Konflikt und Mitte 1920 mußte Neill die Schule verlassen.

Nun war er entschlossen, eine eigene Schule zu gründen. Seine pädagogischen Vorstellungen, die im Grunde nun therapeutische waren, ließen sich nach seiner Erfahrung nicht in einer Tagesschule verwirklichen, auch wenn sie fortschrittlich war, weil die Kinder immer auch anderen Einflüssen und Loyalitäten unterworfen waren. Inzwischen war Neill ein bekannter und im großen und ganzen positiv rezensierter Autor geworden. Ab Juli 1920 wurde er von Beatrice Ensor, die als erste Frau vom Erziehungsministerium zur Schulinspektorin bestellt worden und allen fortschrittlichen Ideen gegenüber aufgeschlossen war, zum Mitherausgeber der reformpädagogischen Zeitschrift *New Era* berufen. Damit erhielt er eine Plattform für seine radikalen pädagogischen Vorstellungen; seine Beiträge riefen teilweise heftige Kritik hervor - auch unter den Reformpädagogen selbst. Diese forderten zwar allgemein Individualisierung, Freiheit, Demokratie, Selbstregierung, Selbstentwicklung und Toleranz,

„doch die Mehrzahl der Reformpädagogen meinte angeleitete und begrenzte Freiheit im Rahmen der bestehenden Moral und guten Sitten, von Geschmack und Anstand, nach den fertig vorgegebenen Standards und Idealen“ (Kamp, S. 325).

Das war Neill nicht konsequent genug. In der Zeitschrift kam es unter anderem zu einer heftigen Debatte über Maria Montessori, deren Position Neill scharf ablehnte. Er kritisierte ihre festen Moralvorstellungen und sah sie als Chrakterformerin. Im Januar 1923 beendete Ensor wegen der unüberbrückbar gewordenen Meinungsunterschiede die Mitherausgeberschaft Neills.

Entgegen seiner nach dem Studium gefaßten Absicht, niemals wieder Lehrer zu werden, war er nun doch bei diesem Beruf für den Rest seines Lebens gelandet.

„Es klingt absurd, daß ein Mann, der später als pädagogischer Ketzer bekannt wurde, die Laufbahn des Lehrers einschlug, weil er im Journalismus scheiterte und fürs Militär nicht genügend Mut hatte“ (Neill 1973, S. 122).

Seine lange geplante freie, selbstregierte Schule begann 1921 in Deutschland, in der Gartenstadt Hellerau bei Dresden. Dorthin war er aufgrund einer Vortragsreise über Calais und Salzburg gekommen und hier gründete er die „Internationale Schule“ mit.

„Mein Aufenthalt in Hellerau war die schönste Zeit meines Lebens“ (Neill 1973, S. 146). Das Unternehmen war jedoch mit einer Reihe politischer, administrativer, finanzieller und pädagogischer Schwierigkeiten und Streitigkeiten behaftet, so daß es offenbar nie recht zum Zuge kam (Vgl. Kamp, S. 329 ff.). Zudem gingen Neill die dort tätigen deutschen Reformpädagogen, die

stark von Paul Geheeb, dem Gründer der Odenwaldschule beeinflußt waren, nicht weit genug; ihnen ging es um objektive Ideale wie Moral, Kultur und Askese, mit denen Neill nichts im Sinn hatte.

„Die deutschen Lehrer werden von Neill als jugendbewegte hochgebildete Idealisten in Wandervogelkleidung beschrieben, als stets ernste Charakterbildner, die alles auf erzieherischen Wert hin prüften und Alkohol, Tabak Kinos und Foxtrott verabscheuten. Laut Neill waren sie an Erziehung interessiert, er selbst aber an den Kindern. Neill wollte es unter allen Umständen vermeiden, zu objektiven Werten (etwa einer vorgegebenen Kultur) hin zu erziehen" (Kamp, S. 346).

Ende 1924 kam Neill nach England zurück und mietete ein Haus in Lyme Regis in der Grafschaft Dorset, das Summerhill genannt wurde. Aus Deutschland hatte er fünf Schüler mitgebracht, - *„drei, die den halben Satz bezahlten und zwei, die gar nichts bezahlten. ... Da Lyme ein Ferienort war, verwandelten wir die Schule während der Ferien in eine Pension und konnten uns so über Wasser halten"* (Neill 1973, S. 152). Er wollte sich nun auf Problemkinder spezialisieren und veröffentlichte 1926 das Buch *The Problem Child*, das in zehn Jahren fünf Auflagen erlebte und der Schule weitere Schüler zuführte.

„Neill verstand sich inzwischen als Kinderpsychologe und nicht mehr als Pädagoge. Die Schule hatte - der Spezialisierung gemäß - viele Problemkinder: Diebe, Lügner, Bettnässer, Kinder mit Wutanfällen und solche, die in Phantasiewelten lebten oder an extremer Eifersucht auf Geschwister litten. Viele waren von ihren Eltern mißbraucht und mißachtet worden. Viele kamen auch von den Public-Schools mit ihrer betont harten Erziehung" (Kamp, S. 378).

Neill betrieb die Schule gemeinsam mit Ada Lilian Lindsay-Neustätter, die zu den Mitbegründern der „Internationalen Schule" in Hellerau gehört hatte und die nun aus Deutschland mitgekommen war. Kennengelernt hatte er sie schon vorher; ihr Sohn Walter Neustätter war Schüler der erwähnten King Alfred School. Er und seine Mutter wurden vom Kriegsausbruch überrascht und blieben vom Vater bzw. Ehemann bis 1919 getrennt. Nun war Frau Lindsay-Neustätter geschieden und wurde Neills Ehefrau; in der Schule wurde sie kurz *Mrs. Lins* genannt.

Im Jahre 1927 zog die Schule mit 31 Schülern nach Leiston um, wo sie immer noch besteht; ihren Namen *Summerhill* behielt sie bei. In den 30er Jahren erlebte sie ihren Höhepunkt. Neill war ein im In- und Ausland gefragter Referent, seine Bücher wurden in verschiedene Sprachen übersetzt. 1937 erschien *That Dreadful School*. Es war Neills meistbeachtete Veröffentlichung vor *Theorie und Praxis der antiautoritären Erziehung* und erschien 1950 auch in deutsch unter dem Titel *Selbstverwaltung in der Schule*. Wesentliche Passagen daraus wurden später in *Theorie und Praxis* übernommen.

Mitte der 30er Jahre lernte Neill Wilhelm Reich kennen und nahm bei ihm Therapiestunden, weil er zeitlebens gesundheitliche Probleme hatte. Sie wurden Freunde, und Neill zollte ihm lebenslang Respekt, auch als er zu seinen späten Arbeiten keinen Zugang mehr fand. Reich war zunächst Schüler Freuds gewesen, wandte sich dann aber von ihm ab und ging eigene Wege. Im Unterschied zu Freud hielt er Neurosen grundsätzlich für vermeidbar, wenn der Konflikt zwischen den Triebansprüchen und den gesellschaftlichen Ansprüchen durch Abbau von Herrschaft und Triebunterdrückung gemildert würde. Deshalb zog er aus der psychoanalytischen Lehre entsprechende politische Folgerungen etwa nach Abschaffung der Zwangsehe, der patriarchalischen Familie und plädierte für sexuelle Freiheit. In den dreißiger Jahren war er unter anderem durch sein Buch *Massenpsychologie des Faschismus* bekannt geworden. Für Neill persönlich war er von Bedeutung, weil er die Überzeugung vertrat, daß Neurosen körperliche Verspannungen zur Folge haben. Seine entsprechende Therapie, die bei den Verspannungen ansetzte, war bei Neill erfolgreicher als alle bisherigen Behandlungen.

„Zu seinen Gesundheitsproblemen trugen die emotionalen Schwierigkeiten erheblich bei. Neill konnte kaum Zuneigung ausdrükken, kam mit emotionalen Forderungen Erwachsener nicht zurecht und hatte nur sehr wenige enge Freunde, wobei auch stets die Freunde die Initiative ergriffen hatten. Auch konnte Neill Konflikte mit anderen Erwachsenen auf persönlicher Ebene sehr schwer vertragen und war zu manchem bereit, sie zu vermeiden" (Kamp, S. 398).

Hinzu kamen sexuelle Probleme. Die Ehe war eine ihn sexuell frustrierende Vernunftehe; er hatte geheiratet, um seiner Frau die britische Staatsbürgerschaft wieder zu verschaffen, die sie durch ihre erste Heirat verloren hatte, und weil ein unverheiratetes, rein berufliches Zusammenleben mit ihr seiner Schule erhebliche Schwierigkeiten bereitet hätte. Obwohl er von attraktiven Frauen umgeben war, hatte er offenbar keine Affären, - mit einer Ausnahme: mit 50 Jahren verliebte er sich in eine junge Österreicherin, die Summerhill besucht hatte.

„Die ganze Kette erbärmlicher Heimlichkeiten begann. Ich mußte lügen, erfand Reisen nach London, wo ich angeblich meinen Verleger oder meinen literarischen Agenten aufsuchen wollte. Wir gingen in abgelegene Hotels, hatten Angst, jemand, den wir kannten, würde den Speisesaal betreten. Auf Spaziergängen draußen in der Landschaft wandten wir die Gesichter ab, wenn Autoscheinwerfer uns anstrahlten. Wir stiegen in Hotels unter falschem Namen ab. Es war die Hölle. Hölle und Verdammnis. Dann kam meine Frau hinter unser Verhältnis. Wochen abscheulicher Diskussionen und grausamer Worte folgten. Ich dachte daran wegzugehen und mit meiner neuen Liebe zusammen zu leben. Ich tat es nicht. ... Wäre ich zu Helga gegangen, hätte das meine Schule ruiniert“ (Neill 1973, S. 271 f.).

Die Begegnung mit Reich veränderte seine Einstellung zur Psychoanalyse. An Freud, der ihm in manchen Punkten nicht radikal genug war, kritisierte er das pessimistische Menschenbild und seine Lehre vom angeborenen Aggressionstrieb und vom Todestrieb. Zudem war er nicht einverstanden mit Freuds Betonung der Triebeinschränkung und Triebbeherrschung. Unter dem Einfluß von Reich sah er stärker die gesellschaftlichen Bedingungen sexueller Repression und wandte sich wieder intensiver pädagogischen Überlegungen im Sinne einer Prophylaxe zu: nur freiheitlich erzogene Kinder würden in Zukunft für eine Verbesserung der gesellschaftlichen Verhältnisse sorgen können. In dieser Zeit erschienen die Kindergeschichte *Last Man Alive (Die grüne Wolke)* (1938) und das Buch *The Problem Teacher* (1939).

Wegen des Kriegsausbruchs mußte Neill 1940 mit seiner Schule in ein Dorf nach Nordwales umziehen. Grund dafür waren die Gefahr von Bombenangriffen, aber auch das Mißtrauen der Behörden gegen Ausländer an seiner Schule.

„Wales war die Hölle für mich, und ich habe nur noch wenig Erinnerungen an die Zeit damals“ (Neill 1973, S. 155). Die Umgebung war stockkonservativ, die Menschen sprachen Walisisch, die Älteren konnten nicht einmal Englisch, und sie betrachteten die „moderne“ Schule mit tiefem Mißtrauen.

Das neue Haus war zunächst fast unbewohnbar und in den ersten Monaten ohne Elektrizität. Die Schule war nun überfüllt, aber der Geist von Summerhill litt Schaden. *„Es gab Eltern, die uns ihre Kinder schickten, nicht damit sie in Freiheit aufwuchsen, sondern damit sie in Sicherheit waren, und als der Krieg aufhörte, holten diese Eltern ihre Kinder wieder zurück“* (Neill 1973, S. 155). In dieser Zeit wurde seine fast siebzigjährige Frau arbeitsunfähig, nach einem Schlaganfall hochgradig verwirrt und schwierig und mußte 1943 in ein Heim gebracht werden. Dort starb sie am 30. April 1944.

Nun mußte Neill die für ihn ungewohnte organisatorische Arbeit selbst übernehmen und bekam große Schwierigkeiten mit dem Personal; gute Mitarbeiter waren in dieser Zeit kaum zu bekommen, manche waren Kriegsdienstverweigerer aus Gewissensgründen, die häufig für die Arbeit in Summerhill nicht geeignet waren.

„Die neuen Beschäftigten brachten ohne Absprache ihre Freunde, Verwandten und Lebenspartner mit, auch zum (knappen) Essen, und waren oft seltsame neurotische Käuze, die in der freien Atmosphäre selbst zu Kindern regredierten und ihre eigenen Probleme zu lösen suchten. Neill klagte über inkompetente Traumtänzer, die nicht richtig arbeiten und nicht einmal einen Nagel einschlagen könnten, ihm nicht bei Reparaturen im Hause halfen (weil dies nicht zu ihren Arbeitspflichten gehöre) und eine negative Lebenseinstellung hätten“ (Kamp, S. 413). Neill taugte wenig zum Vorgesetzten, der auch Anweisungen zu erteilen hatte.

Nach dem Tod seiner ersten Frau heiratete Neill Ena Wood, die zunächst als Kochhilfe tätig war und in besonderem Maße für die verwirrte Frau Neill gesorgt hatte. Sie übernahm rasch andere Aufgaben in der Schule, war Hausmutter und wurde für Neill wegen ihrer Zuverlässigkeit und praktisch-organisatorischen Begabung unentbehrlich.

Nach der Renovierung des vom Militär ziemlich heruntergebrachten Summerhill konnte die Schule Ende 1945 wieder in das alte Haus zurückkehren. Am 1. Nov. 1946 wurde die Tochter Zoë geboren, worauf der inzwischen dreiundsechzigjährige Vater sehr stolz war. Das Kind sollte nach seinen Vorstellungen der Selbstregulierung aufwachsen, aber das gelang nicht ohne Einschränkungen. Neill war kaum fähig, pädagogisch zu intervenieren, auch wo es nötig gewesen wäre. Dafür mußte die Mutter sorgen. In den ersten Kindheitsjahren seiner Tochter schrieb Neill die Bücher *The Problem Family* und *The Free Child*, was die ohnehin beträchtliche öffentliche Aufmerksamkeit für das Aufwachsen dieses Kindes noch verstärkte. Die Tochter litt unter dem Widerspruch zwischen ihrer Familien- und Schulzugehörigkeit; naturgemäß wurde sie von den Eltern bevorzugt, was die anderen Kinder zur Eifersucht anstachelte. Neill projizierte seine Vorstellungen von einer besseren Welt auf Zoë und ihre Generation. Im April 1959, also mit 13 Jahren, ging sie auf die von Paul Geheeb gegründete und geleitete École de l'Humanité in der Schweiz; sie fühlte sich dort jedoch nicht wohl, und im September 1959 holte Neill sie wieder ab.

Er hatte große Schwierigkeiten, die Schule nach dem Kriege wieder in Schwung zu bringen. Sein hohes Alter, ernste Gesundheits- und Finanzprobleme machten ihm zu schaffen, so daß 1949 der Konkurs drohte. Viele Eltern zahlten das Schulgeld nicht. Eine Elterngruppe begann sich jedoch um die Finanzen zu kümmern und sorgte für pünktliche Schulgeldzahlungen. Im Herbst 1957 wurden alle Privatschulen behördlich registriert; die in diesem Zusammenhang erfolgende Inspektion ergab, daß Summerhill heruntergekommen war und die ministeriellen Mindeststandards deutlich vermissen ließ. Daraufhin bildete sich aus dem Kreis der Eltern die „Summerhill-Society" als ein Freundes- und Förderer-kreis. Dennoch hatte die Schule 1960 nur noch 24 Schüler. Neill, inzwischen 77 Jahre alt, mußte sogar sein Auto verkaufen.

Gleichwohl brachte das Jahr 1960 eine Wende. In den USA, wo Neill bis dahin praktisch unbekannt war, erschien sein Buch *Summerhill: A Radical Approach to Child Rearing*. Sein amerikanischer Verleger Harold Hart hatte es aus Teilen von vier Büchern Neills zusammengestellt. Es erschien 1965 fast unbeachtet auch in der Bundesrepublik unter dem Titel *Erziehung in Summerhill;*

erst die Taschenbuchausgabe von 1969 unter dem Titel *Theorie und Praxis der antiautoritären Erziehung - das Beispiel Summerhill* erzielte eine Millionenauflage. Auch in Amerika und im übrigen Europa war das Buch ungemein erfolgreich. Die Autorenhonorare und die nun in großer Zahl eintreffenden Schüler aus den USA retteten die Schule finanziell. Die große Aufmerksamkeit führte nun auch zu Mißverständnissen im Hinblick auf sexuelle und soziale Zügellosigkeit, weshalb Neill ein Ergänzungsbuch mit typischen Fragen und seinen Antworten darauf zusammenstellte, das in Deutschland unter dem Titel *Das Prinzip Summerhill* 1971 erschien. Gleichwohl waren die zahlreichen neuen Schüler, die zum Teil sehr gestört waren, nur schwer unter die Kontrolle der Selbstverwaltung zu bringen.

Die Schulinspektion im Juni 1968 führte fast zur Schließung der Schule. Sechs Monate gab man ihr Zeit, um Gebäude und Unterricht auf den vorgeschriebenen Mindeststandard zu bringen. In dieser Zeit erhielt Neill viel öffentliche Aufmerksamkeit und zahlreiche öffentliche Ehrungen, u. a. von drei englischen Universitäten. Er trat in Radio und Fernsehen auf und stritt in den Medien hart mit Vertretern konservativer Auffassungen über sexuelle Freiheit, über Ehescheidung und Verhütungsmittel, über freie Liebe und Nacktbaden in Summerhill.

Seine Gesundheit verschlechterte sich jedoch zusehends, 1972 erschien seine Autobiographie *Neill! Neill! Orange Peel!* in den USA., in Deutschland ein Jahr später unter dem Titel: *Neill, Neill, Birnenstiel! Erinnerungen des großen Erziehers A. S. Neill*; der erste Teil war jedoch schon 1939 fertiggestellt, fand damals allerdings keinen Verleger.

In seinen letzten Lebensmonaten konnte Neill noch die Geburt seiner ersten Enkelin erleben, bevor er am 22. September 1973 starb.

Die Schule Summerhill

Genau genommen war Summerhill, solange Neill die Schule leitete, eher ein Heim als eine Schule. Sie nahm Kinder von 5 bis 15 Jahren auf, die nur während der Schulzeit in Summerhill (8 Monate) lebten und in den Ferien nach Hause fuhren. Die Schüler entstammten durchweg der Mittelschicht und ihre Eltern mußten Schulgeld zahlen. Aus diesem Grunde kamen Kinder der Unterschicht nicht in Frage, was Neill immer wieder bedauerte; die Oberschicht schickte ihren Nachwuchs lieber in die bekannten Eliteschulen.

Die Schüler wurden in drei Altersgruppen unterteilt. Jede wurde von einer Hausmutter betreut, die jedoch nicht für „Ordnung" sorgen sollte. *„Die Kinder brauchen keine Budeninspektion über sich ergehen zu lassen, und niemand räumt für sie auf. Sie werden sich selbst überlassen. Niemand sagt ihnen, was sie anzuziehen haben; sie können bei jeder Gelegenheit tragen, was sie wollen"* (Neill 1969, S.21). Stundenpläne für den Unterricht gab es nur für die Lehrer, die Kinder wurden nicht gezwungen, am Unterricht teilzunehmen. Hausaufgaben waren unbekannt, Prüfungen wurden nur vorgenommen, insofern sie von außen verlangt wurden, also etwa zur Vorbereitung auf die Reifeprüfungen.

Der Tagesablauf war weitgehend standardisiert. Nach dem Frühstück zwischen 8,15 und 9,00 Uhr begann der Unterricht, der bis 13,00 Uhr dauerte. Nach dem Tee um 16,00 Uhr wurden Freizeitbeschäftigungen angeboten, die aber ebenso wenig wie der Unterricht verbindlich waren. Die Abende waren für Kinogänge, Tanz oder Theaterproben vorgesehen. Dienstags hielt Neill einen Psychologievortrag für das Kollegium, an dem auch die älteren Schüler teilnehmen durften. Am Samstagabend fand die „Schulversammlung" statt.

Die Lehrer waren nur zur Abhaltung ihres Unterrichts verpflichtet, darüber hinaus konnten sie über ihre Zeit frei verfügen; die Lehrerinnen übernahmen zusätzlich Hausmutterfunktionen für die einzelnen Altersgruppen. Da die Schule zwar staatlich geduldet, aber nie anerkannt wurde, konnten die Lehrer auch nicht mit Pensionen rechnen; sie erhielten freie Wohnung und Verpflegung und ein geringeres Gehalt, als in öffentlichen Schulen üblich war.

Neill und seine erste Frau, die in Summerhill *Mrs. Lins* genannt wurde, waren für die Kinder Vater- und Muttersymbol. Letztere hatte für die Schule offenbar eine ähnliche Funktion wie „Frau Stefa" für das Dom Sierot.

„Sie verfügte über die praktischen Fähigkeiten, verwaltete das Geld, hatte Organisationstalent, organisierte die Hauswirtschaft,

strahlte Kultur aus, spielte abends Klavier, schaffte eine heimelige häusliche Atmosphäre, war die Mutter für die Kinder wie für das Personal und trug ganz wesentlich dazu bei, daß die Kinder sich hier zu Hause fühlten. Zwischendurch gab sie (obwohl sie gar keine Lehrerin war) Schulstunden in Geschichte, Englisch, Deutsch, Schreibmaschine und Kurzschrift. Sie setzte auch die Reinlichkeits- und Ordnungsmaßstäbe (die Neill eher egal waren) in Summerhill und handelte rasch und effektiv. Gelegentlich verstieß sie dabei gegen das allgemein akzeptierte, aber mühsame langsame Selbstregierungs-Verfahren, und ähnlich wie das Oberhaus, das alle anderen Instanzen überstimmt, ordnete sie Ordnungsaktionen gelegentlich einfach an. Die Kinder - obwohl sie ihnen nichts tun konnte - hatten ein klein wenig Furcht vor ihr, ein Gefühl, ihr gehorchen zu müssen" (Kamp, S. 379).

Kernstück der inneren Organisation war die *Selbstregierung,* deren einziges Organ die wöchentlich tagende *Schulversammlung* war, an der sich die Mädchen weniger beteiligten als die Jungen, die Jüngeren weniger als die Älteren.

„Jedes Mitglied des Lehrerkollegiums und jedes Kind, gleichgültig, wie alt es ist, hat eine Stimme. Meine Stimme hat nicht mehr Gewicht als die eines Siebenjährigen" (Neill 1969, S. 60). Durch Mehrheitsentscheide wurden die Regeln des Zusammenlebens auf dieser Versammlung bestimmt. Am Beginn eines jeden Tertials wurden die Bestimmungen über die Schlafenszeiten für die einzelnen Altersgruppen erlassen, einzelne Ausschüsse gewählt und Personen benannt, die die Einhaltung der Beschlüsse z.B. für die Nachtruhe und für den Stadtausgang überwachen sollten. Die dafür zuständigen Schüler waren berechtigt, die für die einzelnen Vergehen festgelegten Bußgelder einzuziehen. Die Schulversammlung fungierte auch als Gericht, das Strafen verhängen konnte; *„Stehlen wird nie bestraft, aber der Schaden muß immer ersetzt werden"* (Neill 1969, S. 63). Als Strafmittel stand praktisch nur die Geldstrafe zur Verfügung.

Der Selbstregierung unterlagen jedoch nur die Regeln für das interne Zusammenleben der Kinder. Neill blieb für die Einhaltung der gesetzlichen Vorschriften allein zuständig und stellte auch das Personal ein bzw. entließ es; Mrs. Lins entschied in Gesundheitsfragen. Allerdings konnten die Kinder in der Schulversammlung die Entlassung eines ihnen ungeeignet erscheinenden Lehrers fordern, und gelegentlich wurde diesem Wunsch offenbar auch stattgegeben.

Die Selbstverwaltung beruhte also auf einer relativ einfachen Konstruktion. Sie funktionierte allerdings nur unter der Voraussetzung, daß genügend ältere und summerhill-erfahrene Schüler da waren, die die öffentliche Meinung unter den Kindern entsprechend bestimmen konnten. Aber selbst in Krisenzeiten - wenn etwa ein großer Teil der Älteren die Schule verließ - hat Neill offenbar nicht eingegriffen. Ideell beruhte diese Konstruktion auf der simplen Maxime, daß die Freiheit des einen dort aufhöre, wo die Freiheit eines anderen davon tangiert werde; lediglich diese Schnittstelle bedurfte demnach einer gemeinsamen Regelung.

Als Schule lief Summerhill auf Sparflamme. Der Unterricht erschien Neill zweitrangig. Er ging davon aus, daß der Intellekt schon von selbst zu seinem Recht komme, wenn sich die Emotionen frei entfalten könnten.

Im Unterschied zur Gorkij-Kolonie und zum Dom Sierot mußten die Kinder keinerlei *Arbeitsleistungen* verrichten.

„Früher hatten wir eine Bestimmung in Summerhill, wonach jedes Kind über zwölf und alle Lehrer zwei Stunden in der Woche Feldarbeit machen mußten. Dafür wurde ein Anerkennungslohn von Dreißig Pfennig gezahlt. Wer sich vor der Arbeit drückte, mußte doppelt soviel Strafe zahlen. Einige Schüler und Lehrer zogen die Geldstrafe vor. Die anderen arbeiteten zwar, zählten aber die Minuten. Die Arbeit enthielt keinerlei spielerisches Element, und alle langweilten sich dabei. Die Schulversammlung prüfte schließlich die Bestimmung und schaffte sie fast einstimmig ab“ (Neill 1969, S. 73).

Neill war davon überzeugt, daß die Schüler durchaus eine Menge Arbeit in Summerhill verrichteten, aber gebunden an Projekten, die sie interessierte; könnten sie als Kinder ihre ichbezogene Phantasie ausleben, würden sie später von selbst begreifen, daß man für den Lebensunterhalt auch Arbeiten übernehmen muß, die nicht im Einklang mit den eigenen Interessen und Bedürfnissen stehen.

„Ich bin der Meinung, eine geistig gesunde Zivilisation würde Kindern und Jugendlichen unter achtzehn Jahren keine Arbeit

abverlangen. Die meisten Jungen und Mädchen würden trotzdem schon vor ihrem achtzehnten Lebensjahr arbeiten. Für sie wäre diese Arbeit Spiel - vom Standpunkt der Eltern aus vielleicht eine, die nichts einbringt" (Neill 1969, S. 75).

Besonders schwierigen Kindern gab Neill therapeutisch orientierte *Privatstunden* (*Private Lessons*), im Summerhill-Jargon *PL* genannt. Sie fanden als zwanglose Gespräche in seiner Wohnung am Kamin statt und erschienen ihm nötig, um den Kindern den Übergang aus der vorher unfreien Erziehung in das freiheitliche Milieu von Summerhill zu erleichtern. Wichtigster Maßstab dafür war, daß die Kinder sich unglücklich fühlten. Zur Verbesserung der Schulleistung und Schulmotivation wandte er diese Methode nicht an. Manchmal bat die Schulversammlung ihn, einem Kind solche Stunden zu erteilen, weil sie mit ihm nicht fertig wurde, und manchmal entzog Neill auf diese Weise ein Kind dem Zorn der Versammlung. Als er noch von Homer Lane beeinflußt war - von dem er diese Methode gelernt hatte - übertrieb er die daran geknüpften Erwartungen.

„Ich war damals ein ausgemachter Narr. Ich meinte, daß Psychologie, außer einem gebrochenen Bein, alles heilen könne. Ich nahm Kinder auf, die von Geburt aus beeinträchtigt waren, Kinder, die an Schlafkrankheit litten, und geistig behinderte Jungen und Mädchen. Natürlich mußte ich bald feststellen, daß ich ihnen nicht helfen konnte" (Neill 1973, S. 154).

Summerhill war eine koedukative Schule, was die Frage aufwarf, wie die Beziehungen von Jungen und Mädchen zu regeln seien. Damals waren solche Schulen zwar nicht ungewöhnlich, aber doch immer dem Verdacht sexueller Fehltritte ausgesetzt.

„In den meisten Internatsschulen wird streng darauf geachtet, daß Jungen und Mädchen und vor allem ihre Schlafräume voneinander getrennt sind. Sie werden nicht zu Liebesverhältnissen ermutigt. Wir in Summerhill tun das auch nicht, aber wir unternehmen auch nichts, um solche Beziehungen zu verhindern" (Neill 1969, S. 71).

Neill trat von Anfang an für freie Sexualität auch seiner Schüler ein, allerdings schloß er im Hinblick auf die Schule und deren Bestand Kompromisse, indem er etwa verliebte Paare darauf verwies, daß er zwar moralisch nichts gegen sexuelle Kontakte einzuwenden habe, daß aber die Schule geschlossen werden könnte, wenn sie bekannt würden. Im übrigen setzte Neill auf das jeder Prüderie entbehrende gemeinsame Aufwachsen der Kinder in seiner Schule. Jungen und Mädchen unter 11 Jahren schliefen in gemeinsamen Zimmern, die älteren getrennt. Erwachsene und Kinder badeten nackt und bewegten sich so auch an heißen Tagen auf dem Gelände. Problematisch für die Schule wäre jedoch eine Schwangerschaft geworden, zu der es aber offensichtlich niemals kam. Gleichwohl wurde ein solcher Fall auch von Neill immer wieder befürchtet.

Resümee

1. Neills pädagogisches Konzept beruhte auf recht einfachen Grundsätzen: die Kinder sollten in innerer Freiheit aufwachsen können, ohne Angst vor Autoritäten und ohne Unterdrückung ihrer emotionalen Bedürfnisse. Vor allem sollten sie nicht zu irgend etwas hin erzogen werden, weder zu einer bestimmten Moral noch zu irgendwelchen religiösen oder kulturellen Standards oder Überzeugungen. Auf alles, was für ihr gegenwärtiges und künftiges Leben wichtig war, sollten sie selbst kommen. Deswegen durfte es weder *Gebote* geben - etwas Bestimmtes z.B. in der Schule zu lernen - noch *Verbote*, die die dafür nötige Freiheit einschränken könnten. In diesem Zusammenhang waren auch die üblichen sexuellen Beschränkungen psychisch wie faktisch soweit wie möglich, d.h. wie es gesetzlich zulässig war, aufzuheben. In Neills Vorstellungen war kein Platz für irgendwelche Pflichten, die die jeweils individuelle Selbstregulierung hätten behindern können. Es gab keine Pflicht, den Unterricht zu besuchen, zu arbeiten, Hausaufgaben zu erledigen oder innerhalb Summerhills Prüfungen zu bestehen. Vorschriften ergaben sich lediglich im Rahmen des gemeinsamen Zusammenlebens, für deren Regelung die Schulversammlung zuständig war.

2. Gegen dieses recht simple Konzept lassen sich natürlich sofort anthropologische Bedenken erheben, ob damit nämlich die Bedürftigkeit des Kindes und die wirklichen Motoren und Motive seiner Entwicklung und Reifung hinreichend beschrieben sind. Diese Pädagogik kennt eigentlich keine Herausforderungen, an denen sich die Kinder zustimmend-ablehnend entfalten können.

So fällt auf, daß die *soziale* Dimension für Neills Konzept nicht konstitutiv war. Die von Neill eingerichtete *Selbstverwaltung* gehörte nicht zum ursprünglichen Konzept, darauf hatte ihn erst Homer Lane gebracht, und sie ist auch eher Mittel zum Zweck, ein Ordnungsmittel, das den Erzieher der Notwendigkeit enthebt, die sozialen Bedingungen der Möglichkeit für das freie Aufwachsen aller selbst garantieren zu müssen. In den Phasen, in denen diese Selbstregierung nicht funktionierte, weil etwa die Älteren sie nicht trugen oder weil zu viele gestörte und aggressive Kinder in der Schule waren, zeigte sich Neill eher hilflos, jedenfalls nicht fähig oder auch nicht gewillt, die notwendigen sozialen Rahmenbedingungen selbst zu schaffen. Kinder unter 12 Jahre waren, wie Neill selbst zugibt, von sich aus nicht in der Lage, eine solche Selbstregierung aufrecht zu erhalten, also blieb sie eine Sache der älteren Schüler. Zudem hatte die Schulversammlung auch nur zu entscheiden über das *Wohlbefinden* der Kinder, wozu ja auch gehörte, daß sie sich nicht gegenseitig auf die Nerven gingen; von den wirklich grundlegenden Entscheidungen etwa über die ökonomische Situation der Beteiligten blieb die Selbstverwaltung - im Unterschied etwa zur Gorkij-Kolonie - ausgeschlossen. Insofern läßt sich fragen, ob mit dieser Konstruktion wirklich *demokratische* Partizipation gelernt wurde, wie Neill immer wieder betonte, oder ob es sich dabei nicht eher um eine kleine Konsum-Polis gehandelt hat, die nur das Angenehme regelte, nicht aber auch das Unangenehme in Angriff nehmen mußte.

Diese Einschränkung muß kein Argument gegen den pädagogischen Erfolg sein, weil ja nicht das theoretische anthropologische Konzept letzten Endes bestimmend wirkt, sondern ob die Kinder nach ihren eigenen Vorstellungen glücklich aufgewachsen sind; auch Eltern verschaffen ihren Kindern ja nicht dadurch eine befriedigende Kindheit, daß sie vorher theoretische Bücher über die dabei zu befolgende Anthropologie lesen.

3. Neills Selbsteinschätzung, er habe keinerlei eigene erzieherische Ansprüche an die Kinder gestellt, ist nur bei oberflächlicher Betrachtung zutreffend. Tatsächlich projizierte er sehr wohl seine eigenen Vorstellungen über eine optimale Kindheit auf seine Schüler.

„Neill sah häufig seine eigenen Vorlieben und Abneigungen als die aller Kinder an und konnte sich nicht vorstellen, daß sie einen

anderen Geschmack haben könnten. Neill selbst hatte offenbar in der eigenen Kindheit und auch an der Universität eine heftige Abneigung gegen Schullernen und Unterricht erworben und war überzeugt, daß Bücher das Unwichtigste in einer Schule sind, daß jede Art von Buch-Lernen für Kinder gefährlich sei und daß sie eigentlich jeden Unterricht hassen müßten. Dementsprechend legte er auf Unterricht, Bücher und Lesen absolut keinen Wert. Es interessierte Neill auch nicht, was die Kinder im Unterricht lernten, und er würdigte die Unterrichts-Produkte, die begeisterte Kinder ihm stolz zeigten, keines Blickes. Wenn Neill ein Kind lesen sah, konnte es durchaus vorkommen, daß er das Buch konfiszierte und das Kind aufforderte etwas zu tun. Auch im Englischunterricht erschwerte sein unbezwingbarer Haß auf Shakespeare (den er im Anglistikstudium als reinen Pauk- und Prüfungsstoff kennengelernt hatte) den Schülern das Lernen.

Er kritisierte Shakespeare-Stücke in Schulen, da sie den Kindern nicht entsprächen und sie nicht interessierten. Allerdings kam es in Summerhill vor, daß Kinder von Macbeth so begeistert waren, daß sie unbedingt dieses (und kein selbstgeschriebenes) Stück beim Trimester-Abschluß aufführen wollten, und auch darauf bestanden. Neill verlegte es als zu beschämend auf den Tag vor dem offiziellen Trimester-Abschluß, woraufhin die Kinder ihre Eltern (heimlich) ebenfalls einen Tag früher einluden" (Kamp, S. 384 f.).

Niemand kann ein pädagogisches Unternehmen gründen und leiten, ohne damit *Ziele* gegenüber den Kindern zu verfolgen und dafür auch bestimmte *Methoden* zu favorisieren. Neills Strategie änderte sich dabei im Laufe seines Lebens. Bevor er Homer Lane kennenlernte, versuchte er seine kritische Weltsicht den Kindern direkt zu vermitteln, danach meinte er, sie kämen von sich aus darauf, wenn er sie nur frei aufwachsen lasse. In beiden Fällen aber handelt es sich um Ziel- und Einwirkungsstrategien, die sich nur dadurch unterscheiden, daß die psychologisierende von den Kindern nicht so einfach wahrgenommen werden kann. Als diese Strategie von Schülern wie Kollegen angezweifelt wurde, reagierte er keineswegs nachgebend, sondern abwehrend.

Derartigen Widerstand gab es vor allem in den Kriegsjahren, als die Schule in Wales evakuiert war, wobei möglicherweise der

Ernst der Zeit ohnehin dem pflichtenfreien pädagogischen Konzept nicht sonderlich gewogen war.

„Einige der neueren Lehrer versuchten in Wales, ihm die Leitung der Schule zu entwinden, auch mit dem Argument, Neill könne nicht mit Erwachsenen umgehen, denke in festgefahrenen Bahnen und akzeptiere keine Kritik. ...

Hauptkritiker Neills war ein junger Lehrer, der engagiert lehrte und sehr aktiv und beliebt war. Neill kritisierte, daß er zu dynamisch sei, die Kinder zuviel beeinflusse, daß er sie forme und daß die von ihm angeregten Kinderaktivitäten nicht eigene Aktivitäten der Kinder seien, sondern vom ihm abhingen. Statt aus eigenem Antrieb nur für sich selbst arbeiteten die Kinder um ihres Lehrers willen, was ihnen die Initiative nähme. Er sei wie ein Jesus, der auch seine Jünger hatte.

Neills starre Ablehnung aller neuer Ideen frustrierte viele Lehrer: jede noch so kleine Abweichung von seiner Summerhill-Tradition war unmöglich" (Kamp, S. 414).

4. Diese Kritik richtete sich nicht zuletzt auch auf seine Einstellung zum schulischen Unterricht. Dabei ist zu bedenken, daß er es in vielen Fällen mit Schülern zu tun hatte, die von ihren Eltern deshalb nach Summerhill geschickt worden waren, weil sie besonders schwierig und an anderen Schulen gescheitert waren und deshalb Unterricht und Lehrer zunächst einmal haßten. Insofern konnte es plausibel erscheinen, ihnen fürs erste zu gestatten, dem Unterricht fern zu bleiben und erst dann wieder daran teilzunehmen, wenn sie sich dazu emotional fähig fühlten. Aber Neill begrenzte seine Ablehnung des Schulischen nicht auf eine solche Übergangsphase, sondern machte ein an und für sich vernünftiges sozialpädagogisches oder therapeutisches Konzept zum problematischen Regelfall. Die Qualität des Unterrichts interessierte ihn nicht, auch die Lehrmethoden waren ihm gleichgültig und seine eigenen didaktischen Fähigkeiten waren eher bescheiden. Kritik an dieser rigiden Einstellung kam in den Kriegsjahren nicht nur von den Lehrern, sondern auch von Seiten der Schüler.

„Eine Gruppe lernbegabter Kinder, die ihre ganze Schulzeit in Summerhill verbracht hatte, entschied in der ersten Hälfte der vierziger Jahre in Wales, daß die Lehrer ihnen nicht genug beibrachten und setzte in der Versammlung gegen Neill durch, daß

sie Zusatzunterricht und Hausaufgaben bekamen. Sie forderten auch von den einzelnen Lehrern effektiven Unterricht, um ihre Prüfungen zu bestehen. Und als einer der besseren Lehrer die Schule verließ, zwangen sie Neill zur prompten Einstellung eines Ersatzes. Diese neue Lehrerin Stella Hagan berichtete, daß die Kinder sie bereits früh morgens weckten, um ihr Fragen zu stellen, unter der Dusche und beim Frühstück weiterfragten, und Wochenendausflüge und Kinobesuche in historische, botanische, politische etc. Exkursionen verwandelten ... Neill kritisierte, die Lehrerin zwinge die Kinder zum Lernen, doch diese sah sich von den Kindern gezwungen, und die Versammlung bestätigte ihre Sichtweise. Neill wies die Bitte der Kinder um mehr Unterricht zurück und wurde dann von der Versammlung - einmal stimmte nur Neill dagegen - dazu gezwungen. Die Kinder wollten ihre Examen bestehen und verlangten zur Vorbereitung - testhalber - ein Probe-Examen unter strengen Bedingungen. Neill war völlig entsetzt! Als auf Wunsch der Kinder einige Lehrbücher und Novellen angeschafft werden sollten, lamentierte er derart stur, wütend, ohne zuzuhören und direkt feindlich über willkürliche und nutzlose Verschwendung, daß einige Lehrer in Tränen ausbrachen. Eine außerordentliche Schulversammlung zum Thema ist Neill anti-akademisch beantwortete diese Frage mit ja, zu Neills größtem Erstaunen. Schließlich verließ die Lehrerin Summerhill" (Kamp, S. 386).

Zweifellos war Neill von einer stark anti-intellektuellen Haltung geprägt, die er auch von seinen Lehrern erwartete und die ihm als ein Grundbedürfnis der Schüler, ja der Kindheit überhaupt erschien. Für ihn reichte es, wenn die Schüler Lesen, Schreiben und Rechnen lernten. Darüber hinaus sollten sie sich mit dem befassen, was auch ihm selbst Spaß machte, nämlich mit kreativen Projekten wie Sport, Malerei, Theater und mit handwerklichen Tätigkeiten. Aber seine Schüler waren nun nicht mehr die Dorfkinder seiner ersten Schulmeistererfahrungen, die in ihrem Milieu auch nach ihrer Schulzeit verbleiben würden, sondern Mittelschichtkinder mit einer für ihren künftigen Werdegang offenen Perspektive.

Neill stellte sich im übrigen selbst die Frage, ob Summerhill nicht eher eine Schule für begabtere Kinder sei. *„Diejenigen, die den Unterricht schwänzen, sind oft jene Kinder, denen das Lernen* *schwerfällt"* (Neill 1971, S. 41). Diese aber hielten oft auch die Lernwilligen vom Unterricht ab, so daß die Schulversammlung manchmal darauf aufmerksam machen mußte, daß die Kehrseite der Freiheit, nicht am Unterricht teilzunehmen, sei, andere vom Besuch nicht abzuhalten. In der Tat hat Neills Vermutung viel für sich; denn für ein Kind, das ohnehin lernschwach ist, ist die Verführung groß, dieser Schwäche durch Fernbleiben vom Unterricht so lange wie möglich auszuweichen, während begabtere Kinder sich leichter auch in einem unterrichtsfeindlichen Klima wie in Summerhill behaupten und durchsetzen können.

Kritik an dieser bildungsfeindlichen Einstellung ist immer wieder gekommen (Vgl. Summerhill), und Neill mußte sich in seinen Schriften auch immer wieder damit auseinandersetzen. Zweifellos hat er - bei aller berechtigten Abneigung gegen das in seiner Zeit und in seiner Jugend geltende formalistische Bildungsverständnis - die besondere Funktion des Unterrichts im Vergleich zu anderen, rein spielerischen Formen des Lernens nicht erfaßt, die er propagierte. Der schulische Unterricht ist eine spezifische, auf systematische Aneignung von Sachverhalten gerichtete Form des Lernens, die durch andere prinzipiell nicht ersetzt werden kann. Weil er das nicht sah, begab er sich der Möglichkeit, eine auch im didaktisch-methodischen Sinne wirklich moderne Schule zu begründen.

5. Seine wohl bedeutendste Leistung liegt denn auch auf einem anderen Gebiet, nämlich im Umgang mit besonders schwierigen Kindern.

„Neill sah in den gestörten Kindern wohl Leidensgenossen, Opfer einer unterdrückenden Charakterformung, und konnte bei ihnen mit seiner endlosen Geduld, Intuition und seinem rauhen Humor wahre Wunder wirken, während er normale ungestörte Kinder weniger verstand und sie ihn eher langweilten. Er schien (vor seiner Begegnung mit Reich) manchmal geradezu zu wünschen, daß Kinder über die Stränge schlagen, um dann seine psychologischen Theorien an ihnen erproben zu können. Manche Kinder fühlten sich auch als Opfer dieser Leidenschaft und berichteten später, ihm das erzählt zu haben, was er offensichtlich hören wollte, und einige fühlten sich dabei von ihm bedrängt und überrannt. Schon kleine Kinder diagnostizierten damals in Summer-

hill bei ihren Kameraden Vater- und Mutterkomplexe etc." (Kamp, S. 387).

Sieht man Summerhill aus der Perspektive solcher Kinder, ergibt Neills Konzept durchaus einen Sinn: sie nicht sofort wieder zu überfordern mit dem, woran sie vorher gelitten hatten, etwa mit Schulunterricht; ihnen in einer freiheitlichen Atmosphäre Zeit zu geben, sich zu fangen; ihnen mit Geduld zu begegnen. Aber für Neill waren im Grunde *alle* Kinder schwierig, weil sie ja vorher die von ihm gehaßte Erziehung in Familie und Schule schon genossen hatten. Diese Hochrechnung von einer Minderheit auf die Gesamtheit machte sein Konzept problematisch. Es wäre plausibler gewesen, wenn er sich - was er zeitweise vorhatte - auf schwierige Kinder beschränkt hätte wie sein Vorbild Lane, was aber wohl schon aus Gründen der Finanzierung illusorisch war.

6. Im ganzen bleibt der Eindruck einer radikalen pädagogischen Provinz, einer gesellschaftlichen Nische, aus der kaum etwas auf die politisch-gesellschaftliche Umwelt verwies. „Perspektiven", die wie in der Gorkij-Kolonie die pädagogische Enklave mit den gesellschaftlichen Realitäten zu vermitteln trachteten, sucht man vergebens.

Die pädagogische Beziehung

1. Die Eigenart der pädagogischen Beziehung bei Neill ist deshalb nicht einfach zu erkennen, weil sich hier die pädagogische und die therapeutische Dimension vermischen, wobei die therapeutische leichter zu entdecken ist. Sie beruhte bei ihm auf wenigen grundlegenden Prämissen:

- Gefühle haben Priorität vor dem Denken;
- Gefühle, auch negative wie Aggressivität, sind grundsätzlich berechtigt und deshalb zu akzeptieren;
- Aufgabe des Therapeuten ist es, für die Übertragung dieser Gefühle zur Verfügung zu stehen;
- jedes Kind hat einen berechtigten Grund so zu sein, wie es ist; seine Mängel sind das Resultat einer unterdrückenden Erziehung; es kommt darauf an, diese Erziehung zu korrigieren, oder besser gesagt: dem Kind die Möglichkeit zur Selbstkorrektur zu verschaffen.

Summerhill war also von einem therapeutischen Milieu geprägt, wie es für den Umgang mit schwer gestörten Kindern in entsprechenden Einrichtungen angemessen ist. Aber die Mehrheit der Kinder in Summerhill war in diesem Sinne nicht therapiebedürftig und hätte deshalb eines anderen, nämlich pädagogischen Arrangements bedurft. Therapeutisches Verhalten bedeutet von seinem Ansatz her lediglich eine Intervention in das Leben eines Menschen, keine sein Leben im ganzen bestimmende Handlung; Therapie setzt eine menschliche Existenz voraus, die selbst nicht therapeutisch gestaltet ist, und auf deren Verbesserung die Therapie ausgerichtet ist. Dieser „Normalfall" des Lebens fehlte Neills Konzept.

Ausgangspunkt seines therapeutischen Konzeptes war die *Innerlichkeit* des Kindes, seine psycho-emotionale Verfassung, aus der es selbst herausfinden sollte. Seine *soziale* Umgebung war dafür nicht konstitutiv, sondern eher ein Bewährungsfall im Hinblick auf den bereits erreichten Therapiestandard. Vom Zusammenleben mit den anderen gingen höchstens zufällig Ziele und Maßstäbe aus, jedenfalls standen diese im Belieben des einzelnen Kindes. Die oberste soziale Regel in Summerhill, daß die Freiheit des einen dort aufhöre, wo die des anderen beginne, fixierte lediglich eine Abgrenzung, gestaltete aber von sich aus nichts.

2. Diese therapeutische Dimension allein erklärt jedoch nur einen Teil der Beziehung. Neills Grundsatz, auf der Seite der Kinder zu stehen, mag noch in diesen Zusammenhang gehören. An und für sich ist jedoch die therapeutische Beziehung durch eine eigentümliche professionelle Distanz charakterisiert, über die Neill hinausging. Die Schüler waren ihm darüber hinaus jedoch nicht gleichgültig, er fühlte mit ihnen und nahm an ihrem Leben und an ihrer Entwicklung, offensichtlich auch nach ihrem Weggang, inneren Anteil. Neill als bloßer Therapeut hätte nicht jene charismatische Ausstrahlung auf die Kinder haben können, die von ihm jahrzehntelang ausging. Er teilte, die therapeutische Professionalität überschreitend, sein Leben rund um die Uhr mit ihnen. Seine durchgehende emotionale Distanz im Umgang, die nicht Besitz ergreifen, sondern - ähnlich wie bei Korczak - das Anderssein des Kindes respektieren, ihm nicht zu nahe treten wollte, war durchaus verbunden mit einer starken Zuwendung. Seine Botschaft war etwa: ich bin auf deiner Seite und ich will dir helfen, aber ins

Reine mit dir mußt du selbst kommen. In dieser Freigabe des Kindes ohne emotionale Umklammerung und ohne erzieherisch begründete Leistungserwartungen ist wohl der Kern seiner Beziehung zu den Kindern zu sehen.

Im Vergleich zur pädagogischen Tradition war damit allerdings auch verbunden eine Selbstbegrenzung seiner pädagogischen Verantwortung. Zuständig fühlte er sich für ein pädagogisches Arrangement, das der möglichst glücklichen *Gegenwart* des Kindes zu dienen hatte, für seine *Zukunft* jedoch - die ja unter anderem in den Unterrichtsanforderungen zum Ausdruck kam - übernahm er keine Verantwortung, - es sei denn in dem Sinne, daß er eine glückliche Kindheit generell für den besten Garanten sowohl individueller wie kollektiver Zukunft hielt. In diesem Punkte machte sich zudem wieder der *therapeutische* Ausgangspunkt geltend, von dem aus sich ja keine auf die Zukunft bezogenen Zielvorstellungen ableiten lassen; er hat die *gegenwärtige* Befindlichkeit im Blick, die durch Rekurs auf die *Vergangenheit* aufgeklärt oder korrigiert werden soll.

3. Die Reduktion der Perspektive auf die Innerlichkeit des Kindes war jedoch auch eine Grenze. Das Arrangement des pädagogischen Feldes war anregungsarm, vom Erwachsenen sollte möglichst wenig Initiative ausgehen, alles sollte aus den inneren Antrieben des Kindes erwachsen. Die Aussetzung des Zwangs zum Schulbesuch war dafür nur ein besonders signifikantes Beispiel. Die Objektivationen der Kultur sollten von sich aus keine Ansprüche stellen, selbst das favorisierte Theaterspiel sollte nur Eigenproduktionen berücksichtigen. Der Erzieher hatte nichts aus der kulturellen Umwelt zu repräsentieren. Wo Rücksicht auf diese unvermeidbar war, wurden Kompromisse gesucht, die aber durchweg mit dem Unterton moralischer Abwertung verbunden waren: Sexuelle Auffälligkeit wäre schädlich für die Schule gewesen, bei Aufenthalten außerhalb von Summerhill sollten die Schüler sich ordentlich kleiden und verhalten. Eine produktive Auseinandersetzung mit den Regeln und Ritualen des öffentlichen Verhaltens folgte daraus nicht.

Eine Folge dieser Grundeinstellung war eine enorme Reduktion der Reichweite von Lernprozessen. Gemeinhin gilt Lernen als die produktive Fähigkeit des Menschen, sich mit *von außen* kommenden Erwartungen, Forderungen und Pflichten so auseinander zu setzen, daß dabei die eigenen Interessen und Bedürfnisse zwar modifiziert, gleichwohl aber nicht aufgegeben werden. „Lernen" in diesem Sinne setzt eine Umwelt voraus, die gerade nicht aus den Bestrebungen der jeweiligen Subjektivität erwächst, sondern dieser gegenüber zunächst einmal gleichgültig ist und sie eben deshalb herausfordert. Davon konnte in Summerhill keine Rede sein,- abgesehen von den Herausforderungen, die aus dem Zusammenleben der Kinder selbst erwuchsen; aber auch diese machte Neill selbst dann nicht geltend, wenn die Kinder nicht in der Lage waren, sie durchzusetzen. Die Kinder konnten von und mit Neill kaum etwas lernen, außer in dem Sinne, daß er ihnen als Mensch mit eigenen Bedürfnissen und Ansprüchen gegenüber trat.

4. Insofern machte Neill in seiner Beziehung zu den Kindern auch keine ihrer Subjektivität übergeordneten Ziele geltend. Er hätte keine nennen können, die ihn berechtigt hätten, dies zu tun. Das Ziel war die innere Freiheit des Kindes, aber die mußte es selbst erringen. Was Neill als Ziel hätte dienen können, verachtete er: Kirche, Religion, Staat, Kultur und Autorität. So gesehen war der Rückgang auf die Innerlichkeit des Kindes die einzige Möglichkeit, überhaupt einen Maßstab für den Umgang mit ihnen zu finden. Diese Radikalität unterschied ihn von Korczak, der zwar auch die Subjektivität der Kinder sehr ernst nahm, aber bis zum bitteren Ende im Ghetto unermüdlich versuchte, sie mit kulturellen und religiösen Ansprüchen bekannt zu machen, - ganz abgesehen davon, daß er kein grundsätzlicher Gegner der schulischen Unterrichtung war, wiewohl er unbeirrt für einen würdigeren Umgang mit Kindern auch in den Schulen plädierte.

5. Diese fast nihilistische Verachtung war der entscheidende Ausgangspunkt für Neills pädagogische Tätigkeit, und dafür suchte er sich eklektisch aus dem Repertoire der damaligen Zeit Rechtfertigungen und Begründungen, also eine „Theorie" zusammen. Er fand sie insbesondere in der jungen Psychoanalyse, allerdings folgte er ihr nur insoweit, als sie seiner radikalen Position entgegen kam; Freud etwa kritisierte er, insofern dieser die Ansprüche der realen Welt nicht ausblenden wollte. Es ist schwer zu entscheiden, ob die Hochachtung vor der Subjektivität des Kindes ein pädagogischer Selbstzweck war oder eher die Kehrseite dieser Grundeinstellung zur Welt. Sie war im wesentlichen

moralisch fundiert, nicht auf politisch-gesellschaftlichen Theorien gegründet, wie sie das 2o. Jahrhundert geprägt haben, obwohl er zeitweise mit dem sowjetischen Kommunismus sympathisierte, der ihm eine freiheitliche Gesellschaft zu realisieren schien. Die Kinder repräsentierten für ihn eine bessere Zukunft aller Menschen, wenn sie denn in Freiheit und gemeinsamer Selbstregulierung aufwachsen würden. Politisch gesehen war diese Hoffnung jedoch schon deshalb naiv, weil eine unmittelbare Selbstregulierung nur in undifferenzierten sozialen Formationen wie in Summerhill möglich war; und auch dort bedurfte sie im Grunde einer Macht, die nicht aus ihr selbst hervorgehen konnte. Komplexe Sozialsysteme und vor allem auch Institutionen sind mit einem solchen Konzept nicht zu gestalten, - auch nicht unter demokratischen Vorzeichen. Neills Kritik an den gesellschaftlichen Zuständen erwuchs aus seinen eigenen Erfahrungen des kindlichen Versagens, und er denunzierte Zeit seines Lebens als schädlich für alle, was ihn selbst bedrückt hatte: Schulzwang, Autoritäten, Religion, sexuelle Unterdrückung. Die *ambivalente* und keineswegs nur negative Bedeutung dieser gesellschaftlichen Tatsachen ging ihm nicht auf. So wenig er selbst ein Verhältnis zur Macht hatte, z.B. als Vorgesetzter unangenehme Entscheidungen zu treffen, so wenig verstand er auch sonst von der Bedeutung der Macht und ihrer Repräsentanz in demokratischen Strukturen.

Es wäre jedoch kurzschlüssig, ihn deshalb einfach der Instrumentalisierung der Kinder für seine persönliche Weltsicht zu zeihen. Er indoktrinierte sie damit nicht; die Kinder erfuhren davon im Grunde nur hinsichtlich der radikalen Freiheit, die er ihnen arrangierte. Aber wie bei allen bisher betrachteten sozialpädagogischen Projekten war auch bei ihm die Kritik der politisch-gesellschaftlichen Situation Ausgangspunkt seiner pädagogischen Überlegungen. Zu übersehen ist auch nicht, daß aus der Selbstregierung durchaus wichtige Lernprozesse resultieren konnten: die Fähigkeit etwa, sich in andere einzufühlen, seine eigenen Absichten erfolgreich zu vertreten, pragmatische Regelungen zu finden, Konflikte zu lösen, Kompromisse zu finden.

6. Obwohl Neill seine Schule als ein Modell für eine freiheitliche Erziehung überhaupt verstand und er damit bahnbrechend wirken wollte, blieb sie doch an seine Person gebunden. Es gelang ihm nicht, seine Nachfolge zu regeln und damit der Schule eine von

seiner Person unabhängige Zukunft zu sichern. Als Lösung dafür hätte sich etwa eine genossenschaftliche Konstruktion angeboten, wie sie von einigen Mitarbeitern auch vorgeschlagen wurde. Obwohl er gegen eine solche Lösung keine prinzipiellen Einwände hatte, lehnte er ab. Im Falle des Einverständnisses hätte er sich wohl aus der Schule zurückziehen müssen, aber womit hätte er dann den Rest seines Lebens verbringen sollen? Die Schule war sein Lebensinhalt, und deshalb war es nur konsequent, daß er bis zu seinem Tode ihr Leiter blieb. Jede andere Regelung hätte notwendigerweise zur Folge gehabt, daß seine Konzeption einer Kritik unterzogen worden wäre. Kritik aber nahm er wohl von den Kindern - dies gehörte zum pädagogischen bzw. therapeutischen Konzept - aber weniger gern von seinen Mitarbeitern entgegen, wie sich gezeigt hatte. Im Vergleich zu seinen Angestellten hatte er einen Sonderstatus, insofern diese professionell tätig waren, ein Gehalt bezogen und auch nur im Rahmen ihres Arbeitsvertrages tätig sein mußten; er selbst jedoch sah seine Tätigkeit nicht in professioneller Begrenzung, sondern hatte sie zu seinem Lebensinhalt gemacht. In dieser Form war sie jedoch nicht professionalisierbar und lehrbar für andere. Neill blieb wie viele andere Reformpädagogen ein Unikat.

3. Herman Nohl: Der „pädagogische Bezug“

Die Veränderungen, die die Reformpädagogik für das pädagogische Denken insgesamt mit sich brachten, führten nun auch dazu, die pädagogische Beziehung systematisch zum Thema zu machen, sie erziehungswissenschaftlich zu fundieren. Wie und nach welchen Maßstäben mußte sie nun gestaltet werden, wenn die zuständigen Erwachsenen nicht mehr ausschließlich das Heft dafür in der Hand hatten? Was konnten sie an die Gleichaltrigen abgeben, was mußten sie unbedingt weiter selbst übernehmen und verantworten? Was ist überhaupt das Besondere an der Beziehung von Erzieher und Zögling, das sie von anderen unmittelbaren menschlichen Beziehungen unterscheidet?

Verständlicherweise hatte in dieser Frage die Reformpädagogik eine tiefe Verunsicherung sowohl bei denen hinterlassen, die sich auf die neuen Argumente und Erfahrungen einließen, aber deren sinnvolle Grenzen noch nicht abzuschätzen wußten, als auch bei denen, die sich den neuen Einsichten zwar verweigerten, aber gerade deshalb in einen Rechtfertigungszwang geraten waren. So entstand ein allgemeines Bedürfnis nach einer theoretischen Vertiefung dieses Themas unter den Erziehern selbst, aber auch unter den Eltern und den Jugendlichen. Obwohl die pädagogische Beziehung als eine gesellschaftliche Tatsache immer schon gegeben war, war sie bisher nicht zu einer wissenschaftlich fundierten Theorie ausformuliert worden. Auch die bereits vorgestellten pädagogischen Praktiker und Autoren hatten dies nicht versucht, sondern allenfalls Teilgesichtspunkte zur Sprache gebracht und sich im übrigen gemäß ihren praktischen Erfahrungen verhalten.

Geisteswissenschaftliche Fundierung

Herman Nohl war der erste, der das Thema in einem größeren Zusammenhang behandelte, und seine Antworten wurden von den meisten Pädagogen als eine Art herrschender Meinung bis etwa Ende der 50er Jahre im Grundsatz akzeptiert.

Nohl wurde am 7. Oktober 1879 in Berlin geboren. Er studierte seit dem Sommer 1898 an der Berliner Universität zunächst Medizin, wandte sich dann aber der Geschichte, der Deutschen Literatur und der Philosophie zu. Seine *pädagogischen* Interessen waren jedoch bis zum 1. Weltkrieg, den er als Soldat erlebte, begrenzt. Erst der militärische Zusammenbruch und seine Folgen brachten eine Wende. Am 9. November 1918, als in Deutschland die Revolution ausbrach, schrieb er im Vorwort zu seinen *Pädagogischen und politischen Aufsätzen*:

„Ich möchte mir mit diesem Büchlein aber auch einen ersten Grund legen für die Tätigkeit, an die ich nach meiner Rückkehr in das Leben meine besten Kräfte wenden möchte, die pädagogische Arbeit. Es gibt kein anderes Heilmittel für das Unglück unseres Volks als die neue Erziehung seiner Jugend zu froher, tapferer, schöpferischer Leistung" (Zit. n. Geißler, S. 227). Diese Vorstellung, die *militärische* Niederlage durch verstärkte *pädagogische* Bemühungen zu kompensieren, war damals in Kreisen des gebildeten Bürgertums weit verbreitet und gab dem pädagogischen Denken und Handeln beachtliche Impulse. Ein bedeutsames Praxisfeld dafür wurde die Erwachsenenbildung. So gründete Nohl im Jahre 1919 mit anderen Gleichgesinnten die Jenaer Volkshochschule mit zunächst beachtlichem Erfolg; schon am ersten Tag trugen sich zweitausend Hörer ein. Nohl sah darin eine spontane Volksbewegung, die zur Bildung dränge.

Anfang 1920 wurde ihm der außerordentliche Lehrstuhl für „Praktische Philosophie mit besonderer Berücksichtigung der Pädagogik" in Göttingen übertragen. Im Sommersemester 1922 erhielt er das neu geschaffene Göttinger Ordinariat für Pädagogik. Im Herbst 1929 gründete er gemeinsam mit Aloys Fischer, Wilhelm Flitner, Theodor Litt und Eduard Spranger die Zeitschrift *Die Erziehung*, von 1928 bis 1933 gab er gemeinsam mit Ludwig Pallat das *Handbuch der Pädagogik* heraus, das Tradition und neue pädagogische Bewegungen in einen geistigen Zusammenhang bringen wollte.

In Göttingen entwickelte er eine umfangreiche Tätigkeit, die nicht nur auf die Schule beschränkt war, sondern auch sozialpädagogische Probleme aufgriff; zu seinem Seminar gehörten ein Kindergarten und eine Grundschulklasse. Im Sommersemester 1937 wurde er emeritiert, sein Lehrstuhl aufgehoben. Nach Kriegsende erhielt er ihn zurück und sorgte mit dafür, daß der Schulbetrieb in Göttingen rasch wieder anlief und die Göttinger Universität schon im September 1945 wieder eröffnet wurde. Beteiligt war er auch an der Gründung der Pädagogischen Hochschule in Göttingen, die 1946 unter der Leitung Erich Wenigers ihre Arbeit begann. Im Oktober 1945 rief Nohl die Zeitschrift *Die Sammlung* (heute: *Neue Sammlung)* ins Leben, die er bis zu seinem Tode 1960 redigierte.

Nohl war ein Vertreter der sogenannten „geisteswissenschaftlichen" Pädagogik und ein Schüler von Friedrich Paulsen und Wilhelm Dilthey. Vor allem letzterer beschäftigte sich als Philosoph mit der Frage, worin die geisteswissenschaftliche Erkenntnis der Welt sich von der naturwissenschaftlichen unterscheide. Das war damals keine bloß akademische Frage, weil der Aufstieg der modernen Naturwissenschaften, deren Erkenntnisweise analytisch-zergliedernd war und nach dem Ursache-Wirkungs-Schema vorging, die Geisteswissenschaften mit ihren Methoden ins wissenschaftliche Abseits zu stellen drohte. Dilthey fundierte in Auseinandersetzung damit die Geisteswissenschaften neu, und zwar vor allem mit folgenden beiden Grunderkenntnissen:

1. Die Gegenstände der Geisteswissenschaften (z.B. Sprache, Politik, Wirtschaft, Literatur, Kunst, Erziehung usw.) sind *historische* Produkte, wurden zu bestimmten Zeiten unter bestimmten Bedingungen von Menschen mit bestimmten Begründungen und Motiven geschaffen. Als historische Phänomene unterliegen sie aber einem *Wandel*, sie entstehen, verändern sich und verschwinden vielleicht sogar wieder.

2. Die Naturwissenschaften versuchen, ihre Gegenstände zu *erklären*, indem sie die Natur beobachten oder Experimente anstellen mit dem Ziel, dabei Gesetze zu entdecken, die sich verallgemeinern lassen, d.h. unter bestimmten, angebbaren Bedingungen *immer* gelten. Die Geisteswissenschaften gehen jedoch anders vor. Sie streben nicht nach allgemeingültigen Gesetzen, sondern versuchen, ihren Gegenstand aus ihrer Zeit heraus zu *verstehen*. Dabei muß aber das einfache Ursache-Wirkungs-Schema schon deshalb versagen, weil sich im historischen Prozeß die komplexe

Wirklichkeit nicht nach einzelnen Wirkfaktoren auseinander dividieren läßt. Deshalb ist es nötig, die Komplexität des Ganzen möglichst immer im Blick zu behalten, auch wenn man sich darin einzelnen Faktoren zuwendet.

Das Konzept des „pädagogischen Bezugs"

Weil auch Nohl, wie gesagt, zu dieser geisteswissenschaftlich orientierten Richtung der Pädagogik gehörte, ging er auch entsprechend an die Bearbeitung pädagogischer Phänomene heran, nämlich historisch analysierend und den Gesamtkomplex des jeweiligen Phänomens von vornherein im Blick behaltend. Das gilt auch für die Bearbeitung unseres Themas, der pädagogischen Beziehung.

Schon im Jahre 1914 schrieb Nohl einen Aufsatz mit dem Titel *Das Verhältnis der Generationen in der Pädagogik.* Anlaß war die um die Jahrhundertwende entstandene, bereits erwähnte Jugendbewegung (Wandervogel und Freideutsche Jugend), die den Anspruch erhoben hatte, daß die Jugend sich selbst organisieren und erziehen könne. Ihre radikalen Vertreter, voran Gustav Wyneken, forderten sogar, die Erwachsenen aus dem Erziehungsprozeß möglichst auszuschalten, um die Selbsterziehung der Jugend unbeeinflußt zum Zuge kommen zu lassen; denn die Älteren seien unfähig zur Erziehung geworden, weil sie für sich selbst keine idealen Lebensziele mehr sähen, sondern ein in Konventionen erstarrtes und von materialistischen Interessen geprägtes Leben führten. Eine Besserung des gesellschaftlichen Lebens sei nur von einer jungen Generation zu erwarten, die fern davon, gleichsam mit „reinen" Motiven ihre natürlichen Anlagen entfalten und dabei zu den höchsten menschlichen Idealen und geistigen Werten vorzustoßen vermöge.

Nohl sah diese Tendenz zur Emanzipation der Jugend positiv und kritisch zugleich. Für ihn war dieser Anspruch nur die letzte Konsequenz einer Entwicklung, die mit der Aufklärung begann und die Zug um Zug zur Autonomie und Selbstbestimmung des Individuums führte. Alle künftige Pädagogik werde das Eigenrecht des Kindes und Jugendlichen zu respektieren und in ihre Planungen mit einzubeziehen haben.

Andererseits sei durch diese Entwicklung die pädagogische Bedeutung des Verhältnisses von alter und junger Generation zwar verändert, aber nicht aufgehoben, wie die radikalen Vertreter der Jugendkultur meinten. Kritisch im Blick hatte er dabei vor allem die Zeitschrift *Der Aufbruch*, die weitgehend von Schülern gemacht wurde und die für damalige Verhältnisse ziemlich aggressive Artikel über Schule, Familie und andere Lebensbereiche von Schülern veröffentlichte.

Die „*Schönheit der Jugend*“, so wandte er gegen die ihm zu euphorische Jugendkultur ein, beruhe auf ihrer Natürlichkeit, auf ihrer Naivität. Eine übertriebene Intellektualität jedoch, „*das ewige Debattieren, Kritisieren und Zerreden*“ (Nohl 1929, S. 118), wie es die Vertreter der Jugendkultur verlangten und praktizierten, zeige in Wahrheit eine „*unjugendliche*“, weil abstrakte Reflexivität. Die Jugend brauche auch eine „*gesunde Dumpfheit des inneren Wachsens*“, einen „*Reichtum an konkretem und undiskutiertem Leben*“. Es sei ein Irrtum anzunehmen, die Jugend könne allein, losgelöst aus der Beziehung zu anderen Generationen, zu jener sittlichen Autonomie und geistigen Freiheit sich durchringen, wie sie die Vertreter der Jugendkultur im Auge hatten. Im Gegenteil sei dafür nötig, den Bruch mit der schönen Jugendzeit zu wagen und in die Auseinandersetzung mit den von den Älteren repräsentierten geistigen Ansprüchen einzutreten; denn die geistigen Ideen könnten niemals in ihrer Abstraktheit bedeutsam werden, sondern „*nur durch die Gestalt der Persönlichkeiten, in denen (die Jugend) sie erfährt*“ (S. 120), also nur durch persönlich verbindliche Vermittlung. Trotz des Eigenrechtes des Kindes und Jugendlichen bleibe ein Verhältnis von jung und alt erforderlich, das einerseits durch Autorität, andererseits durch „*Gehorsam, d. h. (durch) die freie Aufnahme des Erwachsenenwillens in den eigenen Willen und (durch) innere Unterordnung bis zum Moment der Reife und Selbständigkeit*“ (S. 119) definiert sei. Nur im unmittelbaren, persönlichen Umgang mit der älteren Generation, keineswegs in der Beschränkung auf die Gleichaltrigen, könnten Jugendliche wichtige Erfahrungen machen, eine Moralität erwerben und so fundamentale Gefühle wie „*Ehrfurcht und Achtung, Pietät und Dankbarkeit*“ erleben.

Nohl sah also im Generationenverhältnis, genauer, in seinem Gefälle: reif - unreif, selbständig - unselbständig das unverzichtbare

Fundament von Erziehung und Bildung überhaupt. Sollte dieses Verhältnis nicht mehr so bestehen, oder sollte es sich gar umkehren, dann müßte der Begriff Erziehung seinen Sinn und seinen Gegenstand verlieren.

Aber erst nach dem 1. Weltkrieg widmete er sich dem Thema der pädagogischen Beziehung ausführlicher und grundsätzlich. In seinem Beitrag *Die Theorie der Bildung*, den er in dem erwähnten *Handbuch der Pädagogik*, Band 1, beisteuerte, findet sich ein Abschnitt *Der pädagogische Bezug und die Bildungsgemeinschaft*.

Danach sei „*Grundlage der Erziehung*" „*die Bildungsgemeinschaft zwischen dem Erzieher und Zögling mit seinem Bildungswillen*" (Nohl 1933, S. 21). Der Zögling bedürfe einer Beziehung zu einem gebildeten Erwachsenen, um selbst seine Bildungsmöglichkeiten entfalten zu können. Das Grundmodell dafür sei die Beziehung zu den Eltern in seiner doppelten Bedeutung: der liebenden, fürsorglichen und die Ansprüche der Welt abschirmenden Mutter und des ebenfalls liebenden, aber die Ansprüche der Welt auch geltend machenden Vaters. So gesehen sei der „*pädagogische Bezug*" - diesen Begriff führte Nohl in die Erziehungswissenschaft ein - eine eigentümliche, immer schon vor allem in der Familie gegebene *Lebensform*, die sie sich von anderen Lebensformen wie Freundschaft, Liebe, Arbeitsgemeinschaft im Beruf vor allem durch ihre Zielsetzung unterscheide. Ziel dieser Beziehung sei nämlich die Erziehung und Bildung des Zöglings, also „*die Erweckung eines einheitlichen geistigen Lebens*", und dieses könne „*nur wieder durch ein einheitliches geistiges Leben gelingen, persönlicher Geist sich nur an persönlichem Geist entwickeln. Die pädagogische Wirkung geht nicht aus von einem System von geltenden Werten, sondern immer nur von einem ursprünglichen Selbst, einem wirklichen Menschen mit einem festen Willen, wie sie auch auf einen wirklichen Menschen gerichtet ist: die Formung aus einer Einheit. Das ist der Primat der Persönlichkeit und der personalen Gemeinschaft in der Erziehung gegenüber bloßen Ideen, einer Formung durch den objektiven Geist und die Macht der Sache*" (S. 21).

Die Art und Weise der menschlichen Beziehung zwischen Erzieher und Zögling wird also hier zum Kernstück des Erziehungsprozesses überhaupt. Nicht die Werte und die sittlichen Ansprüche als solche, ebensowenig die sachlich-fachlichen Ansprüche, die etwa der Unterricht stellt, wirken für sich genommen erziehend und bildend auf das Kind ein; sie bedürfen vielmehr einer personalen Vermittlung, bei der sich Erzieher und Kind in der Ganzheit ihrer Persönlichkeit begegnen. Dies gilt um so mehr, je uneinheitlicher und widersprüchlicher, modern gesprochen: pluralistischer die von außen kommenden Eindrücke und Anforderungen werden.

„Je zersplitterter oder unfertiger die Bildung einer Zeit ist, um so wichtiger wird die Repräsentation des höheren Lebens vor dem Zögling in dem einheitlichen Menschentum seines Erziehers, in dem das Bildungsideal aufbewahrt ist, wenn es sonst überall verschwunden wäre oder noch nicht da sein sollte" (S. 22).

Anders als bei Neill bringt also hier der Erzieher durchaus etwas in den pädagogischen Bezug ein, über das der Zögling noch nicht verfügen kann, was Nohl als „Bildungsideal" bezeichnet. Seinen Zeitgenossen erläutert er das Gemeinte am Beispiel der kulturellen Integrationsfähigkeit Goethes. Dessen Wirkung habe nicht darin bestanden, daß er von Vielem etwas gewußt habe, wichtig sei vielmehr *„die einheitliche Gestalt seines geistigen Lebens"* gewesen;. *„man wollte nichts Sachliches von ihm lernen, sondern wollte sich lösen, wecken und formen lassen in der Erfahrung seiner Art, das Leben zu nehmen und zu führen"* (S. 22).

Auf diesem Hintergrund definiert Nohl den Kern des pädagogischen Bezugs so:

„Die Grundlage der Erziehung ist ... das leidenschaftliche Verhältnis eines reifen Menschen zu einem werdenden Menschen und zwar um seiner selbst willen, daß er zu seinem Leben und seiner Form komme" (S. 22).

Das Adjektiv *„leidenschaftlich"* richtet sich auf die emotionale Dimension, die sich für Nohl aus der personalen Ganzheitlichkeit der Beziehung ergibt. Sie kann eben kein reines Sach- oder Zweckverhältnis sein, wie es in vielen gesellschaftlichen Bereichen üblich ist, kein bloß rationaler Berufsauftrag des Lehrers etwa, vielmehr ist darüber hinaus konstitutiv der *Wille* des Erziehers, den in dieser Beziehung eingeschlossenen pädagogischen Auftrag auch ernstzunehmen und zur Geltung zu bringen.

Dieser Auftrag ist nun keiner der einseitigen Formung von der einen in die andere Richtung, kein Unterwerfen unter den Willen des Erziehers; vielmehr liegt sein Zweck darin, das Kind zu seiner *eigenen „Form"* kommen zu lassen, in seiner gegenwärtigen Befindlichkeit also seine künftigen Möglichkeiten - sein *„Ideal"* - immer im Blick zu haben.

„Das Verhältnis des Erziehers zum Kind ist immer doppelt bestimmt; von der Liebe zu ihm in seiner Wirklichkeit und von der Liebe zu seinem Ziel, dem Ideal des Kindes, beides aber nun nicht als Getrenntes, sondern als ein Einheitliches: aus diesem Kinde machen, was aus ihm zu machen ist, das höhere Leben in ihm entfachen und zu zusammenhängender Leistung führen, nicht um der Leistung willen, sondern weil in ihr sich das Leben des Menschen vollendet. ... Die pädagogische Liebe zum Kinde ist die Liebe zu seinem Ideal, es soll ihm nichts Fremdes eingebildet werden, sondern die Lebensform, zu der sie führen will, muß die Lösung seines Lebens sein. So fordert die pädagogische Liebe Einfühlung in das Kind und seine Anlagen, in die Möglichkeiten seiner Bildsamkeit, immer im Hinblick auf sein vollendetes Leben" (S. 23).

Aus dieser unaufhebbaren Spannung zwischen der Gegenwart und der Zukunft des Kindes resultiere ein eigentümliches Wechselverhältnis und auch eine eigentümliche Spannung, weil beides miteinander ausbalanciert werden müsse.

„Dieses eigentümliche Gegeneinander und Ineinander von zwei Richtungen der Arbeit macht die pädagogische Haltung aus und gibt dem Erzieher eine eigentümliche Distanz zu seiner Sache wie zu seinem Zögling, deren feinster Ausdruck ein pädagogischer Takt ist, der dem Zögling auch da nicht 'zu nahe tritt', wo er ihn steigern oder bewahren möchte, und der spürt, wenn eine große Sache nicht pädagogisch klein gemacht werden darf" (S. 24).

Auch der Zögling wolle im Grunde sich selbst und deshalb bei aller Hingabe an den Erzieher ebenfalls Distanz, und deshalb strebe das pädagogische Verhältnis *„von beiden Seiten dahin, sich überflüssig zu machen und zu lösen, - ein Charakter, der so keinem anderen menschlichen Bezuge eigen ist"* (S. 24).

So erweise sich das besondere menschliche Verhältnis von Erzieher und Zögling als eine *„Bildungsgemeinschaft"*, die zugleich den Charakter einer *„Lebensgemeinschaft“* habe und von beiden Seiten einer charakteristischen Art der Zuwendung bedürfe .

„Entsprechend jener Doppelheit einer Liebe zum Kinde in seiner Wirklichkeit und der Liebe zu seiner Höhe, die Erhebung fordert, wird die pädagogische Gemeinschaft getragen von zwei Mächten: Liebe und Autorität, oder vom Kinde aus gesehen: Liebe und Gehorsam. ... Die zentrale pädagogische Aufgabe, die Hervorbringung eines persönlichen geistigen Lebens, fordert vom Erzieher die Liebesgemeinschaft mit dem Kinde, die ihm alle Türen in ihm öffnet und sein ganzes kleines Leben im Vertrauen solcher Liebe sammelt und bindet, trägt und steigert“ (S. 25).

„Liebe“ und *„Autorität“* vom Erwachsenen her gesehen, *„Liebe“* und *„Gehorsam“* vom Kinde aus gesehen,- darin kommt noch einmal das familiäre Grundmodell zum Ausdruck, das dem ganzen Konzept zugrunde liegt. Da jedoch die Begriffe Autorität und Gehorsam zumal in jener Zeit allen möglichen Mißverständnissen offen waren, präzisiert Nohl das damit Gemeinte; es müsse gesehen werden im Rahmen des von ihm postulierten inneren Sinnes des pädagogischen Bezugs:

„Autorität heißt also nicht Gewalt, wenn sie sich auch unter Umständen mit ihr wappnen muß, und Gehorsam heißt nicht aus Angst tun oder blindes Folgen, sondern heißt freie Aufnahme des Erwachsenenwillens in den eigenen Willen und spontane Unterordnung als der Ausdruck eines inneren Willensverhältnisses, das gegründet ist in der überzeugten Hingabe an die Forderungen des höheren Lebens, das durch den Erzieher vertreten wird ...Wo die Autorität nicht immer das Ideal des Kindes mit vertritt, sondern nur die Wucht der objektiven Mächte, da ist ihr diese pädagogische Ablösung versagt, und es entstehen die tragischen Konflikte, die dieses Verhältnis zu einem der wenigen Grundmotive des Dramas gemacht haben“ (S. 25 f.).

Zusammenfassend läßt sich mit Klafki (1971, S. 58 ff.) festhalten:

1. Die pädagogische Beziehung nimmt ihren Ausgangspunkt von der Subjektivität des Zöglings, nicht von den äußeren Ansprüchen der sogenannten *„objektiven Mächte“*, z.B. des Staates, der Wirtschaft oder einer Kirche. Der Erzieher ist nicht einfach ein Agent dieser Mächte, sondern sortiert deren Ansprüche daraufhin, was sie für diesen einen Zögling gegenwärtig wie zukünftig

bedeuten könnten, und macht sie so für diesen bildungswirksam. Erziehung geschieht um des Zöglings willen.

2. Was diese Forderung im einzelnen bedeuten könnte, ändert sich im Verlauf der Geschichte und muß deshalb immer wieder neu geklärt werden. Der pädagogische Bezug ist demnach ein historisches Phänomen, nicht zeitlos gültig. Für Nohl ist die moderne Geistesgeschichte charakterisiert durch eine allmähliche Entfaltung und Anerkennung der menschlichen Subjektivität, wofür ihm die Jugendbewegung und die Reformpädagogik wichtige Beweise sind.

3. Das pädagogische Verhältnis ist kein einseitiges, sondern ein wechselseitiges. Beide Seiten bringen allerdings nicht Gleiches ein. Der Erzieher hat als Erwachsener und als jemand, der sich in der Auseinandersetzung mit der Welt zu einer reifen Persönlichkeit gebildet hat, einen entsprechenden Vorsprung vor dem Zögling, auf dem u.a. seine Autorität beruht. Der Zögling andererseits bringt als unverwechselbare Persönlichkeit seine Spontaneität in diese Beziehung ein sowie seine gegenwärtige Bedürftigkeit und seine noch unentdeckten künftigen Möglichkeiten, die er nur im Rahmen des pädagogischen Bezugs gemeinsam mit seinem Erzieher entdecken kann. Deshalb vertraut er sich dem Erzieher an, indem er eine darauf beruhende Bindung zu ihm sucht. Der Zögling weiß zumindest zunächst nichts von der eigentümlichen Art dieser Beziehung und den damit verbundenen Implikationen, aber der Erzieher muß sie ins Bewußtsein nehmen und z.B. darauf achten, daß sie nicht mißbraucht wird und daß sie der ursprünglichen Zielsetzung getreu bleibt.

4. Der pädagogische Bezug kann von beiden Seiten her mißlingen. Beide bleiben frei, ihn einzugehen und auch wieder zu lösen. Zudem kann der Erzieher den Sinn verfehlen, indem er etwa doch autoritäre Unterwerfung verlangt oder das subjektive Lebens- und Bildungsrecht des Zöglings mißachtet. Auch dieser kann Gründe haben, sich dieser eigentümlichen Beziehung zu verweigern; dann entsteht - z.B. zwischen Lehrer und Schüler - vielleicht notgedrungen eine andere Art von Beziehung, die dann aber eben auch anderen Kriterien gehorcht.

5. Eine Besonderheit des pädagogischen Bezugs im Vergleich z.B. zu Liebes- und Freundschaftsbeziehungen besteht darin, daß

er vom ersten Augenblick an auf seine Auflösung gerichtet ist, darauf, sich überflüssig zu machen in dem Maße, wie der Zögling selbst in seiner Reife fortschreitet.

6. Der pädagogische Bezug richtet sich nicht nur auf die Gegenwart des Kindes, sondern auch auf seine Zukunft und muß beide Dimensionen immer im Blick haben.

Resümee

1. Eine Schwierigkeit im Verständnis dieses Konzeptes ist bis heute, ob es nun die tatsächlich vorfindbaren pädagogischen Beziehungen *beschreiben* oder dem pädagogisch Handelnden in erster Linie eine *Leitvorstellung,* eine *regulative Idee* vermitteln will, an der er sich orientieren soll. Im ersten Falle müßte es geeignet sein, *alle* empirisch vorfindbaren, pädagogisch gemeinten Beziehungen (in der Familie, der Schule, im Erziehungsheim usw.) zwischen Kindern und Erwachsenen zu charakterisieren, so daß sich die grundlegenden Momente dieses Konzeptes in all diesen Fällen als eine Art von Faktorenmodell wiederfinden ließen. Im anderen Falle würde es sich lediglich um ein normatives Postulat darüber handeln, nach welchen Maßstäben Erzieher mit Zöglingen umgehen *sollen*, wobei die Präzisierung dieses Anspruchs dem Erzieher je nach der vorliegenden Situation überlassen bleiben könnte. In Nohls Konzept gehen beide Verständnismöglichkeiten ineinander über, was es für Kritik besonders anfällig macht: was ist *tatsächlich* der Fall und was *sollte* eigentlich gelten?

2. Dem Konzept fehlen, wenn man es deskriptiv versteht, notwendige Differenzierungen: nach dem Alter des Zöglings, nach dem jeweiligen Ort und dessen besonderer pädagogischer Funktion (z.B. Familie einerseits, Schule andererseits). Man kann mit Nohl das Verhältnis des Kindes zu seinen Eltern als ein menschliches *„Urverhältnis"* verstehen, das sich nicht pädagogischen oder anderen Zwecken verdankt, sondern auf natürlicher Grundlage einfach vorgegeben ist. Aber für *berufliche* pädagogische Beziehungen z.B. in der Schule oder im Rahmen der Jugendhilfe gilt das ja nicht. Selbst wenn man Nohls Vorstellung, auch hier handele es sich um Entfaltungen aus jenem Urphänomen, gelten lassen will, müßten doch die *Unterschiede* thematisiert werden,

um den einschlägigen Berufspädagogen ein angemessenes Verständnis ihrer *besonderen* Lage zu ermöglichen.

3. Das Konzept nimmt einseitig die *Innenansicht* der pädagogischen Beziehung in den Blick und übersieht die von außen einwirkenden Determinanten; nicht einmal in der Familie und erst recht nicht in der Öffentlichkeit befinden sich die pädagogischen Beziehungen in einem luftleeren Raum. Zwar geht Nohl davon aus, daß diese Determinanten in ihrer Macht wie in ihrer Widersprüchlichkeit gleichsam in der Person des Erziehers zu einer einheitlichen Form gebündelt werden müssen, um für den Zögling bildend wirken zu können; aber das betrifft ja eher den *Inhalt* dieser Beziehung, z.B. die Schulfächer und ihre Themen. Es ist schon ein Unterschied, ob z.B. in einer Schulklasse Unterschichtkinder oder Mittelschichtkinder mit einem aus dem Bildungsbürgertum stammenden Lehrer zusammentreffen. Und was bedeutet es für die pädagogische Beziehung, wenn die Schule als eine *Institution* verstanden wird, in der die Beziehungen zwischen Schülern und Lehrern in erheblichem Maße gleichsam von Amts wegen vor-reguliert sind und wo keineswegs nur pädagogische Zwecke gelten, sondern etwa auch administrative (Zensurengebung) oder politische (Bildung für alle oder nur für so viele, wie der Arbeitsmarkt braucht)? Muß in diesen Fällen nicht der pädagogische Bezug kombiniert werden mit anderen Erwartungen, und wie und nach welchen Maßstäben könnte dies geschehen?

4. Zudem ist auch die Begründung fragwürdig, daß das umfassende personale Verhältnis, das Nohl fordert, deswegen nötig sei, weil nur dann die Bildung als ein einheitliches Ganzes, das es in den Widersprüchen der Realität tatsächlich nicht ist, sich im Zögling aufbauen könne. Wieso soll es nicht auch sinnvoll sein, den Zögling die Uneinheitlichkeit der Bildungsstoffe spüren zu lassen, wie sie sich etwa in den verschiedenen Schulfächern darstellt? Könnte die Bildungsleistung des Zöglings nicht gerade darin bestehen, daß er diese widersprüchlichen Erfahrungen in seiner Person zu integrieren lernt? Gewiß braucht er auch dazu erwachsene Partner, aber diese können sich dann auf *begrenzte* Einflußnahmen - z.B. als Lehrer in der Schule - beschränken. In diesem Punkte drohen leicht ideologische Mißbräuche, weil die „Idealität“ des Zöglings als Vehikel für weltanschauliche Wünsche des Erziehers benutzt werden kann. *Er* wünscht vielleicht in

den Widersprüchen der Zeit die Wiederherstellung von Einheit und Ganzheitlichkeit und *er* projiziert diesen Wunsch im Konzept des pädagogischen Bezugs auf den Zögling.

Zudem stellt sich in Nohls Konzept der Erzieher *zwischen* die Welt, wie sie ist, und den Zögling, wie er ist und seiner „Idealität" gemäß sein wird. Auch diese Vorstellung ist offen für Mißbrauch. Zwar soll die Welt in Gestalt der objektiven Mächte dem Zögling zugänglich gemacht und für ihn zum Bildungsanspruch werden, aber eben nur in der persönlichen Vermittlung durch den Erzieher. Daran ist solange nichts zu bemängeln, wie der Erzieher seinerseits sich so unideologisch wie möglich auf diese objektive Welt einläßt, sie in ihrem außersubjektiven Sosein wahrzunehmen und zu begreifen sucht. Aber die Versuchung ist groß - wie die Praxis immer wieder zeigt - , die für die Bildung des Zöglings gedachte Interpretation so vorzunehmen, daß dabei die eigenen politischen, weltanschaulichen und normativen Wünsche befriedigt bzw. bestätigt werden. Die „Bildungsgemeinschaft" zwischen Erzieher und Zögling kann auch dessen originären Zutritt zur Welt erschweren oder zeitweilig gar verhindern.

5. Das soziale Grundmodell des pädagogischen Bezugs ist eine Zweierbeziehung zwischen *einem* Erzieher und *einem* Zögling. Das ist aber in beruflichen pädagogischen Beziehungen nicht der Normalfall. Hier geht es - etwa in einer Schulklasse - vielmehr meist darum, zu unterschiedlichen Individuen Beziehungen einzugehen, die einerseits professionell gleichartig, nämlich auf alle gerichtet sein, andererseits aber auch der jeweiligen Individualität - z.B. beim Fördern und Ermutigen - Rechnung tragen müssen. Selbst wenn man Nohls Vorstellung in der Weise gerecht wird, daß es sich dabei eben um jeweils einzelne Beziehungen handeln müsse, die den Ansprüchen des pädagogischen Bezugs zu genügen hätten, entsteht die Frage, in welcher Weise dann den komplizierten Wechselbeziehungen der Klassenmitglieder unter einander und zum Lehrer hin Rechnung getragen werden solle. Es ist ja schwer vorstellbar, daß der Lehrer sich immer nur nacheinander jedem einzelnen Schüler zuwendet. Jedenfalls würde sich eine solche Einstellung nicht mit dem decken, was tatsächlich in einer Schulklasse an Beziehungen abläuft.

6. Anlaß zu kritischen Rückfragen gibt auch das Verhältnis von Emotionalität und Rationalität. Zumindest auf den ersten Blick

erscheint der pädagogische Bezug sehr emotional getönt, wenn etwa von einem *„leidenschaftlichen Verhältnis"* die Rede ist. Nohl will damit zum Ausdruck bringen, daß der pädagogische Bezug, seiner Herkunft aus dem familiären Lebensfeld gemäß, eine Beziehung besonderer Art ist, weil er nicht auf einem bloßen Zweck beruht, z.B. Wissen zu vermitteln, sondern auf einer tiefen beiderseitigen Bindung, die wiederum ohne hohe emotionale Anteile nicht denkbar ist; er ist eine Art von langfristig angelegtem Lebensbund, in dem relativ viel Zeit gemeinsam verbracht wird. Was nun für das familiäre Leben ohne weiteres einleuchtet, stellt sich für einen Lehrer, der in wechselnden Klassen an einem Vormittag wechselnde Schüler unterrichtet, ganz anders dar. Zweifellos spielen auch hier emotionale Dimensionen eine Rolle, aber sie sind auf der Basis des Nohl'schen pädagogischen Bezugs kaum zu beschreiben.

7. Obwohl zu der Zeit, als Nohl seine Theorie des pädagogischen Bezugs formulierte, nicht nur viele Lehrer an unterschiedlichen Schulformen beruflich tätig waren, sondern auch die Sozialpädagogik sich zu professionalisieren begann, bleibt Nohls Konzept, obwohl es ein zentrales Problem des pädagogischen Selbstverständnisses zum Ausdruck brachte bzw. sich zum Thema machte, eigentümlich blaß gegenüber der sich abzeichnenden Tendenz zunehmender pädagogischer Professionalisierung. Um dieser gerecht werden zu können, fehlte Nohls Konzept die Ablösung von seiner familiären Herkunft. Es stand ganz im Banne jener großen Erzieherpersönlichkeiten, für die sich die geisteswissenschaftliche Pädagogik besonders interessierte und die auch in diesem Buch teilweise zu Wort kamen. Niemand von ihnen, so sehr ihre praktischen Projekte auch als Pioniertaten zu werten sind, hatte jedoch, wie wir sahen, eine schlüssiges Konzept für pädagogische Professionalität und damit auch für die eigene Nachfolge entwickelt. Das gilt auch für den ersten Theoretiker der pädagogischen Beziehung, für Herman Nohl. Da andererseits das Bedürfnis nach beruflicher Orientierung aus den genannten Gründen stieg, drangen gerade die emotionalen Dimensionen des Nohl'schen Konzepts in diese Lücke ein, was für die weitere Entwicklung vielfach ein berufliches Selbstverständnis zur Folge hatte, das durch jene erwähnte hohe Emotionalität und durch ein persönliches Engagement bestimmt war, das eher als „Berufung" denn als „Beruf" verstanden werden kann.

Abschied vom „Pädagogischen Bezug"?

Nohl hat also der „pädagogischen Beziehung" eine ganz bestimmte Deutung im Sinne seiner Theorie gegeben und damit natürlich andere Möglichkeiten der Interpretation ausgeschlossen. Unser Thema ist jedoch umfangreicher, es versteht die „pädagogische Beziehung" als einen Grundtatbestand des gesellschaftlichen Lebens, den es zu allen Zeiten gegeben hat und der durch die Notwendigkeit bestimmt ist, daß Erwachsene in irgendeiner Weise mit Kindern umgehen müssen, bis diese selbst die Rollen und Aufgaben der Erwachsenen übernehmen können. Diesem weiteren Begriff der Sache müssen wir uns nun wieder zuwenden.

Nohls Konzept wurde nämlich schon in den zwanziger Jahren z.B. von Theodor Litt kritisiert. Er bemängelte vor allem die isolierte Binnenansicht der Sache und das Ignorieren der *„überpersönlichen Mächte"*, die bei jeder derartigen Beziehung eine Rolle spielen. Gleichwohl setzte sich dieses Konzept im Selbstverständnis der pädagogischen Berufe weitgehend durch. Das lag nicht nur daran, daß es Antworten gab auf eine verbreitete Unsicherheit, die durch die reformpädagogische Bewegung ausgelöst worden war bzw. in ihr zum Ausdruck kam. Vielmehr bot es den pädagogischen Berufen und ihren Standesorganisationen auch ein Selbstbild an, das man je nach Bewertung als Berufsethos oder als Berufsideologie bezeichnen könnte. Nohl wirkte für diese Berufe jedenfalls als Sinnlieferant.

In den zwanziger Jahren waren die pädagogischen Berufe nämlich erheblich expandiert. Zu den klassischen Berufen der Gymnasial- und Volksschullehrer waren nun die Berufsschullehrer und die sozialpädagogischen Berufe hinzugetreten, die sich zudem in Berufsverbänden organisiert hatten. Eine Spezialisierung war eingetreten, wie sie in der Moderne auch für andere Berufsgruppen charakteristisch ist. Damit entstand die Frage, was den Sinn dieser Berufe abgesehen davon, daß sie alle mit Kindern und Jugendlichen befaßt waren, eigentlich ausmache. Hinzu kamen die überlieferten weltanschaulichen Differenzierungen: das Volksschulwesen lag weitgehend in den Händen der christlichen Kirchen - wenn auch unter der Oberaufsicht des Staates - , die Träger der von den Ideen der Jugendbewegung beeinflußten außerschulischen Jugendarbeit und der Sozialpädagogik verfolgten ebenfalls zu einem erheblichen Teil unterschiedliche Erziehungsziele. Ähnlich wie Ärzte jedoch unbeschadet ihrer beruflichen Spezialisierung und der von ihnen favorisierten Heilmethoden ein *gemeinsames* Berufsverständnis etwa in den Maximen des hippokratischen Eides gefunden haben, so waren die pädagogischen Berufsgruppen auf der Suche nach einem vergleichbaren Selbstverständnis.

In dieser Lage bot Nohls Konzept des „pädagogischen Bezugs" eine Lösung an. Der hohe moralische Anspruch ebenso wie die weltanschaulich offene und niemanden von vornherein ausschließende Grundstruktur waren für eine gemeinsame berufliche Sinnstiftung in hohem Maße geeignet. Ob Lehrer oder Sozialpädagoge, Katholik oder Protestant, - Nohls „pädagogischer Bezug" ermöglichte ihnen allen eine Identifizierung auf einem gemeinsamen Generalnenner. Jenseits dieser gemeinsamen pädagogischen Basis ließen sich dann auch wieder berufsspezifische oder besondere weltanschauliche Positionen einbringen. Lediglich politisch extreme Positionen wie die schon erwähnte kommunistische und später die nationalsozialistische fanden sich darin nicht wieder. Nohls Konzept wirkte also in hohem Maße integrierend, was z.B. auch darin sich zeigt, daß es auch produktiv anwendbar ist auf diejenigen sozialpädagogischen Autoren, von denen im I. Teil dieses Buches die Rede war, - was insofern nicht verwundern kann, als Nohl ja seine Vorstellungen nicht zuletzt auch aus einer historischen Analyse der modernen Pädagogikgeschichte gewonnen hatte.

Nicht die Theorie des pädagogischen Bezugs als solche, sondern ihre Brauchbarkeit für das Selbstverständnis der sich entfaltenden und differenzierenden pädagogischen Berufe erklärt ihre Wirksamkeit, die sogar die Zeit des Nationalsozialismus überlebte und sich nach dem 2. Weltkrieg noch einmal zeigte. Gerade die moralische Defizienz des Nationalsozialismus im Umgang mit der Jugend gab dem Nohl´schen Konzept nun wieder neue Impulse.

Erst Ende der 60er/Anfang der 70er Jahre - im Kontext der Studentenbewegung - geriet es erneut in die Kritik. Dabei kamen mehrere Motive zusammen.

1. Die Erziehungswissenschaften hatten sich von der geisteswissenschaftlichen Tradition, der Nohl verbunden war, gelöst und den Sozialwissenschaften geöffnet. Auf diesem Hintergrund traten neue Erkenntnisinteressen in den Vordergrund, die auf empirische Erhebungen aus waren und dabei mit dem Nohlschen Konzept wegen der erwähnten Vermischung von normativen und deskriptiven Dimensionen wenig anfangen konnten. Die Frage lautete jetzt: Wie sehen die Beziehungen zwischen Erziehern und zu Erziehenden *tatsächlich* aus, wie sehen die Beteiligten diese selbst und welche Möglichkeiten haben sie, darauf Einfluß zu nehmen? Um dies ermitteln und nach Möglichkeit auch statistisch ausweisen zu können, brauchte man einen allgemeinen, in diesem Sinne *formalen* Begriff von menschlichen Beziehungen überhaupt, der dann auf unterschiedliche Wirklichkeiten hin modifiziert und präzisiert werden konnte. Was ist eine menschliche Beziehung überhaupt und welche Variation davon finden wir z.B. in der Familie oder in einer Schulklasse vor? Auf diese Weise kamen die sozialwissenschaftlichen Begriffe *„Kommunikation"* und *„Interaktion"* in Mode, deren Feinheiten hier nicht weiter von Interesse sind (Vgl. Joppien). Wichtig ist aber, daß in diesem neuen Forschungszusammenhang die *normativen* Aspekte des pädagogischen Bezugs aus dem Blick gerieten, weil sie sich als solche empirischen Ermittlungen per se verweigern. Genauer gesagt: die normativen Aspekte konnten nur noch gebrochen bzw. beschränkt auf bestimmte vorgegebenen Ziele recherchiert werden, z.B. im Hinblick darauf, welches Verhalten in einem gegebenen sozialen Rahmen - etwa einer Schulklasse - erfolgreich ist, - sei es nach der Einschätzung des Handelnden selbst, sei es nach der Einschätzung der anderen, auf die sich das Handeln richtet; solche Einzelaspekte lassen sich ebenso empirisch ermitteln wie normative Aspekte, insofern sie von Menschen z.B. im Rahmen von empirischen Erhebungen geäußert werden.

Unser Thema, die „pädagogische Beziehung", geriet auf diese Weise in einen neuen Interessenhorizont; nicht mehr die Berufspädagogen standen im Mittelpunkt, die wissen wollen, wie sie mit Kindern und Jugendlichen umgehen sollen, sondern die Bedürfnisse von Forschern, die mit ihrem Instrumentarium, mit ihren empirisch relevanten Methoden, zu Ergebnissen kommen wollten. Zwar gingen sie zu Recht davon aus, daß ihre Ergebnisse auch zur Aufklärung des pädagogischen Handelns dienlich sein würden, aber zunächst einmal mußten sie zum Zwecke ihrer Forschung den Gegenstand so definieren, daß er ihren Erkenntnisinstrumenten überhaupt zugänglich wurde.

Ein Problem dieses Vorgehens besteht nun darin, daß das, was dabei der Forschung nicht in den Blick gerät, deshalb in der Lebenspraxis ja nicht verschwunden ist. Das gilt auch für jene Dimensionen des pädagogischen Bezugs, die dabei unter den Tisch fallen. Die Ganzheitlichkeit der Beziehung, wie wir sie bei Nohl finden, muß, wenn sie empirischen Methoden zugänglich werden soll, in Einzelaspekte aufgeteilt, eben in diesem Sinne operationalisiert werden. Allerdings kann anschließend aus diesen Einzelaspekten das Ganze nicht einfach wieder rekonstruiert werden. Clemens Menze hat treffend darauf hingewiesen, *„daß der pädagogische Bezug aus der Summe der Resultate dieser Untersuchungen nicht wiederherstellbar ist. Daher ist auch über Liebe und Vertrauen, Verantwortung und Gehorsam als aus dem der wissenschaftlichen Erkenntnis zugänglichen Bereich herausdefinierte Phänomene, die sich in ihrer qualitativen Komponente immer wieder der Operationalisierbarkeit entziehen, nicht mehr zu befinden. ... Der Rückzug aus der Normativität läßt es daher auch wissenschaftlich als unentscheidbar erscheinen, die eine Handlung einer anderen zwingend vorziehen zu können. Hier bleibt der Handelnde notwendig auf sich allein gestellt"* (Menze 1978, S.237). Weil aber nun die pädagogisch Handelnden in dieser für ihre tägliche Praxis wichtigen Frage auf sich allein angewiesen blieben, auf eine Aufklärung durch diese Art von Wissenschaft nicht hoffen könnten, träten andere Ratgeber, z.B. ideologischer Art, in diese Lücke ein. Diese spezifische Verwissenschaftlichung des Themas fördere demnach paradoxerweise seine Ideologisierung.

Die ursprünglich ganzheitliche Vorstellung von der pädagogischen Beziehung wird also aufgeteilt in einen solchen Part, der empirisch-wissenschaftlich aufklärbar ist, und in einen anderen, der diesem Verfahren grundsätzlich nicht zugänglich ist. Dieser Rest enthält aber den Kern dessen, was Nohl gemeint hat, und der sich in Begriffen wie „Verantwortung", „Vertrauen", „Gehorsam" zum Ausdruck bringt.

Es gibt inzwischen eine Reihe von sozialwissenschaftlichen Erklärungsmodellen für das menschliche Verhalten im allgemeinen und für die pädagogische Beziehung zwischen Erziehern und Zöglingen im besonderen, die hier nicht im einzelnen erörtert werden können (Vgl. Uhlig). Erwähnt sei vielmehr nur eines von ihnen, nämlich das *Rollenmodell*, weil es wichtige Aspekte unseres Themas aufklären kann und inzwischen eine gewisse Verbreitung gefunden hat.

„Rolle" ist nach diesem Verständnismodell der Inbegriff der Erwartungen, die an den Inhaber einer gesellschaftlichen Position - z.B. an einen Lehrer - von der sozialen Umwelt gestellt werden. Diese Erwartungen sind sowohl faktischer als auch normativer Art, d.h. sie drücken bestimmte Verhaltensanforderungen aus, die zugleich mit einer moralischen Maxime besetzt sind, so daß Nichteinhaltung sanktioniert wird. Nun sind Rollenerwartungen zunächst einmal *typischer* Art, d.h. in einer *bestimmten* Situation wird etwa von einem Lehrer ein *bestimmtes* Verhalten erwartet, ohne daß dabei schon individuelle Aspekte eine Rolle spielen; er soll z.B. Zensuren *gerecht* verteilen, -egal, wie alt er ist, ob er Mann oder Frau ist, ob er gerade krank oder gesund ist oder was er sonst an individuellen Merkmalen aufweisen mag. Allerdings entstehen *individuelle* Handlungsspielräume in dem Maße, wie die Rolle in sich uneinheitlich ist bzw. wie unterschiedliche Rollenerwartungen miteinander konkurrieren. Für unser Thema, die pädagogische Beziehung, bietet dieses Modell einen Ausweg aus der bei Nohl kritisierten bloßen Innenansicht der pädagogischen Beziehung an; denn die Rollenerwartungen sind der pädagogischen Beziehung nicht immanent, sondern beeinflussen sie von außen.

Manfred Rösel hat dieses Modell am Beispiel des Lehrers durchgespielt, indem er das Schicksal eines Junglehrers beschreibt, der mit seinem Versuch scheitert, das an der Universität gelernte Diskursmodell in seinem Unterricht anzuwenden. Nach den Regeln des Diskurses sollen sowohl die Unterrichtsinhalte und Methoden wie die disziplinarischen Regeln den Schülern nicht einfach vorgegeben, sondern mit ihnen jeweils neu vereinbart werden. Damit aber, so Rösel, verstoße der Junglehrer gleich gegen mehrere Rollenaspekte des Lehrerberufs: gegen die Erwartungen der Administration, die vergleichbare Schulleistungen fordert; gegen die Erwartungen der Kollegen, die darin eine unkollegiale Kritik an ihrem ganz anderen Verhalten den Schülern gegenüber erblicken;

gegen die Erwartungen der Eltern, die im Interesse der Karriere ihrer Kinder auf Schulleistungen aus sind; und schließlich sogar gegen die Erwartungen der Schüler selbst, denen die geforderte Mitbestimmung zu mühsam ist und die darauf mit zunehmender Disziplinlosigkeit antworten. Es zeigt sich also schnell, daß die Rollenerwartungen an den Lehrer durchaus widersprüchlich sind: die Erwartungen der Schüler sind nicht unbedingt auch die der Kollegen oder der Eltern oder der Schuladministration. So gesehen sei der Beruf des Lehrers grundsätzlich, nämlich von seiner Rollenstruktur her, konfliktträchtig, und diese Widersprüchlichkeit müsse nicht nur ausgehalten und ausbalanciert werden, sie eröffne auch einen relativ großen Spielraum für das berufliche Selbstverständnis des einzelnen Lehrers, für seine „Selbstrolle"; diesen Spielraum könne er nutzen für eigene Definitionen seiner Profession: je kompetenter der Lehrer die Rollenstruktur durchschaue und zu handhaben lerne, um so größer werde seine berufliche Freiheit.

So plausibel dieses Verständnismodell auf den ersten Blick auch sein mag, so liegen doch auch seine Nachteile auf der Hand.

a. Voraussetzung für dieses Modell ist natürlich zunächst einmal, daß die Erwartungen an den Lehrer tatsächlich widersprüchlich sind. Das war nicht immer so und kann sich auch wieder ändern, wenn z.B. das Funktionsverständnis des Lehrers reduziert wird auf die Abhaltung eines vom Lehrplan inhaltlich vorgegebenen Unterrichts. Denkbar wäre auch, daß die Rollenwidersprüche durch eine diese miteinander verschmelzende Erziehungsideologie wieder aufgehoben werden, wofür es gegenwärtig einige Anzeichen gibt (Vgl. Giesecke 1996).

b. Zum anderen enthält das Rollenmodell - anders als die Konzeption Nohls - keine Definition der jeweils *individuellen* Komponenten der pädagogischen Beziehung; vielmehr richtet sich der Blick auf die *allgemeinen* Erwartungen des Umfeldes, die eine jeweils individuelle Version zwar zulassen, dafür allerdings keine weiteren Angaben machen können. Für die Ausprägung einer je individuellen, persönlichen Version der pädagogischen Beziehung gibt das Rollenmodell keine weiteren Hinweise; es verweist nur darauf, daß sie möglich sind. Die Maßstäbe dafür muß sich der Pädagoge aus anderen Quellen beschaffen.

c. Das Rollenmodell unterstellt, daß die Erwartungen in sich homogen sind, daß also in unserem Beispiel „die Kollegen“ oder „die Eltern“ im wesentlichen *gemeinsame* Wünsche haben. In Zeiten erheblichen gesellschaftlichen Wandels ist jedoch wahrscheinlicher, daß sie sich differenzieren. Manche Eltern wollen vielleicht in erster Linie Schulleistungen, andere dagegen eher, daß ihre Kinder sich in der Schule wohl fühlen; die Erwartungen der Kollegen können sich spalten, so daß Bündnisse mit den einen gegen die anderen möglich werden. Rösels Bericht stammt aus den 70er Jahren, was die Frage aufwirft, ob die Rollenerwartungen, wie er sie damals vorfand, heute noch so gelten und ob sie, wenn dies nicht der Fall ist, sich möglicherweise so schnell geändert haben und sich vielleicht weiter ändern werden, daß darauf die pädagogische Beziehung schwerlich gegründet werden kann.

d. Vor allem aber fehlt dem Rollenmodell ein Maßstab, nach dem diese Erwartungen beurteilt werden können; sie können ja auch pädagogisch zweckwidrig sein, indem sie etwa die Lernprozesse der Kinder behindern oder in die falsche Richtung lenken. Die Wünsche der Eltern können kurzsichtig, die der Administration politisch bequem und die der Schüler gegen ihre künftigen Interessen gerichtet sein. Wird das Rollenmodell naiv angewandt, hat es die Tendenz, es allen recht zu machen, ohne daß dabei ein persönlicher Standpunkt entwickelt werden kann. Die Grundfrage Nohls, worin der Sinn der pädagogischen Beziehung eigentlich bestehe, kann im Rahmen dieses Modells also nicht beantwortet werden.

2. Nohl hatte bei aller Reverenz an die Idee der Selbsterziehung der Jugend, wie sie sich in der Jugendbewegung artikuliert hatte, doch entschieden am durch Reife und Autorität bedingten Vorsprung der Älteren vor den Jüngeren in der pädagogischen Beziehung festgehalten. Für ihn konnte diese Beziehung nicht „symmetrisch“, sondern nur „asymmetrisch“, also nicht auf Gleichheit der Beteiligten beruhend sein. Diese Vorgabe rief in den 60er und 70er Jahren eine primär *politisch* motivierte Kritik auf den Plan, die insbesondere durch die erwähnten Veröffentlichungen von A. S. Neill gefördert wurde. Der pädagogische Bezug wurde als „Herrschaftsinstrument“ „entlarvt“, das einer auf Mündigkeit und Emanzipation orientierten Erziehung nur hinderlich sein könne.

An die Stelle des traditionellen pädagogischen Bezugs sollte die gleichberechtigte Kommunikation zwischen Schüler und Lehrer treten. Diese „antiautoritäre" Tendenz breitete sich vor allem unter jüngeren Lehrern und Erziehern zu einer neuen herrschenden Meinung aus. Schäfer/Schaller beispielsweise stellen in diesem Sinne fest, *„daß der pädagogische Bezug nicht die geeignete Grundkategorie darstellt, um eine moderne demokratische Grundform des Unterrichts zu gewährleisten, da dieser Bezug die Vorstellung eines Einandergegenüber von Lehrern und Schülern nahelegt und suggeriert, der allzu leicht als ein Autoritätsgefälle ausgelegt werden könnte"* (Schäfer/Schaller, S.123). Erziehung zu Demokratie und damit zu Mündigkeit könne nicht in autoritären Beziehungen gedeihen. *„Die einzig legitime Autorität ist also das gemeinsame kommunikative Autoritative rationaler Interaktionen, das Emanzipation initiiert, fördert und sichtbar werden läßt"* (S. 129). Die gleichberechtigte Interaktion von Schülern und Lehrern muß demnach, ohne Vorgaben durch den Lehrer, etwa zu unterrichtlichen Ergebnisse führen, die niemand vorhersehen und schon gar nicht im voraus planen kann; das kommunikative Verfahren selbst und die dafür von allen Beteiligten gewählten Regeln sind demnach die einzig unstrittige Grundlage für die Emanzipation der unmittelbar Beteiligten. Auch gegenüber dieser Konzeption hat Menze Kritik angemeldet:

„Mit diesem höchsten und einzig legitimen Ziel verflüchtigt sich die Vernunft letztlich in Verfahrensregeln und vermag über Wahres und Falsches, Gutes und Böses als solches nichts mehr auszusagen. Sie reduziert sich auf eine Art Dialogfähigkeit, nach der alles mit allem kommunizieren kann und alles und jedes zur Disposition gestellt ist, sofern die Regeln für emanzipatorische Kommunikation und Interaktion eingehalten werden" (Menze 1978, S. 236).

Auch dieser Ansatz löst also unser Problem, die tatsächlich immer gegebene pädagogische Beziehung überzeugend zu fundieren, aus folgenden Gründen nicht:

a. Er ist nicht so voraussetzungslos, wie er auf den ersten Blick erscheint; denn zumindest muß die *politische* Zielsetzung - Emanzipation und Mündigkeit - von den Erwachsenen eingebracht werden, es sei denn, man hält sie für eine natürliche Ausstattung des Menschen, deren er sich von selbst bewußt wird, wenn nicht Herrschaftsansprüche ihn daran hindern. Das aber wäre eine naive, allen Erfahrungen widersprechende anthropologische Prämisse. Von sich aus denken und handeln Kinder keineswegs „herrschaftsfrei“, wenn man sie nur gewähren läßt. Vielmehr brauchen sie dafür Erwachsene, die den Maßstab der Herrschaftsfreiheit gegenüber dem ursprünglich anderen Handeln zur Geltung bringen.

b. Fraglich ist, ob die demokratisch-politische Begründung für dieses pädagogische Konzept wirklich zwingend ist. Es kann nicht per se „undemokratisch“ sein, wenn jemand als Lehrer seinen Wissensvorsprung an seine Schüler weitergeben will und dafür bestimmte Regeln etwa der allgemeinen Disziplin durchsetzt, ohne die eine solche Absicht nicht zu realisieren wäre. Auch eine demokratische Gesellschaft muß Zwecke setzen und auf ihrer Durchführung bestehen können, sonst könnte sie nicht zum Wohle aller funktionieren. Hierarchien und unterschiedlich festgesetzte Kompetenzen sind nur dann „undemokratisch“, wenn sie nicht auf den für die demokratische Verfaßtheit gültigen Legitimationen und Verfahren beruhen. Das Konzept von Schaller/Schäfer ignoriert die Bedeutung von Institutionen. Zwar leuchtet ein, daß die Schüler dort, wo es von der Sache her sinnvoll erscheint, in Willensbildungen an ihrer Schule einbezogen werden, wozu auch gelegentlich eine Mitentscheidung über die zu wählenden Unterrichtsinhalte gehören kann, aber im Prinzip darf dadurch der institutionelle Zweck der Schule nicht einfach ausgehebelt werden.

c. Wie Menze ebenfalls feststellt, weist in diesem Konzept die pädagogische Beziehung nicht mehr über sich hinaus; vielmehr dreht sie sich im Kreise. Weder nimmt sie die Zukunft der Zöglinge in den Blick, noch erweist sie sich als dafür verantwortlich. Die Substanz der permanenten Kommunikation speist sich aus der Zufälligkeit der jeweils vorhandenen Erfahrung der miteinander Kommunizierenden, darüber hinaus gehende Eingaben, wie sie etwa in Lehrplänen auftauchen, sind nicht vorgesehen. Der Pädagoge will nichts vom Zögling, was dieser nicht selbst ebenfalls will.

d. Gleichwohl wird das Kind hier in bestimmter Weise definiert: es soll, versehen mit den „herrschaftsfreien“ Implikationen des Diskurses, künftig die von den Erwachsenen ersehnte „wahre“

Demokratie nach den Maßstäben eben dieses Diskurses errichten helfen.

3. Während in diesem Konzept immerhin noch ein *Ziel* für die gemeinsame Kommunikation angegeben wird, das allerdings im Unterschied zur Vorstellung der Autoren letztlich nur von den Erwachsenen ausgehen kann und insofern deren Vorsprung in der pädagogischen Beziehung signalisiert, nämlich die durch das genannte Verfahren zu erlangende Mündigkeit und Emanzipation, wird dieses Element des klassischen pädagogischen Bezugs bei Eugen Fink auch noch getilgt. Das erzieherische Verhältnis wird bei ihm reduziert auf eine *„Beratungsgemeinschaft „zur gemeinsamen Ausschau von Erziehern und Zöglingen nach einer gemeinschaftlichen Sinnverständigung des von ihnen wirklich gelebten Lebens“* (Fink, S. 178). Die Verunsicherung des modernen Lebens habe alle lebenden Generationen erfaßt und ratlos gemacht, so daß von einem grundsätzlichen Vorsprung der Erwachsenen nicht mehr die Rede sein könne. Obwohl der Erzieher in mancher, allerdings begrenzter Hinsicht gegenüber den Jüngeren gewisse Kenntnisse und Erfahrungen voraus habe, könne „Beratung“ nicht im herkömmlichen Sinne mehr als grundsätzliches Gefälle vom Kundigen zum Nichtkundigen hin betrachtet werden. Vielmehr könnten mögliche *Ziele* der Beratungsbeziehung erst im Akt der Beratung selbst aufscheinen. *„Anstatt daß eine Beratung gemäß vorbekanntem Zielsinn erfolgt, geschieht erst in der Beratung und durch die Beratung das Erscheinen von Zielen. Aus einer gemeinsamen Ratlosigkeit geht der Rat hervor, aus einer bedrückend empfundenen Ziellosigkeit das Ziel“* (Fink, S. 206). Konsequenter, so scheint es, ist eine Verabschiedung von den Implikationen des pädagogischen Bezugs bei Herman Nohl kaum denkbar. Gleichwohl bleiben auch hier Zweifel:

a. Finks Argumentation bewegt sich auf einer relativ abstrakten Ebene, die wesentliche gesellschaftliche Faktoren außer Betracht läßt. Wäre seine Analyse allgemein akzeptiert, müßte gesellschaftliches Chaos herrschen. Tatsächlich jedoch vertrauen die Menschen in ihrem Alltag vielleicht nicht mehr unbedingt den großen philosophischen Wertgebäuden, lassen aber gleichwohl weiterhin Werte gelten, die ihr Zusammenleben bestimmen und die auch dem Verhältnis von Erwachsenen zu Kindern immer noch eine gewisse Stabilität sichern. Zudem bleibt nach wie vor zumindest die *ökonomische* Vorherrschaft der Erwachsenen bestehen, die sich u.a. darin ausdrückt, daß jede junge Generation erst einmal durch bestimmte Tätigkeiten - z.B. Lernen in der Schule - sich eine eigene, den Erwachsenen gleichgestellte und insofern legitime gesellschaftliche Position verschaffen muß. Die *„nihilistische"* (Menze) Lagebeurteilung Finks deckt sich keineswegs mit den Generationsbeziehungen, wie sie in der gesellschaftlichen Realität zu beobachten sind.

b. Allerdings bleibt wohl richtig, daß die Vorstellungen über „gutes" und „richtiges" Leben und darüber, wozu sich zu leben lohnt, nicht mehr einfach von den Älteren auf die Jüngeren delegiert werden können. In diesen existentiellen Fragen gibt es gewiß inzwischen eine Ratlosigkeit zwischen allen lebenden Generationen. Aber die Frage ist, inwieweit diese Dimension der letzten, nämlich existentiellen Fragen den Alltag auch der pädagogischen Beziehung wirklich bestimmen kann und auch früher bestimmt hat.

c. Zumindest in jenen begrenzten Kompetenzen, die Erwachsene als Ältere und als Fachleute gegenüber Kindern immer noch haben, haben sie auch nach den Vorstellungen Finks weiterhin einen Vorsprung, der ihm allerdings offenbar nicht besonders wichtig erscheint. Aber vielleicht sind es ja gerade diese eingeschränkten Zuständigkeiten, die heute den Kern der pädagogischen Beziehung ausmachen.

d. Das Kind wird hier nicht einmal mehr als Hoffnungsträger für eine bessere Zukunft gesehen, sondern als ein ratloses Wesen, das nur eingeschränkt auf verläßlichen Rat von Erwachsenen hoffen darf, ja, das sich gleichberechtigt an der Ratsuche des Erwachsenen beteiligen soll.

Auch in diesen zuletzt erwähnten Positionen wird das Kind in bestimmter Weise definiert: als Objekt der Forschung, als Hoffnungsträger gesellschaftlicher Verbesserung, als Ratloser.

Zumindest die beiden zuletzt genannten Positionen bleiben jedoch der von Nohl auf eigentümliche Weise verbunden, obwohl sie sich von ihm abzusetzen trachten, nämlich im Hinblick auf den traditionellen ganzheitlichen Erziehungsanspruch. Schäfer/ Schaller wünschen mit ihren Zielen der Mündigkeit und Emanzipation diesen Anspruch zwar nicht mehr selbst, als Erzieher, vorzugeben, erwarten jedoch, daß die Schüler ihn von sich aus geltend machen; denn diese beiden miteinander zusammenhängenden pädagogischen Ziele sind zweifellos ebenfalls auf die Ganzheitlichkeit der Person gerichtet, ihre bloß partielle Verwirklichung in gesellschaftlichen Teilbereichen wie Politik, Beruf oder Privatleben gilt den Verfassern als nicht möglich. Insofern steht der Erzieher in diesem Konzept letztlich doch wieder in einer *umfassenden* Position den Schülern gegenüber und kann sich keineswegs etwa damit begnügen, diesen lediglich Latein und Mathematik beizubringen. Was die Pädagogen dank mangelnder Einflußmöglichkeiten nicht mehr können, sollen die Schüler nun selbst übernehmen - eine Erwartung, die allerdings nicht mehr wie bei Nohl mit der persönlichen *Verantwortung* des Erziehers verbunden ist bzw. sein kann.

Finks scheinbar radikaler Ausgangspunkt der gemeinsamen Ratlosigkeit zwischen jung und alt trauert im Grunde ebenfalls jenen alten umfassenden Erziehungsbeziehungen nach. Ohne Rückgriff darauf wäre sein Problem gar nicht verständlich; denn offensichtlich reicht es ihm nicht, unterhalb dieses umfassenden Anspruchs *begrenzte* pädagogische Beziehungen einzugehen, die nicht gleich die Totalität des Zöglings in den Blick nehmen, sondern sich mit partiellen Einwirkungen begnügen. Dieser Perspektivenwechsel wird aber, wie sich im letzten Kapitel zeigen wird, nötig sein.

III. Die pädagogische Beziehung in der pluralistischen Gesellschaft

Was läßt sich nun aus dem historischen Durchgang für die pädagogische Beziehung in der Gegenwart lernen? Wie kann sie unter den Bedingungen der modernen, weltanschaulich und politisch pluralistischen sowie arbeitsteilig organisierten Gesellschaft gestaltet werden? Eine Antwort soll in drei Schritten erfolgen. Zunächst soll in Form einer Zusammenfassung der bisherigen Darstellung als deren Fazit die schon von Nohl richtig gesehene Emanzipation des Kindes, seine zunehmende Autonomie, in den Blick treten, weil keine pädagogische Diskussion, auch nicht über unser Thema, hinter diesen historischen Prozeß zurückgehen kann. Dann sollen die *Mängel* der bisherigen Vorstellungen über die pädagogische Beziehung erörtert werden, die sich um das Problem der pädagogischen *Professionalität* zentrieren lassen. Und schließlich geht es um eine Revision des Nohlschen Konzeptes, um auf diese Weise zu einer solchen Fassung der pädagogischen Beziehung zu gelangen, die unter den gegenwärtigen gesellschaftlichen und sozialisatorischen Bedingungen als akzeptabel erscheinen kann. Dabei wird sich herausstellen, daß die historisch bedingte Emanzipation des Kindes nun auch für die pädagogische Beziehung folgerichtig weitergedacht werden muß.

1. Die ambivalente Emanzipation des Kindes

Fürs erste läßt sich folgendes Fazit ziehen:

1. Die pädagogischen Projekte von Pestalozzi bis Neill beruhten zwar auf recht unterschiedlichen Definitionen des Kindes, die auf den ersten Blick teilweise unvereinbar scheinen. Gleichwohl folgten daraus keineswegs pädagogische Handlungen, die ebenso unvereinbar waren. So verschieden die in ihnen zum Ausdruck kommenden pädagogischen Arrangements und die dafür herangezogenen Begründungen auch sind, so zeigen die jeweiligen Gestaltungen der pädagogischen Praxis erstaunliche Gemeinsamkeiten, was um so bemerkenswerter ist, als es sich dabei um einen

verhältnismäßig großen Zeitraum handelt: von der vorindustriellen Zeit bis zur Gegenwart.

Die Gründe für diese Gemeinsamkeiten liegen offensichtlich in der Sache selbst. Solange die Kinder etwa in den alten Rettungshäusern lediglich verwahrt wurden, ihr Zusammensein dort nach den Ordnungsregeln der Kaserne organisiert war und sie nur zur Arbeit und zum frommen Leben angehalten wurden, erschienen besondere pädagogische Überlegungen nicht nötig. Auch eine Kenntnis der spezifischen kindlichen Bedürfnisse konnte als überflüssig erscheinen, ja, lag nicht einmal im Fragehorizont der zuständigen Erwachsenen. Sobald sich jedoch der Blick im Zuge der Aufklärung auf eben diese Besonderheiten richtete, wie es durch Rousseau geschah, entstand eine neue Lage. Nicht nur entwickelte sich allmählich eine pädagogische Profession, die ihren Auftrag aus der Kenntnis der Kindlichkeit des Kindes bezog, die Praktiker entdeckten vielmehr auch bald, daß der Umgang mit Kindern auf Eigengesetzlichkeiten beruhte, die nicht zu hintergehen waren. So entstanden - zunächst formuliert und auch postuliert durch unsere Klassiker - vor allem folgende Einsichten, die sich allmählich durchsetzten und zum Kernbestand *aller* pädagogischen Bemühungen wurden:

a. Man kann zwar Kinder zu einem bestimmten Verhalten *zwingen*, sofern man dazu die Macht hat, aber auf diese Weise kann man sie nicht *gewinnen*. Darauf aber kommt es an, wenn man die menschliche Gesellschaft in Zukunft verbessern, den Nachwuchs für die eigenen Organisationen (z.B. die Kirchen) sichern oder zumindest künftiger Kriminalität oder gesellschaftlichem Umsturz vorbeugen will. Die primäre Überlegung der Aufklärung war nicht, wie man die allgemeine Menschen- und Kinderfreundlichkeit, sondern wie man die *Gesellschaft* verbessern könne; erst auf diesem Hintergrund ist Rousseau auch auf *pädagogische* Fragen gestoßen. Das pädagogische Interesse ist daraus *abgeleitet*. Dieser Zusammenhang soll die persönliche Integrität und die kinderfreundlichen Motive unserer Klassiker nicht herabsetzen, aber der gesellschaftskritische Hintergrund der modernen Pädagogik ist kein Zufall. Erst in diesem Kontext wird das Kind in seiner Eigenart und mit seinen besonderen Bedürfnissen interessant.

b. Wenn aber das Kind *gewonnen* werden soll, muß man sich auch auf seine *Bedürfnisse* einlassen. Man muß sie erkennen, ihnen bis zu einem gewissen Grade entgegen kommen, sie aber auch benutzen als Vehikel für die eigenen erzieherischen Zwekke. Dieser doppelbödige, nämlich zugleich akzeptierende wie instrumentalisierende Umgang mit dem Kind als Kind ist für die moderne Pädagogik konstitutiv - keineswegs nur für besondere ideologische Absichten, in denen sie nur besonders kenntlich werden, sondern auch im Normalfall. Das Eigenwesen des Kindes wird zum Transportmittel für pädagogische Absichten und Maßnahmen, und als guter Pädagoge gilt zunehmend derjenige, der erfolgreich auf dieser Klaviatur zu spielen versteht. Auch die pädagogische Beziehung erhält von daher eine nicht auflösbare Ambivalenz. Das Ernstnehmen der kindlichen Bedürfnisse stärkt andererseits aber auch die Position des Kindes in der Beziehung zu den Erwachsenen; denn wer gewonnen werden muß, kann sich auch verweigern. Je mehr die Kinder diese Ambivalenz erfahren, und je mehr sie von außen, z.B. von Eltern, beim Geltendmachen ihrer Bedürfnisse unterstützt werden, um so größer ist die Chance der Durchsetzung. Von Rousseau bis zur Gegenwart erobern die Bedürfnisse des Kindes allmählich die öffentliche Meinung.

c. In der pädagogischen Praxis von Stans bis Summerhill ergeben sich aus der neuen Sicht des Kindes gleichsam sachlogische Zwänge, die beachtet werden müssen.

- Das *gegenwärtige* Alltagsleben muß den Kindern als einigermaßen befriedigend erscheinen, - zumindest im Vergleich zu den Alternativen, die sich ihnen sonst bieten würden. Nur dann können Kinder für pädagogische Absichten gewonnen werden. In Zeiten großen Mangels und allgemeiner Armut ist das relativ leicht zu bewerkstelligen; in modernen, „besseren" Zeiten dagegen kann sich das ändern. Heute z.B. mag für viele das Leben auf der Straße attraktiver erscheinen als das in einem erzieherisch ausgerichteten Heim.
- Ferner muß das befriedigende Alltagsleben über sich hinausweisen in eine aussichtsreiche Perspektive für das weitere Leben. Sonst kann Kindern nicht lohnend erscheinen, die als befriedigend erlebte Gegenwärtigkeit zeitweise für Lernanstrengungen außer Kraft zu setzen. Alle unsere sozialpädagogischen Projekte haben auf ihre Weise diesem Grundsatz Rechnung getragen. Beide Aspekte, der gegenwärtige wie der künftige, müssen im unmittelbaren Umgang mit den zuständi-

gen Erwachsenen - also in der pädagogische Beziehung - erfahrbar werden, sonst bleiben sie für Kinder nur abstrakte Versprechungen.

- Die Anforderungen an die Kinder müssen ihren Kräften entsprechen, sonst können sie keinen Erfolg haben. Das ist nicht nur physisch zu verstehen, sondern auch seelisch-emotional.
- Um Kinder gewinnen zu können, muß man ihre Motive kennen und daran möglichst anknüpfen.

Alle diese Kenntnisse begründen schließlich das Arsenal der pädagogischen *Methoden*, die Zug um Zug erfunden und weiter entwickelt werden. Die pädagogischen Akteure unterscheiden sich u.a. danach, welche dieser Methoden sie in welcher Kombination angesichts welcher Situationen verwenden. Erst diese in der Moderne sich entwickelnde gemeinsame Grundlage des pädagogischen Handelns ermöglicht auch eine systematische Theorie der pädagogischen Beziehung, die dieser Gemeinsamkeit Ausdruck geben kann. Als Nohl in dieser Richtung einen ersten Anlauf nahm, war die Zeit dafür reif.

2. Unvollendete Professionalität

Obwohl Rousseau die wesentlichen Grundlagen für ein *professionelles* pädagogisches Selbstverständnis bereits gelegt hatte, kam, wie wir gesehen haben, dieser Gesichtspunkt nicht recht voran. Auch Nohl hat ihn nicht besonders ernst genommen. Für diese Tatsache sind wohl vor allem folgende Gründe maßgebend.

Zunächst waren vordergründige Ursachen ausschlaggebend: die Gesellschaft hatte bis weit in unser Jahrhundert hinein nicht die ökonomischen Mittel, eine umfangreiche pädagogische Berufstätigkeit zu finanzieren. Die Durchsetzung der allgemeinen Schulpflicht war in dieser Hinsicht schwierig genug, für andere pädagogische Aufgaben z.B. im Rahmen der Jugendhilfe bzw. Sozialpädagogik blieb man noch lange auf das freiwillige Engagement von Bürgern angewiesen. Von Pestalozzi bis Korczak war an bezahltes pädagogisches Personal kaum zu denken. Wer sich in diesem sozialen Feld engagierte, konnte dies nicht mit einem modernen Berufsverständnis tun, etwa mit einer tariflich vereinbarten Arbeitszeit; daran wären solche Projekte von vornherein gescheitert.

Es gab jedoch auch prinzipielle Schwierigkeiten. Einmal dauerte es ohnehin lange, bis ein modernes Berufsverständnis sich auch in anderen Berufen durchsetzte. Die gesellschaftliche Arbeitsteilung, die dafür Voraussetzung war, vollzog sich nur allmählich. Zudem blieb das Bewußtsein der Menschen noch lange und teilweise bis auf den heutigen Tag trotz der gesellschaftlichen Ausdifferenzierung der Berufe älteren Vorstellungen verhaftet, die sich eher an den Begriff der „Berufung" haftete, der wiederum auf tiefsitzenden religiösen Fundamenten basierte. Die Nüchternheit und Sachlichkeit, die zeitliche und fachliche Begrenztheit, gar die Trennung von Arbeitszeit und Freizeit - alles Momente, die für ein modernes Berufsverständnis konstitutiv sind - ließen und lassen entschieden weniger Identifizierung zu, als jene alte Vorstellung hergab. Moderne Berufe werden nicht mehr unbedingt lebenslang ausgeübt, müssen vielleicht mehrfach je nach Marktlage gewechselt werden. Noch bis in die 60er Jahre gab es bei uns eine verbreitete Ablehnung der aus den USA importierten „Jobgesinnung"; es galt vielfach vor allem bei den deutschen intellektuellen Eliten als geradezu ehrenrührig, nur des Geldes wegen zu arbeiten, damit man sich anschließend - in der Freizeit - damit ein befriedigendes Leben verschaffen konnte.

Aber die bis heute erkennbare innere Ablehnung des modernen Berufsverständnisses gerade durch die *pädagogische* Profession hat einen weiteren Grund, der den Kern des pädagogischen Tätigseins selbst berührt, nämlich die damit notwendig verbundene Zurücknahme und Begrenzung des Einflusses. „Erziehung", so ist die immer noch weit verbreitete Meinung, müsse ihren Sinn verfehlen, wenn sie sich nicht mehr umfassend auf die *ganze* Persönlichkeit des Kindes richtet, sondern in einer den anderen Berufen vergleichbaren Begrenzung ausgeübt werde.

Unter diesem Gesichtspunkt der eigentümlichen professionellen Rückständigkeit müssen die Mängel noch einmal hervorgehoben werden, die von heute aus gesehen nicht nur dem Nohlschen Entwurf, sondern seit Pestalozzi den Bestimmungen der pädagogischen Beziehung überhaupt anhaften. Es sind im wesentlichen die folgenden:

1. Offensichtlich macht es einen wichtigen Unterschied, ob wir von der pädagogischen Beziehung in der *Familie* oder im Hinblick auf einen pädagogischen *Beruf* sprechen. Die Vorstellung Nohls, daß der pädagogische Bezug von beruflich tätigen Personen wie Lehrern und Sozialpädagogen als Fortentwicklung des Urphänomens der Eltern-Kind-Beziehung zu denken sei, muß aufgegeben werden. Die *berufliche* Beziehungsstruktur ist aus der familiären weder rechtlich, historisch oder gesellschaftlich ableitbar, noch auch moralisch mit dieser identisch. Im Prozeß der modernen gesellschaftlichen Ausdifferenzierungen ist die *öffentliche* Erziehung *neben* die familiäre getreten, und diese hat sich dabei grundlegend verändert in Richtung der modernen Kleinfamilie, zu der nur noch Eltern und Kinder gehören. Die berufliche Erziehung gewann somit eine *eigenständige* Begründung und Legitimation. In dieser Frage hat uns Pestalozzi mit seiner Auffassung, die öffentliche Erziehung müsse analog der familiären erfolgen, auf eine falsche Spur gesetzt. Die Familie ist inzwischen eine *begrenzte* Lebensform geworden, deren erzieherische Kompetenz *allein* für ein befriedigendes Aufwachsen der Kinder nicht mehr ausreicht. Hier gelten für die pädagogische Beziehung *besondere* rechtliche und moralische Maximen, aber auch spezifische Möglichkeiten des Scheiterns, die aus der eigentümlichen menschlichen Bindung und Abhängigkeit sowie aus der emotionalen Dichte und wechselseitigen Bedürftigkeit resultieren, welche so für eine professionelle Beziehung nicht gelten können.

Von der familiären zu unterscheiden sind demnach alle öffentlichen pädagogischen Beziehungen, die auf einem gesetzlichen Auftrag bzw. auf einem Arbeitsvertrag basieren und die gegen Bezahlung ausgeübt werden. Für diese müssen andere rechtliche und moralische Maximen gelten. Im folgenden spreche ich deshalb nur noch von derartigen professionellen pädagogischen Beziehungen.

2. Wie wir gesehen haben, war der professionelle Aspekt bei den dargestellten Autoren mehr oder weniger unklar geblieben; die Gründe dafür wurden schon genannt. Es kam bei allen unseren sozialpädagogischen Projekten zunächst darauf an, ohne zeitliche und andere Vorbehalte sein Leben für das Wohl der Kinder einzusetzen. Als dann z.B. Wichern und Bosco erkannten, daß schon wegen des Umfangs des Kinderelends ihre eigene Leistung nicht

ausreichen konnte, sondern weitere Mitarbeiter gewonnen werden mußten, verblieb auch diese Einsicht lange Zeit noch im Rahmen des karitativen Vorstellungshorizontes und führte keineswegs schon zu einer modernen Professionalisierung der pädagogischen Arbeit. Eine Folge davon war, daß sie ihre Tätigkeit kaum von sich selbst unabhängig machen, also in diesem Sinne an andere weitergeben konnten. Die Nachfolge übernahmen vielmehr bei Wichern und Don Bosco die von ihnen gegründeten Organisationen, die „Innere Mission" einerseits und der Salesianer-Orden andererseits, - allerdings nicht, ohne die Konzepte entsprechend zu verändern; denn was auf die Intentionen und Fähigkeiten einer einzelnen Person zugeschnitten ist, kann für andere nicht ohne weiteres auf Serie gelegt werden. In der reformpädagogischen Phase änderte sich dies kaum, weil deren Gründungen wie die deutschen Landerziehungsheime oder Summerhill von vornherein auf die Gründerpersönlichkeiten zugeschnitten waren, die sich für ihre pädagogischen Ideen gleichsam eine junge Gefolgschaft suchten. Sie waren Unikate und hielten sich auch dafür, und in gewisser Weise, wenn man nämlich die persönliche Bescheidenheit gebührend in Rechnung stellt, galt das auch für Korczak. Eine Ausnahme ist Makarenko, der zumindest mit seiner Suche nach der „pädagogischen Technik", die sich allgemein lehren lassen sollte, den Sprung in die Professionalität antrat; allerdings verliefen diese Überlegungen zunächst einmal aus politischen Gründen im Sande, zumal er nicht mehr die Zeit fand, seine „Technik" lehrbar zu formulieren.

Die pädagogische Beziehung in den Schulen war bis zur Reformpädagogik im allgemeinen auf selbstverständliche Traditionen gegründet, die ohne besonderes Verständnis für die Eigenart der kindlichen und jugendlichen Lebenswelt unreflektiert auf hierarchisch-autoritär strukturierte Beziehungen zwischen Lehrern und Schülern setzten. Korczak und Neill hatten solche Schulen erfahren und dagegen mobil gemacht. Man könnte hier von einer vor-professionellen Einstellung sprechen, insofern die pädagogische Beziehung sich kaum unterschied von anderen Formen des öffentlichen Verhaltens, wie sie etwa beim Militär oder bei der staatlichen Administration üblich waren. Pädagogische Professionalität konnte sich erst in dem Augenblick auch in einer besonderen Art der menschlichen Beziehung ausdrücken, als deren spezifische Partner, nämlich Kinder und Jugendliche, in ihrer altersbedingten und psychologischen Eigenart entdeckt wurden, und das geschah zwar schon bei Rousseau und Pestalozzi, aber mit gesellschaftlicher Resonanz erst in der Zeit der Reformpädagogik.

3. Eine Theorie der pädagogischen Beziehung muß also zunächst einmal klären, was *pädagogische Professionalität* überhaupt ist und welche Konsequenzen sich daraus für diese Beziehung ergeben. Fürs erste treten dann folgende Gesichtspunkte im Vergleich zum familiären Handeln in den Blick:

a. Das professionelle Handeln ist *bezahlte* Tätigkeit. Der Pädagoge verdient damit ganz oder teilweise seinen Lebensunterhalt. Er hat also einen Auftraggeber, der den Pädagogen nicht nur persönlich, nämlich wirtschaftlich, abhängig macht, sondern grundsätzlich auch die Ziele des Handelns zumindest mitbestimmen kann. Ein Berufspädagoge tritt also dem Kind oder Jugendlichen nicht spontan und in gänzlich frei zu gestaltender Form gegenüber, sondern im Auftrag Dritter. Dieser Auftrag kann zwar großzügig, also mit erheblichem subjektivem Interpretationsspielraum erteilt werden, wie es heute auch meist der Fall ist. Aber die aus dieser Vorgabe resultierende pädagogische Beziehung kann nicht einfach von den Beteiligten definiert werden. Der Lehrer in der Schule z.B. ist an Rechtsvorschriften gebunden, die ihrerseits in einem institutionellen System verankert sind. Berufspädagogen sind im Rahmen einer Institution tätig,- sei es des Staates, sei es einer Wohlfahrtsorganisation oder eines anderen privaten Trägers. Die pädagogische Beziehung kann sich also nur in einem vorgegebenen Rahmen individuell artikulieren. Daraus folgt, daß sie keine ganzheitliche und die Person des anderen voll umfassende, sondern nur eine begrenzte sein kann. Die traditionelle Vorstellung, der berufliche Erzieher sei für das Leben des Kindes oder Jugendlichen *im ganzen* zuständig, wie es Nohl noch selbstverständlich formulierte, muß aufgegeben werden. Es geht immer um *begrenzte Zwecke,* in der Schule etwa um Unterrichtung, in der Sozialpädagogik etwa um Verhaltenskorrektur. Voraussetzung ist aber immer, daß das Kind bzw. der Jugendliche jenseits dieses besonderen Zweckes ein Leben führt, das von anderen Einwirkungen, etwa der Familie oder der Massenmedien, bestimmt ist. Mit anderen Worten: Berufspädagogen *intervenieren* nur in ein im übrigen davon unabhängiges Leben, - mit begrenzten Zwecken und darauf bezogenen begrenzten Zielen.

Diese Einsicht fällt vielen nicht leicht, wie ein Blick in die gegenwärtige pädagogische Diskussion zeigt, weil aus ihr nämlich einerseits eine erhebliche Verminderung des früheren Erziehungsanspruchs folgt; andererseits erwächst daraus aber auch eine neue Chance für Selbständigkeit und Autonomie der Kinder und Jugendlichen.

b. Öffentliches pädagogisches Handeln ist *zeitlich begrenzt*. Insofern es auf Arbeitsverträgen beruht, beruht es auch auf der Unterscheidung von Arbeitszeit und Nichtarbeitszeit, jedenfalls auf einer *Begrenzung* der für Lohn bzw. Gehalt zur Verfügung zu stellenden Zeit, auch wenn diese flexibel aufgeteilt wird. Wenn wie in Kinderheimen oder Internaten eine Versorgung, Betreuung und Beaufsichtigung der Kinder rund um die Uhr wie in der Familie nötig ist, müssen die dafür erforderlichen Personen schichtweise wechseln. Aus der zeitlichen Begrenzung, die allen in diesem Buch beschriebenen pädagogischen Projekten gänzlich unbekannt war, ergibt sich u.a. ein ständiger Wechsel von Aufbau und Abbruch der Beziehung. Daraus folgt, daß die Beziehung nicht so eng sein darf, daß ein solcher Wechsel nicht möglich wäre oder nur unter erheblichen emotionalen Reibungsverlusten erfolgen könnte.

Die wechselseitige, sehr enge Bindung zwischen Erzieher und Zögling, wie sie Nohl gefordert hatte, erweist sich also zumindest von einem bestimmten Ausmaß an als eher hinderlich, wenn nicht gar illusionär.

c. Im Unterschied zur Familie, aber auch zur Hauslehrertätigkeit, wie sie uns bei Rousseau begegnet ist, erstreckt sich die professionelle pädagogische Beziehung auf eine tendenziell *unbegrenzte Anzahl* von Personen. Lehrer wie auch Sozialpädagogen können sich in der Regel ihre Schüler bzw. Zöglinge weder aussuchen noch ihre Zahl begrenzen. Sie haben es mit immer wieder neuen Partnern zu tun, die irgendwann - z.B. nach Ende des Unterrichts - diese Beziehung auch wieder verlassen. Daraus folgt, daß die Beziehung emotional so distanziert gestaltet werden muß, daß dieser Wechsel ohne ständige Frustrationen möglich wird und gleichwohl allen Partnern - z.B. den Schülern einer Klasse -

eine gleich hohe Aufmerksamkeit geschenkt wird. Diese Balance ist nicht leicht zu finden. Grundschulkinder etwa neigen dazu, mit ihren Lehrern ähnlich dichte Beziehungen zu suchen, wie sie es vom Umgang mit ihren Eltern und anderen Verwandten her gewohnt sind; Aufgabe der Schule ist jedoch, diesen Wunsch allmählich umzulenken in emotional distanzierte Beziehungen, wie sie auch sonst im öffentlichen Leben üblich sind.

Kinder und Jugendliche müssen also im Umgang mit professionellen Pädagogen lernen, ihre unterschiedlichen emotionalen Bedürfnisse in unterschiedlichen sozialen Orten zu verankern. Gelingt ihnen dies nicht, werden sie auch nicht die Freiheit finden, die ihnen diese Ausdifferenzierung letzten Ende ermöglicht. Wer nur auf Nähe aus ist, bleibt darin auch sozial wie emotional gefangen.

d. Jede Professionalität beruht auf einer spezifischen *Fachkenntnis* und auf Techniken bzw. Methoden, wie dieses Wissen mit Erfolg anzuwenden ist. Wie wir sahen, hat schon Rousseau dafür einen Grundstein gelegt: Der Pädagoge ist demnach Fachmann für die Kindlichkeit des Kindes, und er versteht dessen Erziehung mit den entsprechenden Methoden zu arrangieren. Diese Fachlichkeit ist im familiären Umgang nicht nur unnötig und in der Regel auch nicht zu erwarten, sie würde vielmehr hier auch die Beziehung eher gefährden, insofern diese ja auf umfassender Akzeptanz und spontaner und uneingeschränkter Zuwendung beruht. Fachlichkeit ist so gesehen eine *künstliche* soziale Konstruktion, eine kulturelle Erfindung, welche die Gesellschaft zu dem Zweck eingerichtet hat, die ursprünglich naturwüchsige Integration des Nachwuchses in die Familie und in das unmittelbare soziale Umfeld zu ergänzen (Schule) bzw. zu korrigieren (Jugendhilfe). Pädagogische Fachlichkeit ist eben keine Fortsetzung oder Optimierung des ursprünglichen Sozialisationsprozesses, sondern eine eigentümliche *Intervention* in diesen. Dafür muß sie Gesichtspunkte einbringen, die gerade nicht aus jener sich ergeben; die Intervention des Lehrers ist keine bloße Fortsetzung des elterlichen Willens und rechtfertigt sich auch nicht aus diesem.

Der fachliche Gesichtspunkt ist ein von vornherein begrenzter, etwa konzentriert auf Unterrichtung (Schule) oder Verhaltenskorrektur (Jugendhilfe), aber hierin auch wieder unterteilt etwa in Grundschul- oder Gymnasialkompetenz. Der Biologielehrer ist nicht in gleichem Maße kompetent für andere Fächer, wer pädagogisch für Vorschulkinder qualifiziert ist, ist dies per se nicht ebenso für das Alter der Adoleszenz. Jede besondere Fachlichkeit begrenzt, selektiert und schließt aus.

e. Diese Fachkenntnis wird in einer *Ausbildung* erworben, die mit einer *Prüfung* abgeschlossen wird. Niemand kann einfach als Pädagoge tätig werden; lediglich die Eltern haben - auf der nichtprofessionellen Ebene - das Recht, eine nicht besonders ausgebildete Person mit der zeitweisen Betreuung ihrer Kinder zu betrauen. Ausbildung wie Prüfung können jedoch nur bestimmte, nämlich auf Vergleichbarkeit gerichtete Maßstäbe geltend machen. So lassen sich Fachkenntnisse verhältnismäßig gut lehren und prüfen, weniger oder gar nicht jedoch charakterliche, motivationale und überhaupt emotionale Aspekte der Persönlichkeit, also auch solche nicht, die Nohl für besonders wichtig gehalten hat. Theoretisch wäre zwar denkbar, auch Persönlichkeitsmerkmale etwa durch psychologische Tests zu überprüfen, aber das würde - zum Glück - auf rechtliche Schwierigkeiten stoßen, - ganz abgesehen davon, wie zuverlässig solche Tests sein können.

Die Notwendigkeit der Ausbildung begrenzt wiederum die Maximen, die für eine befriedigende pädagogische Beziehung geltend gemacht werden können. Qualitäten, die in der Ausbildung nicht gelehrt und objektivierbar und somit vergleichbar überprüft werden können, können anschließend auch nicht erwartet werden, wenngleich sie „eigentlich" von besonderer Bedeutung sein mögen, - wie etwa bestimmte Fähigkeiten der Empathie.

f. Wenn nun aber der Zweck des professionellen pädagogischen Handelns auf der Ergänzung bzw. Korrektur der ursprünglichen Sozialisation beruht, dann besteht sein professioneller Sinn offenbar darin, daß das Kind etwas lernt, was es noch nicht kann, aber entweder aus gesellschaftlicher Notwendigkeit oder aus Gründen der individuellen Entfaltung noch lernen muß oder will. Die schon mehrfach erwähnte Begrenztheit professionellen pädagogischen Handelns erstreckt sich also folgerichtig auch auf die Aufgaben, um die es dabei geht. Indem das Kind jedoch etwas in diesem Sinne Wichtiges lernt, wird es in eben diesem Maße unabhängiger vom Vorsprung des professionellen Erziehers. Nohl hatte also recht, wenn er den pädagogische Bezug auf seine zunehmende Auflösung hin angelegt sah.

g. Insofern die Partner der Berufspädagogen Kinder und Jugendliche, also im rechtlichen Sinne Unmündige sind, haben sie einen auch rechtlich fixierten Anspruch auf einen besonderen Schutz. Er kommt u.a. in den Bestimmungen zur Aufsichtspflicht zum Ausdruck. Aber auch in der unmittelbaren Beziehung selbst ergeben sich daraus besondere Beschränkungen, etwa Verzicht auf Gewalt, auf sexuelle Annäherung und auf Agitation und Indoktrination.

h. Die im professionellen Rahmen gebotenen Begrenzungen im Hinblick auf den spezifischen Zweck, die Dauer, das Alter der Partner schließen jedoch eine darüber hinausgehende, möglichst umfassende Vorstellung über die Zöglinge und ihre Bedürftigkeit ein. Das ergibt sich schon aus dem vorhin erwähnten Ansatz aller modernen Pädagogik, die ja von der Kindlichkeit des Kindes, also von seinen altersspezifischen Bedürfnissen ausgeht. Ohne deren Kenntnis wäre erfolgreiches pädagogischen Handeln nicht möglich, könnten die daraus resultierenden bzw. darauf bezogenen pädagogischen Methoden nicht sinnvoll angewendet werden. Insofern brauchen Berufspädagogen durchaus eine ganzheitliche *Vorstellung* über ihre kindlichen und jugendlichen Partner. Daraus folgt jedoch nicht, daß die personale Ganzheit der anderen auch der Gegenstand des pädagogischen *Handelns* sein müsse, als ginge es darum, diese Ganzheit zu traktieren bzw. zu verändern. *Ganzheitliches* Verstehen muß vielmehr ausbalanciert werden mit partikularem, also *begrenztem* Handeln.

3. Revisionen des Nohlschen Konzepts

Nohls Konzept des „pädagogischen Bezugs“ ist, wie sich zeigte, immer wieder kritisiert, aber nicht durch eine andere befriedigende Theorie ersetzt worden, welche die wesentlichen Elemente der pädagogischen Beziehung in einem schlüssigen Zusammenhang präsentiert hätte. Selbst diejenigen, die den alten „pädagogischen Bezug“ für historisch überholt halten, haben uns nicht sagen können, wie die beruflichen Beziehungen von Pädagogen zu ihren Partnern denn nun zu gestalten seien. Diese Beziehungen sind als soziale Tatsache ja überall zu finden, gleichgültig, wie man sie benennt und mit welchem Bewußtsein sie im Einzelfalle ausgefüllt werden. Nun könnte man ohne Rücksicht auf die historische

Entwicklung des Themas versuchen, einen neuen Ansatz für die theoretische Fundierung dieses pädagogischen Phänomens zu finden. Das wurde von einigen Kritikern ja auch etwa unter Verwendung des Rollenmodells angestrebt. Aber sozialwissenschaftliche Modelle wie dieses sind in erster Linie auf *Beschreibungen* von Wirklichkeit aus; diese können zwar zur Aufhellung einzelner Aspekte der Sache dienen und sollten dafür auch genutzt werden. Aber der pädagogisch Handelnde braucht einen *Vorstellungszusammenhang* aller derjenigen wesentlichen Faktoren und Gesichtspunkte, die auf sein Handeln einwirken. Ein solches Konstrukt hat Nohl geliefert, das allerdings korrigiert werden muß. Deshalb erscheint es mir sinnvoll, durch eine kritische Revision des Nohlschen Ansatzes einer Lösung näher zu kommen. Dieses Verfahren hat den Vorteil, daß der handlungsorientierte Zusammenhang erhalten bleibt, um den es hier ja geht. Folgende Gesichtspunkte verdienen dann noch einmal unsere Aufmerksamkeit:

1. Es bleibt richtig, daß die Welt von sich aus nicht bildend ist, sondern dafür der personalen Vermittlung bedarf. Insofern haben - wie Nohl richtig gesehen hat - die *„objektiven Mächte“* (Staat, Wirtschaft, Religionsgemeinschaften) als solche keine bildende Qualität. Von sich aus ist die Welt nur ein additives Sammelsurium von Eindrücken, Einwirkungen, Forderungen und Zumutungen, wie sie uns etwa exemplarisch in den täglichen Fernsehprogrammen zugänglich sind. Um die Welt - Natur und Kultur - zu erkennen, zu durchschauen und sich verfügbar machen zu können, bedarf es einerseits der Wissenschaft, andererseits der damit verbundenen Didaktik. Ohne Didaktik keine Lehrbarkeit, auch keine sachlich zuverlässige Information etwa im Rahmen einer sozialpädagogischen Beratung. Die *Vermittlung* der so erschlossenen Welt ist zumindest für Kinder und Jugendliche nur *personal* möglich, durch Lehrer. Erst allmählich, mit fortschreitender Reife, kann der personale Aspekt zurücktreten zugunsten eines unmittelbaren Zugangs zu Sache; aber auch dann - wenn wir z.B. Bücher lesen, statt einem Lehrer zu folgen - stellen wir uns oft den Autor als lehrenden Redner vor. In der Schule andererseits kann der eine Lehrer uns für ein Fach begeistern und leistungsfähig machen, während sein Nachfolger das Gegenteil bewirkt. An der überragenden Bedeutung der persönlichen Dimension für die Vermittlung von Wissen, Einsichten und Verhaltensweisen

kann es schon nach aller Lebenserfahrung gar keinen Zweifel geben. Darin liegt aber dann auch der Vorsprung des Erziehers bzw. Lehrers begründet. Die pädagogische Beziehung *kann* insofern keine „symmetrische", also in jeder Hinsicht gleichrangige sein, wie es z.B. Schaller/Schäfer gefordert haben. Nur wenn es nichts mehr zu vermitteln gäbe, was des Lehrers bedürfte, wäre eine durchgehend „symmetrische" Beziehung denkbar, aber dann entstünde die Frage, wozu sie noch nötig sein könnte.

2. Allerdings kommt es dabei sehr auf den jeweiligen Gesichtspunkt an. Werden z.B. im Unterricht normative Aspekte des persönlichen oder politischen Lebens angesprochen, entfällt der Vorsprung des Lehrers, weil im Alltagsleben diesseits der Legalität die Normen freigegeben und der jeweils persönlichen Vereinbarung überlassen worden sind, - ein Resultat der Durchsetzung des Pluralismus; was tatsächlich der Option unterliegt, kann kein Lehrer mehr verbindlich machen, sondern nur noch als *seine* Version vorstellen. Auf der Ebene *politischer* Werturteile, wie sie etwa im politischen Unterricht geäußert werden, haben die Lehrer ebenfalls keinen Vorsprung mehr vor ihren Schülern, weil Lehrer wie Schüler als Staatsbürger in dieser Hinsicht gleichgestellt sind. In diesem Falle tritt - vielleicht - ein, was Fink die „gemeinsame Ratlosigkeit" genannt hat.

Das Beispiel verweist auf eine notwendige Differenzierung: es gibt nicht mehr das Lehrer-Schüler-Verhältnis als ein in sich stimmiges, eindimensionales Konstrukt. Wie die „Bildungsgemeinschaft" (Nohl) zu definieren ist, hängt von der jeweiligen Situation ab; sie kann und muß sich u.U. während ein und derselben Unterrichtsstunde ändern, je nachdem, worum es jeweils geht. Solange die Vermittlung von Sachverhalten im Vordergrund steht, dominiert der Lehrer als didaktischer Fachmann, sobald die Erörterung der normativen Aspekte in den Blick tritt, ändert sich das. Unter diesem Aspekt muß Nohls ganzheitliches Konzept entsprechend differenziert werden. In dieser Frage kann uns das Rollenmodell helfen: die pädagogische Beziehung modifiziert sich, je nachdem ob der Lehrer als Repräsentant seiner Institution - z.B. bei der Durchsetzung disziplinarischer Regeln -, als didaktischer Fachmann, oder als wahlberechtigter Mitbürger agiert.

3. Richtig bleibt grundsätzlich auch, daß die Erziehung um des Zöglings willen geschieht und der Erzieher nicht der Agent der „objektiven Mächte" ist. Diese These ist sogar eher noch zutreffender geworden, weil es ja gar keinen Sinn ergäbe, den Zögling der Reihe nach den gesellschaftlichen Mächten zwecks Erziehung bzw. Bildung zu übergeben. Gerade weil deren Ansprüche und Wirkungen widersprüchlich geworden sind, bedarf es einer davon abgehobenen und ihnen gegenüber relativ distanzierten Erziehung und Bildung, deren Voraussetzung wiederum die Individualisierung des Kindes ist; denn nur das individualisierte Kind kann im Rahmen dieser Widersprüche und der daraus resultierenden persönlichen Optionen eine produktive Balance finden (Vgl. Giesecke 1996).

Nohl hatte die Vorstellung, daß der Erzieher diese Widersprüche in seiner Person bildungswirksam zu integrieren habe, um sie dann entsprechend geformt an die Zöglinge zum Zwecke *ihrer* Bildung weiterzugeben. Auch dieser Gedanke ist nach wie vor gültig: nur derjenige Erzieher, der selbst möglichst umfassend gebildet ist, kann entsprechend auf junge Menschen einwirken; sonst bleibt er z.B. als Lehrer ein eher mechanischer Wissensvermittler. Diese professionell gebotene Selbstbildung bedarf jedoch einer Korrektur bzw. einer Überprüfung, weil sie sonst willkürlich und zufällig bleiben könnte. Wenn nämlich die Erziehung um des Zöglings willen geschieht, dann muß sichergestellt sein, daß das, was dieser dabei lernt, für seine Gegenwart und Zukunft auch bedeutsam ist. Sie muß also Bezug haben sowohl zu den inneren Möglichkeiten des Zöglings (seinen „Begabungen"), die erst im Verlauf der Erziehung zum Vorschein kommen können, wie auch zur gesellschaftlichen Wirklichkeit, an der er teilnimmt und erst recht als Erwachsener teilnehmen wird. Insofern muß es außersubjektive Vorgaben für den *Inhalt* der Erziehung und Bildung geben, wie sie etwa in Lehrplänen und Richtlinien oder - angesichts der Sozialpädagogik - in rechtlichen Vorgaben zum Ausdruck kommen. Alle *öffentliche* Erziehung beruht auf solchen Vorgaben und ist deshalb nicht bloß aus der isolierten pädagogischen Beziehung ableitbar, - worauf schon Theodor Litt in den Zwanziger Jahren aufmerksam gemacht hat.

4. Zu Recht hat Nohl darauf hingewiesen, daß die pädagogische Beziehung auf *Wechselseitigkeit* beruht, daß allerdings beide

Seiten nicht das Gleiche darin einbringen. Er folgerte daraus auch eine wechselseitige *Bindung.* Dies ist jedoch ein problematischer Gedanke, jedenfalls bezogen auf unsere heutigen Verhältnisse. Wie alle menschlichen Beziehungen, so ist auch die pädagogische durchaus offen für Nuancen; es kann sein, daß bestimmte Schüler zu bestimmten Lehrern eine besondere innere Bindung entwickeln, daß sich zwischen Lehrern und älteren Schülern gelegentlich sogar freundschaftliche Beziehungen entwickeln. Aber dann handelt es sich eben nicht mehr um eine „pädagogische" Beziehung, sondern um eine solche, die ihre eigene Dignität und ihre eigenen Maximen geltend machen muß. Aber das sind Ausnahmen, und der Pädagoge muß vorsichtig damit umgehen, damit der Unterschied beider Beziehungsformen deutlich bleibt. Normalerweise muß er zu *vielen* Kindern und Jugendlichen Beziehungen eingehen, die zudem immer wieder unterbrochen werden. Jedenfalls muß je nach Situation differenziert werden: in einer üblichen Halbtagsschule stellt sich die Sache anders dar als in einem Internat, in einem Erziehungsheim anders als in einer Jugendbildungsstätte. Der Begriff „Bindung" sollte reserviert bleiben für die Generationsbeziehungen in der Familie oder in vergleichbaren Basisgruppen sowie für überwiegend therapeutisch gedachte Einrichtungen, wo Bindungen und Lösungen besonders geübt werden sollen. In den übrigen pädagogischen Situationen geht es eher um gegenseitige Sympathie, um Respekt und Akzeptanz. Dem Kind muß die Freiheit bleiben, das Maß der inneren Verbindlichkeit selbst festzulegen. Nicht die Intensität der inneren Bindung ist ausschlaggebend, weder beim Zögling nach beim Erzieher, sondern die Art und Weise des Umgangs auf der *Verhaltensebene.* Es geht um distanzierte Formen des Umgangs, wie sie auch sonst in der Öffentlichkeit üblich sind, also um Höflichkeit und Respekt eher als um Identifikation. Die inneren Gründe und Beweggründe für dieses Verhalten, wenn es wirklich zu Tage tritt, gehen die jeweils andere Seite nichts an. Der Erzieher darf in dieser Frage keine falschen Erwartungen provozieren. Immer ist zu bedenken, daß er in das Leben der anderen nur interveniert, daß er es jedoch nicht konstitutiert und es nur in begrenztem Maße mit ihnen teilt. Unter diesen Umständen ist auch die Gefahr des *Mißbrauchs* der Beziehung durch den Pädagogen, auf die Nohl nachdrücklich hinweist, erheblich gemildert.

5. Die Professionalität des Erziehers zeigt sich insbesondere darin, daß *er* die Art und Weise der Beziehung definiert, damit das Kind sich darauf einstellen kann. Vom Kind, vom Schüler oder Zögling aus kann die Beziehung nicht bestimmt werden. Wenn etwa ein Lehrer auf diese Definitionsmacht verzichtet, haben die Schüler eine Reihe von Möglichkeiten, ihre eigenen Erwartungen durchzusetzen: durch Appelle an die Freundlichkeit des Lehrers, durch Disziplinlosigkeit, durch Schmeicheln u.a.m. In diesen Fällen bleibt jedoch immer offen, ob die Schüler dabei nur ihre aktuellen Bedürfnisse - z.B. an Anstrengung und Mühe zu sparen - im Sinne haben, oder ob sie ihre Lernenergie nur auf andere Stoffe oder andere Modifikationen des Unterrichts richten wollen. In diesem Zusammenhang wird Nohls Hinweis auf die doppelseitige Bedeutung des pädagogischen Bezugs wieder aktuell, nämlich die Gegenwart *und* die Zukunft des Zöglings im Blick zu behalten. Würden die Schüler sich im Extremfall in der Schule zwar wohl fühlen, aber für ihre Zukunft nichts lernen, dann wäre diese Doppelseitigkeit außer Kraft gesetzt. Die grundlegende Schwierigkeit dabei ist, daß Kinder - je nach Alter in unterschiedlichem Maße - an ihre gegenwärtige Befindlichkeit weitgehend gebunden bleiben und von sich aus die künftige Bedeutung etwa des schulischen Lernens nicht erkennen können; das Kind merkt im allgemeinen nicht, daß es sich bildet.

Dieses Problem ist auch nicht einfach dadurch aus der Welt zu schaffen, daß beide Seiten - Lehrer und Schüler - eine *Verständigung* über die pädagogische Situation anstreben. Kommt sie derart zustande, daß die Zukunftsperspektive dabei über Gebühr vernachlässigt wird, kann sie einer professionellen Überprüfung nicht standhalten. Offensichtlich muß von der Fachlichkeit des Lehrers erwartet werden können, daß er diesen Gesichtspunkt geltend macht und ihn zur Not auch der gleichberechtigten Vereinbarung entzieht.

6. Auf diesem Hintergrund erscheint auch das Risiko des Scheiterns in einem neuen Licht, das Nohl ausdrücklich erwähnt. In dem Maße, wie die pädagogische Beziehung sich den üblichen Regeln und Maximen des öffentlichen Verhaltens annähert, eröffnet sie dem Kind eine sehr viel breitere Möglichkeit der inneren Reaktion. Erst unter diesen Umständen muß ihm ein unbeliebter Lehrer nicht zur menschlichen Tragödie werden, kann es we-

niger sympathische Lehrer mit der Aussicht auf sympathischere kompensieren. Diese Fähigkeit muß im Hinblick auf die späteren Erwachsenenrollen z.B. im Beruf geradezu trainiert werden. Auch dort kann man sich ja die Menschen nur teilweise aussuchen, mit denen umzugehen ist. Wenn heute eine pädagogische Beziehung scheitert, dann kann dies auf der Verhaltensebene korrigiert werden, wie anderswo im öffentlichen Leben auch.

7. Nach Nohl ist die pädagogische Beziehung mit zunehmender Reife des Kindes auf ihre Auflösung hin angelegt. Dieser Prozeß ist bei ihm langfristig gedacht, so wie die ursprünglich umfassende elterliche Beziehung allmählich der Selbständigkeit des Kindes Raum gibt. Für professionelle pädagogische Beziehungen kann das so nicht gelten. Sie werden vielmehr immer wieder eingegangen und gelöst, - gelöst z.B. am Ende eines jeden Schultages, ja, einer jeden Unterrichtsstunde.

8. Richtig bleibt auch die Einsicht, daß die pädagogische Beziehung sich zugleich auf die Gegenwart des Kindes richtet wie auf seine Zukunft. Für seine gegenwärtige Existenz müßte es ja in erster Linie betreut und versorgt werden, lernen muß es vor allem für sein künftiges Leben. Das bedeutet einmal, daß die Akzeptanz seiner grundlegenden Bedürfnisse immer schon zum jeweiligen Zeitpunkt seines Lebens erfolgen muß und nicht auf die Zukunft vertagt werden darf, daß es aber andererseits auch nicht in seiner gegenwärtigen Befindlichkeit gefangen gehalten werden darf. Es muß immer auch *jetzt* etwas lernen, was es in vollem Umfang erst *später* benötigt. Darin liegt ein nicht immer leicht zu bewältigender Widerspruch. Interventionen in das kindliche Leben durch Berufspädagogen sind nur deshalb nötig, weil und insofern das übrige Leben die benötigten Lernangebote nicht bereit hält.

9. Eine pädagogische Beziehung ergibt nur Sinn, wenn sie auf der Seite des Erziehers geprägt ist durch eine bestimmte Kompetenz, um derentwillen es sich für Kinder als lohnend erweisen kann, diese Beziehung überhaupt einzugehen. Nohl hat eine solche Kompetenz vorausgesetzt, ohne sie näher zu bestimmen. Unter dem modernen Gesichtspunkt der pädagogischen Professionalität muß diese Kompetenz jedoch ausdrücklich herausgehoben werden, weil sie den Kern der beruflichen Legitimation ausmacht. Sie wird im Rahmen der Ausbildung erworben und im wesentlichen auf der fachlichen und sozialen Ebene zur Geltung gebracht: Von

einem Berufspädagogen muß man etwas lernen können, was man im normalen Leben nicht lernen könnte, und man muß es von und mit ihm lernen können. Der Pädagoge muß etwas können, und er muß es möglichst gut beibringen können. Nur im Hinblick auf diese professionelle Kompetenz, nicht auf den Pädagogen als Person, kann das Kind Vertrauen entwickeln. Ohne eine solche Kompetenz verliert die pädagogische Beziehung ihren Sinn. Die Beziehung ist kein Selbstzweck, die bloße Berufung darauf, daß sie „gut" sei und alle Beteiligten sich in ihr wohlfühlten, also nicht hinreichend.

10. Faßt man alle bisher genannten Aspekte zusammen, die die pädagogische Beziehung aus der Sicht des Erziehers beschreiben, dann ergibt sich, daß sich diese Beziehung - aus der Perspektive des Kindes betrachtet - erheblich verändert hat. Sie ist nicht mehr einfach, wie bei Nohl, durch Hingabe an den Erzieher zu beschreiben, die sich insbesondere im Gehorsam ihm gegenüber ausdrückt. Vielmehr sehen wir eher eine begrenzte Emanzipation des Kindes von der öffentlichen Erziehung, wie sie Nohl zwar ebenfalls schon als geschichtliche Entwicklung seit der Aufklärung beschrieben, allerdings in seinem Konzept des „pädagogischen Bezugs" dann doch eher wieder zurückgenommen hat.

Nohl hatte ja die moderne pädagogische Entwicklung als eine fortschreitende Befreiung des Individuums, auch des kindlichen und jugendlichen, in Richtung auf eine zunehmende Autonomie verstanden. Gesellschaftlicher Hintergrund für diese Entwicklung ist, wie wir heute wissen, die zunehmende Pluralisierung der Gesellschaft. Pädagogisch gesehen drückt sie sich aus im Auseinanderdriften von Erziehung und Sozialisation (Vgl. Giesecke 1996). Die Pluralisierung von Erziehung und Sozialisation erlaubt dem Kind nicht nur eine zunehmende persönliche Autonomie, sie fordert sie auch als eine grundlegende Disposition für erfolgreiches Verhalten in dieser modernen Gesellschaft ein. Indem die Kinder genötigt werden, sich an unterschiedlichen sozialen Orten im Rahmen ihrer Sozialisation bzw. Erziehung nach unterschiedlichen Maximen zu verhalten, gewinnen sie überhaupt erst die Möglichkeit dafür, sich in der Balance zwischen diesen verschiedenen Anforderungen Freiheiten der persönlichen Gestaltung zu erobern, weil sie zu allen diesen Erwartungen unter Berufung auf die übrigen in eine gewisse Distanz treten können. In einer nicht-pluralistischen Gesellschaft wäre Autonomie im Sinne Nohls nicht möglich. Die pluralistische Grundstruktur der modernen Gesellschaft und die daraus resultierende spezifische Sozialisation sorgen auch dafür, daß öffentliches pädagogisches Handeln nur auf einer begrenzten Autorität beruhen kann, - begrenzt auf den Zweck, dem sie zu dienen hat. Die Unterwerfung z.B. des Schülers unter diese Autorität ist deshalb ebenfalls eine begrenzte, kann nicht generell und in jeder Hinsicht erwartet werden, sondern nur bezogen auf den jeweiligen Zweck, etwa in einer Schule dem Unterricht zu folgen. Diesem Emanzipationsprozeß stünde eine starke, wechselseitige persönliche Bindung, wie sie Nohl als Kernstück der pädagogischen Beziehung betrachtet hat, im Wege. Sie muß vielmehr gelockert werden, damit die real gewordene Freiheit des Kindes emotional nicht behindert wird. Wird dieser Zusammenhang akzeptiert, muß sich Skepsis regen gegenüber zeitgenössischen Versuchen, die emotionale Dimension z.B. durch auf „Betroffenheit" zielende pädagogische Strategien wieder in den Mittelpunkt des pädagogischen Handelns zu rücken.

Allerdings ist nicht zu leugnen, daß diese partielle Emanzipation des Kindes von den Ansprüchen der öffentlichen, durch Berufspädagogen ausgeübten Erziehung auch ihre Kehrseite hat: die neue Freiheit selbst steht nicht zur Wahl, sie muß wahrgenommen werden, sie kann auch zur Last werden, bringt jedenfalls viele neue Verunsicherungen für die Kinder und ihre Erzieher mit sich.

11. Die pluralistische Grundstruktur der modernen Gesellschaft hat den pädagogischen Beruf grundsätzlich *widersprüchlich* und *konflikthaft* gemacht. Am Beispiel des Rollenmodells ließ sich das anschaulich verdeutlichen und belegen. Nohl hat diesem politischen und weltanschaulichen Pluralismus keine besondere Aufmerksamkeit geschenkt, sie kommt bei ihm nur vor im Gedanken der bildenden Integration der gesellschaftlichen Widersprüche in der Person des Erziehers; in dieser so verarbeiteten Form soll er sie ja an seine Zöglinge weitergeben. Diese Vorstellung ist nicht falsch, trifft aber den Sachverhalt nur teilweise. Die Art und Weise nämlich, wie diese Integration des Widersprüchlichen geschieht und und sich dann im Umgang mit dem Kind zum Ausdruck bringt, kann umstritten werden. Die erwähnte politische Kritik am „pädagogischen Bezug" hat nicht zu Unrecht dar-

auf aufmerksam gemacht, daß dabei einseitige Weltsichten zustande kommen können, die nicht nur von einzelnen Lehrern, sondern von ganzen Lehrergruppen vertreten werden; Untersuchungen über das Lehrerbewußtsein in den 50er und 60er Jahren konnten das auch belegen. Zu erkennen waren damals relativ konservative Grundeinstellungen zu politischen und gesellschaftlichen Fragen, die als solche im Pluralismus umstritten sind. Lehrer gerieten dadurch in den Verdacht, unter dem Deckmantel der pädagogischen Legitimation politisch einseitige Urteile geradezu „selbstverständlich" zu verbreiten.

Diese Gefahr besteht nach wie vor, wenn auch heute vielleicht unter anderen politisch-ideologischen Vorzeichen. Entgehen kann man ihr nur, wenn man die pluralistische Grundstruktur der Gesellschaft ernstnimmt. Daraus folgt dann aber unter anderem die Einsicht, daß der pädagogische Beruf - des Lehrers wie des Sozialpädagogen - grundsätzlich nicht harmonisch sein kann, sondern widersprüchlich und konflikthaft sein muß. Die Spannungen, die es dabei auszubalancieren gilt, entstehen nicht nur durch unterschiedliche Auffassungen über Ziele und Aufgaben der pädagogischen Berufe in der Öffentlichkeit, sondern vor allem auch dadurch, daß die jeweils subjektiven Ansprüche der kindlichen und jugendlichen Partner auch gegen die Ansprüche der pädagogischen Berufe geltend gemacht werden dürfen, daß also die beschriebene Emanzipation des Kindes nicht vor dem Schultor aufhört.

Zusammenfassend läßt sich feststellen, daß die pädagogische Beziehung viel komplizierter geworden ist, als sie Nohl noch erscheinen konnte. Ich habe an anderer Stelle versucht, sie im Bild des „Erfahrungsaustausches" zu beschreiben (Vgl. Giesecke 1996 a). In einer pädagogischen Beziehung treffen Kinder oder Jugendliche und Pädagogen aufeinander, die immer schon über Erfahrungen verfügen, die sie mit sich, mit anderen, mit der Schule oder überhaupt mit der Welt gemacht haben. Diese Erfahrungen lassen sich sprachlich artikulieren, und sie werden mobilisiert, wenn der Pädagoge - z.B. ein Lehrer - sie mit neuen Erfahrungen - z.B. einem Unterrichtsstoff - konfrontiert. Der alte Erfahrungszusammenhang reicht aber immer über die besondere Absicht des Unterrichts hinaus, ist „ganzheitlich" im Vergleich zur Begrenztheit etwa des jeweiligen Unterrichtsstoffes; deshalb kann neues

Wissen in den bisherigen Erfahrungszusammenhang sinnvoll integriert werden. Die Auseinandersetzung mit neuen Erfahrungen kann der Pädagoge teilweise erzwingen - wie in der Schule - oder auch nur anbieten - wie in der Freizeitpädagogik -, aber immer handelt es sich dabei um einen *wechselseitigen* Austausch; denn auch der Lehrer lernt von den Erfahrungen seiner Schüler, zumindest im Hinblick auf die Vermittlungsmöglichkeiten seiner „Sache", die er im Blick hat. Da nun aber menschliche Erfahrungen nicht vorweg gewertet werden können, als sei die eine - die des Lehrers - von vornherein wertvoller als die andere - die des Schülers - ,ergibt sich zunächst einmal eine symmetrische, nämlich gleichrangige Beziehung zwischen allen Beteiligten. Erst dann, wenn ein *Zweck* eingeführt wird - die Schüler sollen einen bestimmten Stoff lernen - ändert sich die Beziehung, der Lehrer erhält eine Dominanz. Diese gilt aber nur für diesen Zweck und endet auch wieder mit ihm. Im übrigen jedoch bleibt die Gleichrangigkeit zwischen Lehrern und Schülern grundsätzlich erhalten und kommt z.B. dann zur Geltung, wenn normative Aspekte des „richtigen" und „guten" Lebens zur Debatte stehen. Ein grundlegender, allgemein geltender „Erziehungsanspruch" wird hier nicht mehr erkennbar, es sei denn, man sieht ihn in der Aufgabe des Lehrers, die für den Unterricht nötigen Ordnungsbedingungen (Disziplin; Aufmerksamkeit; Mitarbeit) geltend zu machen. Auch ist der Lehrer nicht von vornherein im moralischen Sinne der „bessere" Mensch, der die Schüler deswegen auf den „richtigen Weg" zu bringen habe.

Auf dem Hintergrund dieser Beschreibung erscheint es unzweckmäßig, den umfassenden Begriff der „Erziehung", wie ihn Nohl noch selbstverständlich verwandte, weiterhin zu benutzen. Zumindest wäre es sinnvoll, das damit Gemeinte je nach Situation zu präzisieren. Sinnvoller erscheint mir, den Begriff der Erziehung - abgesehen von der Familie - möglichst zu vermeiden und statt dessen „Lernen" als pädagogischen Oberbegriff zu verwenden. Berufspädagogen wären dann als „Lernhelfer" zu definieren. Aber hier geht es mir nicht um Begriffsstreitigkeiten, sondern in erster Linie um notwendige Differenzierungen. Jedenfalls muß die pädagogische Beziehung heute viel nüchterner betrachtet werden, als Nohl dies getan hat.

Die bisher beschriebenen grundsätzlichen Momente der pädagogischen Professionalität markieren und begrenzen jedoch nur einen allgemeinen Rahmen, in dem sich die berufliche pädagogische Beziehung bewegen kann. Innerhalb dieses Rahmens muß jeder Pädagoge *seine* Version der Sache finden. Es gibt keine Möglichkeit einer generellen Rezeptur, weil der Handlungsspielraum dafür zu groß geworden ist. Offen ist er z.B. für *altersspezifische* Modalitäten - ein jüngerer Pädagoge engagiert sich vielleicht anders als ein älterer; ferner für *geschlechtsspezifische* Variationen, insofern Frauen vielleicht diese Beziehung anders ausfüllen als Männer. Die pädagogische Beziehung ist sowohl der soziale Raum des pädagogischen Handelns wie auch dessen Gestaltungsaufgabe. Sie ist nicht einfach als bloße Bedingung vorgegeben, sondern wird auch immer wieder neu hergestellt. Die wissenschaftliche Erörterung dieses Themas kann deshalb nur die allgemeinen Rahmenbedingungen aufklären, Vorurteile oder historisch bedingte Fehleinschätzungen kenntlich machen, aber das Handeln selbst nicht vorschreiben. Wegen dessen Komplexität ist es unmöglich festzulegen, wie in einer bestimmten Situation mit bestimmten Kindern und Jugendlichen angesichts eines bestimmten Zweckes die Beziehung gestaltet werden soll. Dies muß vielmehr der je *individuellen* Entscheidung überlassen bleiben und ist insofern immer auch ein schöpferischer Akt. Das Lehrer-Schüler-Verhältnis ist letzten Endes ebenso individuell wie das Arzt-Patienten-Verhältnis, mögen sie beide auch noch so starke außersubjektive Komponenten enthalten. Die beteiligten Menschen sind nie nur Repräsentanten von irgend etwas, vielmehr füllen sie ihre Aufgabe bzw. Rolle auf je subjektive Weise aus. Das weiß jeder zumindest aus der Erinnerung an seine Lehrer.

4. Pädagogisches Berufsethos

Unser Versuch, durch eine Revision des „pädagogischen Bezugs“, wie ihn Nohl formuliert hat, zur Klärung seiner gegenwärtigen Struktur und Bedeutung zu gelangen, mag wegen des fehlenden Pathos bzw. der weitgehenden Beschränkung auf die rationale Dimension manchem als unbefriedigend erscheinen. Immerhin war es nicht zuletzt der moralische Anspruch, der Nohls Konzept den langen Erfolg beschert hat. Brauchen aber, so ließe sich einwenden, nicht auch heute Pädagogen über die sachlich beschreibbaren Einzelaspekte hinaus so etwas wie ein spezifisches *Berufsethos*, das nicht nur das je individuelle berufliche Handeln leitet, sondern der Profession insgesamt ein moralisches Fundament zu geben vermag, so wie der hippokratische Eid dem Beruf des Arztes Verbindlichkeiten stiftet? Brauchen nicht auch Pädagogen eine Art von Leitbild als Inbegriff dessen, was subjektiv wie objektiv als *gelungenes* berufliches Handeln akzeptiert werden kann, damit an diesem Maßstab zumindest das weniger gut gelungene Handeln gemessen werden kann und auf diese Weise überhaupt ein Antrieb zur Verbesserung entsteht?

Gewiß benötigt jedes soziale Handeln, auch das private etwa im Rahmen der Familie und der Freundschaft, eine derartige regulative Idee als Vorstellung der Vollkommenheit. Die Frage ist nur, ob sich ein solches Leitbild heute noch generell für alle pädagogisch Berufstätigen konsensfähig formulieren läßt, oder ob diese Frage nicht der je persönlichen Entscheidung überlassen bleiben muß. Sonst besteht leicht die Gefahr, daß sich an dieses Thema entweder Weltanschauungen heften, oder daß das Leitbild so hoch angesetzt wird, daß es mit den tatsächlichen Handlungsmöglichkeiten nicht mehr zu vermitteln ist und deshalb nur zu schlechtem Gewissen führt.

Welche Schwierigkeiten sich einstellen, wenn man ein pädagogisches Ethos über die Prinzipien der pädagogischen Professionalität hinaus verankern will, zeigt folgendes Beispiel.

Hartmut von Hentig (1993) hat einen *„Sokratischen Eid“* für Pädagogen vorgeschlagen, auf den sich Lehrer und Erzieher - freiwillig! - verpflichten sollten, und der wie folgt lautet:

„Als Lehrer und Erzieher verpflichte ich mich

- *die Eigenart eines jeden Kindes zu achten und gegen jedermann zu verteidigen;*
- *für seine körperliche und seelische Unversehrtheit einzustehen;*
- *auf seine Regungen zu achten, ihm zuzuhören, es ernst zu nehmen;*
- *zu allem, was ich seiner Person antue, seine Zustimmung zu suchen, wie ich es bei einem Erwachsenen täte;*

- *das Gesetz seiner Entwicklung, soweit es erkennbar ist, zum Guten auszulegen und dem Kinde zu ermöglichen, dieses Gesetz anzunehmen;*
- *seine Anlagen herauszufordern und zu fördern;*
- *seine Schwächen zu schützen, ihm bei der Überwindung von Angst und Schuld, Bosheit und Lüge, Zweifel und Mißtrauen, Wehleidigkeit und Selbstsucht beizustehen, wo es das braucht;*
- *seinen Willen nicht zu brechen - auch nicht, wo er unsinnig erscheint; ihm vielmehr dabei zu helfen, seinen Willen in die Herrschaft seiner Vernunft zu nehmen; es also den mündigen Verstandesgebrauch und die Kunst der Verständigung wie des Verstehens zu lehren;*
- *es bereit zu machen, Verantwortung in der Gemeinschaft und für diese zu übernehmen;*
- *es die Welt erfahren zu lassen, wie sie ist, ohne es der Welt zu unterwerfen, wie sie ist;*
- *es erfahren zu lassen, was und wie das gemeinte gute Leben ist;*
- *ihm eine Vision von der besseren Welt zu geben und die Zuversicht, daß sie erreichbar ist;*
- *es Wahrhaftigkeit zu lehren, nicht die Wahrheit, denn 'die ist bei Gott allein';*

Damit verpflichte ich mich auch,

- *so gut ich kann, selber vorzuleben, wie man mit den Schwierigkeiten, den Anfechtungen und Chancen unserer Welt und mit den eigenen immer begrenzten Gaben, mit der eigenen immer gegebenen Schuld zurechtkommt;*
- *nach meinen Kräften dafür zu sorgen, daß die kommende Generation eine Welt vorfindet, in der es sich zu leben lohnt und in der die ererbten Lasten und Schwierigkeiten nicht deren Ideen und Möglichkeiten erdrücken;*
- *meine Überzeugungen und Taten öffentlich zu begründen, mich der Kritik - insbesondere der Betroffenen und Sachkundigen - auszusetzen, meine Urteile gewissenhaft zu prüfen; mich dann jedoch allen Personen und Verhältnissen zu widersetzen - dem Druck der öffentlichen Meinung, dem Verbandsinteresse, dem Beamtenstatus, der Dienstvorschrift - ,wenn diese meine hier bekundeten Vorsätze behindern.*

Ich bekräftige diese Verpflichtung durch die Bereitschaft, mich jederzeit an den in ihr enthaltenen Maßstäben messen zu lassen" (von Hentig 1993, S. 246 f.).

Schon auf den ersten Blick wird klar, daß dieser Vorschlag keine Allgemeingültigkeit beanspruchen kann, - was der Autor ja auch durch den Hinweis auf die „Freiwilligkeit" selbst zum Ausdruck bringt. Diese Einschränkung kann allerdings auch elitär mißverstanden werden, insofern der Anspruch, der darin zum Ausdruck kommt, von vornherein nicht allen, sondern nur den Besten zugemutet wird. Abgesehen davon ist der zweite Teil des Textes insofern problematisch, als dem pädagogisch Berufstätigen auch außerhalb seines Berufes, also außerhalb der pädagogischen Beziehung, eine bestimmte Haltung nahegelegt wird. Dieser Vorschlag geht aber hinter die moderne Arbeitsteilung zurück, als deren Vorzug ja gerade die Trennung von Beruf und übrigem Leben gilt; aus dem Verhalten innerhalb des Berufes dürfen demnach keine Schlüsse gezogen und Erwartungen abgeleitet werden für das Leben außerhalb und umgekehrt. Dieser Grundsatz ist nicht beliebig änderbar, sondern markiert ein wichtiges Moment persönlicher Freiheit. Ein Pädagoge muß zwar in seinem Beruf vorbildlich vorleben, was er von seinen Partnern erwartet, aber deshalb muß er nicht in jeder Hinsicht ein Vorbild für andere sein. Ein guter Lehrer kann durchaus ein problematischer Familienvater, Liebhaber, Ehemann und Vereinskollege sein oder sich für abwegige politische Ansichten einsetzen, ohne damit schon seine berufliche Qualität einzubüßen. Das Leben ist voll von solchen Beispielen.

Auch der erste Teil des Textes, wo es um die unmittelbare Beziehung zum Kind geht, dürfte teilweise nicht konsensfähig sein. Zunächst fällt die Einseitigkeit auf, die der pädagogischen Beziehung hier zugedacht wird: alles wird vom Erzieher, nichts wird vom Kind verlangt. Diese Art der Beziehung ist nicht nur weltfremd, insofern sie außerhalb des pädagogischen Raumes keine Entsprechung im gesellschaftlichen Leben findet, sie unterschätzt auch die Bedeutung von *Forderungen* für die Entwicklung des Kindes. Diese eigentümliche Eindimensionalität gibt der Beziehung zudem eine Tendenz zur Totalität, weil das Kind auf diese Weise dem Erzieher ausgeliefert wird, anstatt selbst im Umgang mit Forderungen sich einen Spielraum seiner Freiheit zu erringen.

Wenig konsensfähig dürfte auch ein Teil der Einzelforderungen sein.

– *die Eigenart eines jeden Kindes zu achten und gegen jedermann zu verteidigen;*

Die „Verteidigung“ ist natürlich innerhalb des pädagogischen Feldes möglich, außerhalb jedoch nur höchst eingeschränkt; hier wird eine pädagogische Reichweite unterstellt, die nicht vorhanden ist.

– *für seine körperliche und seelische Unversehrtheit einzustehen;*

Auch dies ist im wesentlichen nur im pädagogischen Feld, z.B. in der Schule, möglich, hat aber auch dort zur Folge, daß z.B. die körperliche Unversehrtheit der einen Schüler u. U. durch Machtanwendung gegen andere garantiert werden muß, was aber dann ggfls. mit dem übernächsten Grundsatz in Konflikt geraten könnte. „Seelische“ Unversehrtheit ist zudem ein schwer faßbares und identifizierbares Phänomen,- schon im pädagogischen Feld selbst und erst recht dann, wenn man es außerhalb der Schule, z.B. in der Familie von Schülern, beurteilen soll.

– *auf seine Regungen zu achten, ihm zuzuhören, es ernst zu nehmen;*

Diese Regel dürfte konsensfähig sein.

– *zu allem, was ich seiner Person antue, seine Zustimmung zu suchen, wie ich es bei einem Erwachsenen täte;*

Zustimmung zu suchen, ist sicher konsensfähig, aber was geschieht, wenn die Zustimmung verweigert wird? Zudem kann die Forderung nach Zustimmung auch die Unterwerfung verschärfen, wenn nämlich eine pädagogische Beziehung wie in der Schule über Macht (über Noten, Versetzungen usw.) verfügt. Das Kind hat auch das Recht, etwas von ihm Gefordertes zu tun, *ohne* seine Zustimmung dazu zu geben. Das Familienleben ist voll von solchen Beispielen und auch in der Schule wird nicht immer mit innerer Zustimmung gelernt - so wenig wie Erwachsene immer nur unter dieser Voraussetzung ihren Pflichten nachkommen.

– *das Gesetz seiner Entwicklung, soweit es erkennbar ist, zum Guten auszulegen und dem Kinde zu ermöglichen, dieses Gesetz anzunehmen;*

Die Schwierigkeit dieser Forderung liegt in dem Wort „erkennbar“. Muß und kann ein Lehrer das „Gesetz“ der „Entwicklung“ eines jeden Kindes kennen, oder genügt es nicht, wenn er z.B. mit seinem Unterricht in diese „Entwicklung“ interveniert und dem Kind überläßt, wie es dies mit dem „Gesetz“ seines Lebens integriert? Was ist das „Gute“ in diesem Zusammenhang und wie kann man es erkennen? Zudem ist nicht unproblematisch, wenn der Pädagoge die Definitionshoheit über die inneren Möglichkeiten des Kindes übernimmt und diese an seiner Stelle interpretiert.

– *seine Anlagen herauszufordern und zu fördern;*

Dieses Postulat dürfte konsensfähig sein.

– *seine Schwächen zu schützen, ihm bei der Überwindung von Angst und Schuld, Bosheit und Lüge, Zweifel und Mißtrauen, Wehleidigkeit und Selbstsucht beizustehen, wo es das braucht;*

Dem Kinde beizustehen dürfte unstrittig sein. „Schwächen zu schützen“ ist jedoch mißverständlich, weil es ja darum geht, dem Kind bei deren Überwindung zu helfen, was nur möglich ist, wenn diese Schwächen zunächst einmal als solche qualifiziert sind; das Kind kann eine Schwäche ja auch als seine Stärke betrachten. Die hier genannten Schwächen liegen zudem auf unterschiedlichen Ebenen: mit der „Angst“ eines Kindes ist anders umzugehen als mit seiner „Bosheit“ und „Lüge“. Im ganzen klingt diese Forderung theologisch, verweist also auf eine Dimension, die dem üblichen pädagogischen Handeln gar nicht zugänglich ist.

– *seinen Willen nicht zu brechen - auch nicht, wo er unsinnig erscheint; ihm vielmehr dabei zu helfen, seinen Willen in die Herrschaft seiner Vernunft zu nehmen; es also den mündigen Verstandesgebrauch und die Kunst der Verständigung wie des Verstehens zu lehren;*

Dies alles zu lehren versuchen dürfte unstrittig sein. In pädagogischen Feldern geht es im allgemeinen aber nicht darum, den Willen des Kindes zu brechen - was ja heißen würde, daß es danach keinen mehr hat - sondern darum, seinem „unsinnigen“ Willen mit einem Gegenwillen zu begegnen, dessen Forderungscharakter u.U. unzweideutig sein muß, - je nachdem, was sonst mit diesem „unsinnigen“ Willen angerichtet werden kann.

- *es bereit zu machen, Verantwortung in der Gemeinschaft und für diese zu übernehmen;*

Dies ist nur eingegrenzt auf das jeweilige pädagogische Handlungsfeld, z.B. in der Schule, möglich; inwieweit das dabei Gelernte auch außerhalb dieses Feldes wirksam wird, wo teilweise andere soziale Strukturen gelten, steht dahin und unterliegt nicht mehr der Verfügung durch den Pädagogen.

- *es die Welt erfahren zu lassen, wie sie ist, ohne es der Welt zu unterwerfen, wie sie ist;*

In einem pädagogischen Feld kann die Welt nur so erfahren werden, wie sie dort in Erscheinung tritt, also z.B. in Gestalt des Unterrichts und im Maß der Bildung und der professionellen Fähigkeiten des Pädagogen; die „Unterwerfung" unter die Welt, wie sie ist, erfolgt im wesentlichen außerhalb der Reichweite der professionellen pädagogischen Einflußnahme, z.B. im Rahmen der Familie und der übrigen Sozialisation. Im pädagogischen Feld selbst, z.B. der Schule, kann es nur um das Geltendmachen der dort gültigen, im Vergleich zum übrigen Leben lediglich partikularen Regeln und Ansprüche gehen. Wenn dies im Modus der „Unterwerfung" geschieht, vollzieht es sich pädagogisch unprofessionell, weil von vornherein zum Scheitern verurteilt.

- *es erfahren zu lassen, was und wie das gemeinte gute Leben ist;*

Das „gute Leben" ist in Zeiten des Wertpluralismus eine Definitionsfrage. „Erfahren" kann das Kind Alternativen zu dem, was es sich bisher darunter vorgestellt hat; dafür kann das Gemeinschaftsleben, z.B. in der Schule, eine Rolle spielen, aber auch der Unterricht. Der Pädagoge selbst kann dafür nur seine persönliche Lösungsvariante ins Spiel bringen, sofern er damit nicht indoktriniert.

- *ihm eine Vision von der besseren Welt zu geben und die Zuversicht, daß sie erreichbar ist;*

Visionen einer besseren Welt - welche soll warum besser sein als die gegenwärtige? - zu geben, ist nicht unmittelbar Aufgabe des Berufspädagogen; er kann z.B. in der Schule solche Visionen im Unterricht präsentieren, insofern sie in seinen Stoffen enthalten sind. „Zuversicht" zu vermitteln ist für junge Menschen, die das Leben noch vor sich haben, unbedingt nötig, aber im pädagogischen Feld selbst wird sie sich zunächst einmal nur auf die durch Lernen zu verbessernden Fähigkeiten erstrecken können; darüber hinaus hängt das Maß an Zuversicht vom sonstigen Leben des Kindes ab.

– *es Wahrhaftigkeit zu lehren, nicht die Wahrheit, denn 'die ist bei Gott allein';*

„Wahrhaftigkeit" ist eine Tugend, die unter unseren gesellschaftlichen Bedingungen nicht generell erfolgreich ist. Unterschiedliche soziale Felder - z.B. Familie einerseits, Beruf andererseits - verlangen unterschiedliche Tugenden oder zumindest entsprechende Modifizierungen derselben. Zu den dafür nötigen Einsichten können u. a. die unterschiedlichen Schulfächer führen: Religionsunterricht vielleicht auf der einen, politische Bildung auf der anderen Seite. Gleichwohl bleibt dies ein heikles Thema.

Es ist hier nicht der Ort, auf diesen Text mit der ihm gebührenden Sensibilität genauer einzugehen. Die knappen Stichworte dazu sollen nur die Schwierigkeiten zeigen, die sich heute auftun, wenn versucht wird, ein die pädagogische Beziehung transzendierendes Ethos zu formulieren. Hentigs Vorschlag geht für eine *allgemein* akzeptierbare Formel offensichtlich zu weit. Ein Minimalkonsens könnte vielleicht in folgender Version bestehen:

„Als Lehrer und Erzieher verpflichte ich mich,
- *die Eigenart eines jeden Kindes zu achten;*
- *seine Gefühle und seine Erfahrungen zu respektieren;*
- *seine Stärken zu unterstützen und ihm zu helfen, seine Schwächen zu akzeptieren oder zu überwinden;*
- *seine Anlagen herauszufordern und zu fördern;*
- *es zur Erfüllung seiner Pflichten anzuhalten und zu versuchen, es von deren Notwendigkeit zu überzeugen;*
- *ihm zu helfen, sich durch Lernen weiter zu entwickeln und seine Probleme lösen zu können;*
- *meinen Erfahrungsvorsprung nicht zu mißbrauchen z.B. zu Agitation und Indoktrination;*
- *meine beruflichen Kenntnisse und Fähigkeiten ständig zu verbessern."*

Literatur

Adolphs, Lotte.: A.S. Makarenko. Erzieher im Dienste der Revolution, Bad Godesberg 1962

Anhorn, Roland: Sozialstruktur und Disziplinarindividuum. Zu Johann Hinrich Wicherns Fürsorge- und Erziehungskonzeption des Rauhen Hauses, Hohenhausen 1992

Anweiler, Oskar: Geschichte der Schule und Pädagogik in Rußland vom Ende des Zarenreiches bis zum Beginn der Stalin-Ära, Berlin-Heidelberg 1964

Anweiler, Oskar: Die Sowjetunion in der Welt von heute, Heidelberg 1968

Anweiler,Oskar/Meyer, Klaus. (Hg): Die sowjetische Bildungspolitik seit 1917. Dokumente und Texte, Heidelberg 1961

Bartels, Klaus: Pädagogischer Bezug, in: J.Speck/G.Wehle (Hg): Handbuch pädagogischer Grundbegriffe, München 1970, Bd. II, S.268-287

Beiner, Friedhelm: Das Recht des Kindes, so zu sein, wie es ist, Wuppertal 1990

Bernfeld, Siegfried: Antiautoritäre Erziehung und Psychoanalyse, Bd.1, Frankfurt 1969

Bollnow, Otto-Friedrich: Die pädagogische Atmosphäre, Heidelberg 1964

Bondy, Curt: Pädagogische Probleme im Jugendstrafvollzug, Mannheim-Berlin-Leipzig 1925

Bosco, Giovanni: Pädagogik der Vorsorge, hrsg. von K. G. Fischer, Paderborn 1966

Braunmühl, Ekkehart von: Zeit für Kinder, Frankfurt 1978

Brezinka, Wolfgang: Grundbegriffe der Erziehungswissenschaft, München-Basel 1974

Brumlik, Micha: Der symbolische Interaktionismus und seine pädagogische Bedeutung, Frankfurt 1973

Buber, Martin: Reden über Erziehung, Heidelberg 1956

Busch, Max: Johann Hinrich Wichern als Sozialpädagoge, Berlin 1957

Dauzenroth, Erich: Ein Leben für Kinder. Janusz Korczak, Leben und Werk, Gütersloh 1981

Depaepe, Marc: Zum Wohl des Kindes? Pädologie, pädagogische Psychologie und experimentelle Pädagogik in Europa und den USA 1890-1940, Weinheim/Leuven 1993

Endres; Nikolaus: Don Bosco- Erzieher und Psychologe, München 1964
Feifel, Ernst: Personale und kollektive Erziehung. Katholisches Erziehungsverständnis in Begegnung und Auseinandersetzung mit der Sowjetpädagogik bei A.S. Makarenko, Freiburg/Basel/ Wien 1963
Fink, Eugen: Erziehungswissenschaft und Lebenslehre, Freiburg 1970
Fitz-Radl, Rita.: Die Kinderrepublik Bemposta, ein sozialpädagogisches Modell, in: Neue Praxis H. 2/1979, S. 2o7 ff.
Flanagan, Edward Joseph: Verstehe ich meinen Jungen und erziehe ich ihn richtig? Stuttgart 1951
Flanagan, Edward Joseph: Boys Town und seine Entstehungsgeschichte, in: H. Röhrs (Hg): Die Reformpädagogik des Auslands, Düsseldorf 1965, S. 307-313
Froese, Leonhard: Ideengeschichtliche Triebkräfte der russischen und sowjetischen Pädagogik, 2.Aufl. Heidelberg 1963
Froese, Leonhard: Anton Makarenko, in: H.Scheuerl (Hg): Klassiker der Pädagogik, Bd. 2, München 1979
Furrer, Ernst: Mut zur Utopie. Zur Pädagogik A.S. Makarenkos, Frankfurt 1988
Gamm, Hans-Jochen: Pädagogische Ethik. Versuche zur Analyse des erzieherischen Verhältnisses, Weinheim 1988
Geißler, Georg: Herman Nohl, in: Hans Scheuerl (Hg): Klassiker der Pädagogik, Bd. 2, München 1979, S. 225-240
Gerhardt, Martin: Johann Hinrich Wichern. Ein Lebensbild, 3 Bde., Hamburg 1927-1931
Gerhardt, Martin: Johann Hinrich Wichern und sein Werk, Hamburg 1948
Giesecke, Hermann: Vom Wandervogel bis zur Hitlerjugend, München 1981
Giesecke, Hermann: Hitlers Pädagogen, Weinheim-München 1993
Giesecke, Hermann: Wozu ist die Schule da? Stuttgart 1996
Giesecke, Hermann: Pädagogik als Beruf. Grundformen pädagogischen Handelns, 5. Aufl. Weinheim 1996(a)
Heimpel, Elisabeth.: Das Jugendkollektiv A.S. Makarenkos, Würzburg 1956
Hentig, Hartmut von: Die Schule neu denken, Wien-München 1993
Herzfelder, Henriette: Ein amerikanischer Erziehungsstaat, Leipzig 1912
Hillig, Götz: Unterdrückte Passagen aus Vorträgen A.S. Makarenkos (1938-1939), in: Pädagogik und Schule in Ost und West, H.2/1980, S.43-52

Hillig, Götz: Die Verbreitung der Werke A. S. Makarenkos außerhalb der Sowjetunion, in: Pädagogische Rundschau, H.11/ 1980(a), S.745-753
Hillig, Götz: Der andere Makarenko, in: Zeitschrift für Pädagogik, H. 1/1980(b), S.121-137
Hillig, Götz (Hg): Hundert Jahre Anton Makarenko, Bremen 1988
Hillig, Götz:Auf dem Gipfel des "Olymp". Dokumentation über Makarenkos Konflikt mit Vertretern der ukrainischen "Sozialerziehung" (Februar/März 1928), Marburg 1991
Hillig, Götz: Makarenko und das NKVD, in: Pädagogik und Schulalltag, H.5/1991(a), S. 514-528
Hillig, Götz: Makarenkos „Operativplan für die pädagogische Arbeit der F. E. Dzerzinskij-Kommune", in: Pädagogik und Erziehungswissenschaft H. 6/1991 (b), S.654-665
Hillig, Götz/Weitz, Siegfried.: A. S. Makarenko - Leiter der Dzerschinski-Kommune in Charkow? in: Paedagogica Historica, H. 3/1970, S.455 ff.
Hillig, Götz/Weitz, Siegfried (Hg): Makarenko, Darmstadt 1979
Hillig, Götz/Weitz, Siegfried (Hg): Stand und Perspektiven der Makarenko-Forschung, München 1994
Hoernle, Edwin: Schulpolitische und pädagogische Schriften, Berlin 1958
Holmsten, Georg: Jean-Jaques Rousseau, Reinbek 1972
Joppien, Heinz-Jürgen: Pädagogische Interaktion, Bad Heilbrunn 1981
Kagerer, Hildburg: In der Schule tobt das Leben, Berlin 1978
Kahn, Gerard: Janusz Korczak und die jüdische Erziehung, Weinheim 1992
Kamp, Johannes-Martin: Kinderrepubliken, Opladen 1995
Key, Ellen: Das Jahrhundert des Kindes, Berlin 1902
Kind, das proletarische. Zur Schulpolitik und Pädagogik der Kommunistischen Partei Deutschlands in den Jahren der Weimarer Republik, Berlin 1958
Kirchhoff, Hella: Dialogik und Beziehung im Erziehungsverständnis Martin Bubers und Janusz Korczaks, Frankfurt 1988
Klafki, Wolfgang: Pestalozzis Stanser Brief. Eine Interpretation, Weinheim 1959, 6.Aufl. 1967
Klafki, Wolfgang: Das pädagogische Verhältnis, in: ders. u.a.: Funkkolleg Erziehungswissenschaft, Bd.1, Frankfurt 1970, S. 55-91
Klink, Jobst-Günther: Johann Hinrich Wichern. Schriften zur Sozialpädagogik, Bad Heilbrunn 1964
Kluge, Norbert (Hg): Das pädagogische Verhältnis, Darmstadt 1973

Kob, Jan-Peter: Die Rollenproblematik des Lehrerberufs, in: Heinz, Peter (Hg): Soziologie der Schule. Sonderheft 4 der Kölner Zeitchrift f. Soziologie u. Sozialpsychologie, Köln-Opladen 1959
Köhler, Ernst: Das pädagogische Experiment Wicherns, in: ders.: Arme und Irre, Berlin 1977
Korczak, Janusz: Wie man ein Kind lieben soll, Göttingen 1967
Korczak, Janusz: Das Recht des Kindes auf Achtung, Göttingen 1970
Korczak, Janusz: König Hänschen I., Göttingen 1970 (a)
Korczak, Janusz: König Hänschen auf der einsamen Insel, Göttingen 1971
Korczak, Janusz: Jack handelt für alle, Berlin 1972
Korczak, Janusz: Wenn ich wieder klein bin, Göttingen 1973
Korczak, Janusz: Begegnungen und Erfahrungen. Kleine Essays, Göttingen 1973 (a)
Korczak, Janusz: Kind des Salons, Gütersloh 1978
Korczak, Janusz: Verteidigt die Kinder!, Gütersloh 1978 (a)
Korczak, Janusz: Von Kindern und anderen Vorbildern, Gütersloh 1979
Korczak, Janusz: Allein mit Gott, Gütersloh 1980
Korczak, Janusz: Kaitus oder Antons Geheimnis, Stuttgart 1987
Korczak, Janusz: Von der Grammatik und andere pädagogische Texte, hrsg. von F. Beiner u. E. Lax-Höfer, Heinsberg 1991
Korczak, Janusz: Kinder der Straße, Wuppertal 1992
Kraft, Volker: Rousseaus "Emile". Lehr- und Studienbuch, Bad Heilbrunn 1993
Kron, Friedrich W. (Hg): Das erzieherische Verhältnis, Bad Heilbrunn 1970
Kron, Friedrich W.: Theorie des erzieherischen Verhältnisses, Bad Heilbrunn 1971
Kunz, Lothar (Hg): Einführung in die Korczak-Pädagogik, Weinheim-Basel 1994
Kupisch, Karl: Vom Pietismus zum Kommunismus, Berlin 1953
Lameyer, Monika: Die pädagogische Beziehung in deutschen Fürsorgeerziehungsheimen in der Zeit der Reformpädagogik, Diss. Göttingen 1978
Lemke, Helga: Wicherns Bedeutung für die Bekämpfung der Jugendverwahrlosung, Hamburg 1964
Liegle, Ludwig (Hg): Kollektiverziehung im Kibbutz, München 1971
Liegle, Ludwig/ Bergmann Theodor: Krise und Zukunft des Kibbutz, Weinheim 1994
Liegle, Ludwig: Kinderrepubliken, in: ZfPäd. 3/1989, S.399 ff.

Lifton, Betty Jean: Der König der Kinder. Das Leben von Janusz Korczak, Stuttgart 1990
Litt, Theodor: Führen oder Wachsenlassen? Stuttgart 1965
Lorenz, Richard.: Die Sowjetunion (1917-1941), in: Fischer-Weltgeschichte Bd.31: Rußland, S.271-353, Frankfurt 1972
Löwenstein, Kurt: Die Kinderfreundebewegung, in: H.Nohl/ L. Pallat: Handbuch der Pädagogik Bd. V, Berlin-Leipzig 1929
Löwenstein, Kurt: Sozialismus und Erziehung, Berlin-Bad Godesberg 1976
Makarenko, Anton. S.: Ein pädagogisches Poem. "Der Weg ins Leben", mit einer Einführung von O. Anweiler, Frankfurt - Berlin - Wien 1971
Makarenko, Anton. S.: Gesammelte Werke. Marburger Ausgabe, Hrsg. von L.Froese, G. Hillig, S. Weitz und I. Wiehl, Ravensburg 1976-1978, Stuttgart 1982 ff. (Bisher erschienen: Bde. 1-5, 7, 9, 13)
Makarenko, Anton S. : Werke, Bd. I -VII, Berlin 1982
Melzer, Wolfgang u.a.: Der Kibbutz als Utopie, Weinheim 1988
Menze, Clemens: Kritik und Metakritik des pädagogischen Bezugs, in: Pädagogische Rundschau H.4/1978, S.228-239
Menze, Clemens: Zur Kritik der kommunikativen Pädagogik, In. Vierteljahresschrift für wissenschaftliche Pädagogik, H.1/ 1979, S.1-23
Meyer, Gert: Die wirtschaftliche und soziale Entwicklung Sowjetrußlands und der Sowjetukraine vom Ende des Bürgerkrieges bis zum ersten Fünfjahresplan,in: Gartmann/Hillig (Hg): A.S. Makarenko und die Pädagogik seiner Zeit, Marburg 1972
Miller, Alice: Am Anfang war Erziehung, Frankfurt 1980
Möbius, Eberhard: Die Kinderrepublik Bemposta und die Muchachos, Reinbek 1973
Mollenhauer, Klaus: Erziehung und Emanzipation, München 2. Aufl. 1970
Mollenhauer, Klaus: Theorien zum Erziehungsprozeß, München 1972
Mortkowicz - Olczakowa, Hanna: Janusz Korczak. Arzt und Pädagoge, München/Salzburg 1967
Nastainczyk, Wolfgang: Makarenkos Sowjetpädagogik, Heidelberg 1963
Neill, Alexander S.: Theorie und Praxis der antiautoritären Erziehung: Das Beispiel Summerhill, Reinbek 1969
Neill, Alexander S.: Das Prinzip Summerhill. Fragen und Antworten, Reinbek 1971
Neill, Alexander S.: Neill, Neill, Birnenstiel! Erinnerungen des großen Erziehers A. S. Neill, Reinbek 1973

Nenniger, Peter: Das Pädagogische Verhältnis als motivationales Konstrukt, Weinheim 1988
Nohl, Herman: Das Verhältnis der Generationen in der Pädagogik, in: Pädagogische Aufsätze, 2.Aufl. Langensalza 1929
Nohl, Herman: Die Theorie der Bildung, in: Nohl/Pallat: Handbuch der Pädagogik, Bd.I, Langensalza 1933
Nohl, Herman: Pädagogik aus 30 Jahren, Frankfurt 1949
Oelkers, Jürgen: Reformpädagogik. Eine kritische Dogmengeschichte, 3. erw. Aufl. Weinheim 1995
Oursler, Fulton/ Oursler, Will: Pater Flanagan von Bows Town, Zürich 1951
Pelzer, Wolfgang: Janusz Korczak, Reinbek 1987
Peukert, Detlev J.K.: Grenzen der Sozialdisziplinierung. Aufstieg und Krise der deutschen Jugendfürsorge von 1878-1932, Köln 1986
Pöggeler, Franz (Hg.): Pädagogische Visionen und Reflexionen von G. Bosco, Bad Heilbrunn 1965
Rang, Martin: Rousseaus Lehre vom Menschen, Göttingen 1959
Riesman, David: Die einsame Masse, Hamburg 1958
Röhrs, Hermann: Die Reformpädagogik. Ursprung und Verlauf unter internationalem Aspekt, 3. Aufl. Weinheim 1991
Röper, Friedrich F.: Das verwaiste Kind in Anstalt und Heim, Göttingen 1976
Rösel, Manfred: Was heißt „Lehrerrolle"? in: Neue Sammlung H. 1/1974
Rousseau, Jean Jaques: Emil oder über die Erziehung, Paderborn 1963
Rousseau, Jean Jaques: Schriften zur Kulturkritik (Die zwei Diskurse von 1750 u. 1755), Hamburg 1955
Rüttenauer, Barbara: A.S. Makarenko. Ein Erzieher und Schriftsteller in der Sowjetgesellschaft, Freiburg 1965
Sachs, Shimon: Stefa. Stefania Wilczynskas pädagogische Alltagsarbeit im Waienhaus Janusz Korczaks, Weinheim-München 1989
Sachße, Christoph/Tennstedt, Florian: Geschichte der Armenfürsorge in Deutschland. Vom Spätmittelalter bis zum 1. Weltkrieg, Stuttgart usw. 1980; Bd.2: Fürsorge und Wohlfahrtspflege 1871 bis 1929, Stuttgart 1988
Schäfer, Karl-Hermann/Schaller, Klaus: Kritische Erziehunswissenschaft und kommunikative Didaktik, Heidelberg, 2. Aufl. 1973
Scheibe, Wolfgang: Die reformpädagogische Bewegung 1900-1932, Weinheim 1969
Scherpner, Hans: Geschichte der Jugendfürsorge, Göttingen 1966

Scheuerl, Hans (Hg): Klassiker der Pädagogik, 2 Bde., München 1979
Sengling, Dieter: Aus dem Unglück leben - Eine Annährung an Janusz Korczak, in: Achim Leschinsky (Hg): Die Institutionalisierung von Lehren und Lernen. Beiträge zu einer Theorie der Schule, = 34. Beih. der ZfPäd., Weinheim Basel 1996
Springer, Sylvia: Das erzieherische Verhältnis in der Pädagogik der deutschen Landerziehungsheime, in: Pädagogische Rundschau, H. 3/1887, S.267-291
Sünkel, Wolfgang.: Zum Problem des Erziehungszieles bei Makarenko, in: Pädagogische Rundschau 1965, S.475-486
Summerhill: Pro und Contra. 15 Ansichten zu A. S. Neills Theorie und Praxis, Reinbek 1971
Tennstedt, Florian: Sozialgeschichte der Sozialpolitik in Deutschland, Göttingen 1981
Ulich, Dieter: Pädagogische Interaktion, Weinheim 1976
Wagner, Georg: Father Flanagan und seine Jungenstadt, Wien 1957
Weinschenk, Reinhold: Grundlagen der Pädagogik Don Boscos, 2. Aufl. München 1987
Wichern, Johann Hinrich: Sämtliche Werke, 10 Bde., hsgg. von P. Meinhold, Berlin-Hamburg 1958-1988
Wilhelm, Theodor: Pädagogik der Gegenwart, 5. Aufl. Stuttgart 1977
Wilhelm, Theodor: Zum Begriff Sozialpädagogik, in: Zeitschrift für Pädagogik, H. 3/1961, S. 226-245
Wilker, Karl: Der Lindenhof, Heilbronn 1921